DANIELLE
PORTUGAL DE
BIAZI

PROPRIEDADE

RECONSTRUÇÕES NA
ERA DO ACESSO E
COMPARTILHAMENTO

2022 © Editora Foco

Autora: Danielle Portugal de Biazi
Diretor Acadêmico: Leonardo Pereira
Editor: Roberta Densa
Assistente Editorial: Paula Morishita
Revisora Sênior: Georgia Renata Dias
Capa Criação: Leonardo Hermano
Diagramação: Ladislau Lima e Aparecida Lima
Impressão miolo e capa: FORMA CERTA

Dados Internacionais de Catalogação na Publicação (CIP) de acordo com ISBD

B579p   Biazi, Danielle Portugal de

Propriedade: reconstruções na era do acesso e compartilhamento / Danielle Portugal de Biazi. - 6. ed. - Indaiatuba, SP : Editora Foco, 2022.

208 p. : 17cm x 24cm.

Inclui bibliografia e índice.

ISBN: 978-65-5515-366-8

1. Direito. 2. Direito imobiliário. 3. Direito de propriedade. I. Título.

2021-4249   CDD 341.2739   CDU 347.23

Elaborado por Odilio Hilario Moreira Junior - CRB-8/9949

Índices para Catálogo Sistemático:

1. Direito imobiliário 341.2739
2. Direito imobiliário 347.23

DIREITOS AUTORAIS: É proibida a reprodução parcial ou total desta publicação, por qualquer forma ou meio, sem a prévia autorização da Editora FOCO, com exceção do teor das questões de concursos públicos que, por serem atos oficiais, não são protegidas como Direitos Autorais, na forma do Artigo 8º, IV, da Lei 9.610/1998. Referida vedação se estende às características gráficas da obra e sua editoração. A punição para a violação dos Direitos Autorais é crime previsto no Artigo 184 do Código Penal e as sanções civis às violações dos Direitos Autorais estão previstas nos Artigos 101 a 110 da Lei 9.610/1998. Os comentários das questões são de responsabilidade dos autores.

NOTAS DA EDITORA:

Atualizações e erratas: A presente obra é vendida como está, atualizada até a data do seu fechamento, informação que consta na página II do livro. Havendo a publicação de legislação de suma relevância, a editora, de forma discricionária, se empenhará em disponibilizar atualização futura.

Erratas: A Editora se compromete a disponibilizar no site www.editorafoco.com.br, na seção Atualizações, eventuais erratas por razões de erros técnicos ou de conteúdo. Solicitamos, outrossim, que o leitor faça a gentileza de colaborar com a perfeição da obra, comunicando eventual erro encontrado por meio de mensagem para contato@editorafoco.com.br. O acesso será disponibilizado durante a vigência da edição da obra.

Impresso no Brasil (11.2021) – Data de Fechamento (11.2021)

2022

Todos os direitos reservados à
Editora Foco Jurídico Ltda.
Avenida Itororó, 348 – Sala 05 – Cidade Nova
CEP 13334-050 – Indaiatuba – SP

E-mail: contato@editorafoco.com.br
www.editorafoco.com.br

Aos meus pais e irmão, meu sangue, meu solo, meu afeto.

AGRADECIMENTOS

Uma trajetória acadêmica não se faz na solidão, sem a confiança e o estímulo daqueles que creem em nossos esforços e sonhos. Tenho, portanto, um coração carregado de gratidão por aqueles que contribuíram neste caminho. São inúmeros, ouso listar apenas alguns.

Ao meu orientador Prof. Dr. Francisco José Cahali, inspiração como profissional na academia e na advocacia, que em sua extrema generosidade houve por acreditar no meu tema e meu potencial. Sua confiança, professor, valeu como a maior honraria, seu exemplo na docência inspirará todos os dias de minha carreira.

Minha eterna gratidão, ainda, aos professores que enriqueceram a jornada do doutoramento: Prof. Dr. Arruda Alvim, Prof. Dr. Tercio Sampaio Ferraz Junior, Prof. Dr. Rogério Ferraz Donnini. Aos professores Dr. Erik Frederico Gramstrup e Dr. Everaldo Augusto Cambler, pela luz e imprescindível orientação em banca de qualificação.

Aos meus colegas de trabalho, ao tomarem meu sonho como se lhes fora próprio.

Enfim, ao meu companheiro Thomás, dono dos ombros que me carregaram, dos ouvidos que me escutaram, meu centro e equilíbrio nas noites de ansiedade e nos momentos em que não pude acreditar em mim. O amor verdadeiro se revela na generosidade com a qual você abraça minhas lutas. Meu doce Tom, minha verdade e caminho.

Não somos poder, não estamos no governo, não temos multinacionais, não dominamos a finança especulativa mundial.

Não temos nada disso.

O que temos para opor a isso?

Nada mais do que a consciência.

A consciência dos fatos, a consciência do meu próprio direito.

A consciência de que sou um ser humano.

Enfim, um ser humano e que não quero ser mais que isso.

A consciência de que o que está no mundo me pertence.

Não no sentido de propriedade.

Me pertence como responsabilidade, como direito a saber, como direito a intervir, como direito a mudar. Isso se chama "a consciência".

(José Saramago, em discurso exibido no documentário
"10 anos sem Saramago")

APRESENTAÇÃO

A docência é tarefa desafiadora, todos sabem, apresentando situações de extraordinárias alegrias e outras não tão gratificantes assim.

De todas as suas vantagens, uma das maiores é permitir nos surpreender com o fruto espetacular de jovens talentos.

Realmente a vida acadêmica nos reserva momentos saborosos como este, proporcionado pela Doutoranda que tivemos a honra acompanhar desde seu ingresso no Programa de Pós-Graduação da PUC-SP: Danielle Portugal de Biazi, e sua produção: *Propriedade: reconstrução na era do acesso e compartilhamento*.

Falar sobre a Autora e sua criação, se fosse exigida a extrema objetividade, seria muito fácil: *proposta de releitura instigante e contemporânea do Direito das Coisas, tratada com maestria pela prodigiosa pesquisadora.*

Já a ela havia confidenciado: o meu olhar sobre esta área do Direito foi repaginado diante das suas ideias lançadas no início da elaboração do projeto, e da perfeita manipulação do novo no transcorrer da pesquisa.

Realmente, a Profa. Danielle foi extremamente feliz na escolha do objeto de sua investigação e na condução de seus estudos. A dinâmica do mundo moderno provocou substancial mudança no sentido e significado da propriedade, tudo muito bem explorado no trabalho.

Não se furtou a pesquisadora aos aspectos históricos dos Direitos Reais, com passagem atenta às inovações constitucionais, notadamente em relação à função social da posse e da propriedade, confrontando a autonomia privada com as limitações legais no exercício dos direitos sobre os bens, decorrentes da intervenção político-legislativa.

E assim chegou-se ao estudo do moderno direito de acesso, como forma de experimentar a propriedade, esmiuçando modelos contratuais de compartilhamento, multipropriedade, *cohousing*, direito de laje etc.

Bem pavimentada a passagem, com proveitosa pesquisa também no ambiente internacional, conclui-se por apresentar o *Novo Discurso Proprietário*.

A Professora Danielle utilizou de toda sua sabedoria e experiência, inclusive como Professora e Advogada, além da sensibilidade e acuidade para explorar temas ainda em ebulição, e encontrou espaço para sua responsável reflexão e auspiciosa criatividade.

Submetido o trabalho a criteriosa Banca, formada pelos prestigiados Prof. José Manoel de Arruda Alvim, Prof. Gustavo Jose Mendes Tepedino, Prof. João Ricardo

Brandão Aguirre e Prof. Erik Frederico Gramstrup, sob a nossa orientação, com exigente avaliação ocorrida em 02 de março de 2021, foram reconhecidas as qualidades da produção, merecendo a nota máxima na aprovação, com a obtenção de título de Doutora em Direito pela Pontifícia Universidade Católica de São Paulo – PUC/SP.

Com linguagem fluente e agradável, agora seu cintilante escrito vem a público, em livro de inegável interesse à comunidade jurídica brasileira e estrangeira, em especial àqueles dedicados ao novo olhar sobre a propriedade e posse, em mundo voltado à valorização do acesso e compartilhamento.

Mais do que recomendar sua leitura, para que as ideias e reflexões expostas possam enriquecer o debate a todos que venham se debruçar sobre a matéria, sem dúvida, o livro deve ser colocado em local de destaque, como fonte obrigatória de consulta por quem pretende conhecer e se aprofundar neste palpitante tema.

Ao encerrar estas linhas, seria impossível deixar de pontuar nossa admiração intelectual à Autora, pela sua coragem e determinação ao enfrentar desafios do novo, com notáveis resultados, como essa sua preciosa criação.

Também anotamos a sua dedicação e seriedade, sem perder a simpatia e carisma como Professora, sendo querida e admirada por seus alunos que reconhecem prontamente suas habilidades, registrando aqui nosso agradecimento pela sua profícua colaboração em nossa turma de Graduação em Direito Civil na PUC-SP.

Ficam nossos efusivos cumprimentos à Danielle, com o desejo de que o sucesso dessa sua etapa acadêmica seja constante em sua trajetória.

Francisco José Cahali

SUMÁRIO

AGRADECIMENTOS.. V

APRESENTAÇÃO.. IX

1. INTRODUÇÃO 1

2. DIREITO DAS COISAS: UMA INTRODUÇÃO NECESSÁRIA.................... 5

    2.1   Direito das coisas.. 5

    2.2   Noção jurídica de coisa 6

    2.3   Direitos reais e direitos pessoais... 9

    2.4   Taxatividade e tipicidade dos direitos reais....................................... 17

3. DISCURSO DA PROPRIEDADE E DA POSSE: HISTÓRIA E CONTEÚDO 23

    3.1   Direito real de propriedade: a história entre o discurso romano e a pós-modernidade 23

    3.2   Direito de propriedade: conceito segundo o ordenamento jurídico vigente.... 33

    3.3   Conteúdo histórico da posse.. 39

    3.4   Elementos essenciais e o lugar da posse no ordenamento jurídico brasileiro 47

4. A CONSTITUCIONALIZAÇÃO DO DIREITO DAS COISAS..................... 53

    4.1   A máxima realização dos valores constitucionais nas relações privadas......... 53

    4.2   Função social da propriedade 59

    4.3   Função social da posse... 65

    4.4   Bens comuns: o próximo passo após a função social da propriedade............. 72

5. AUTONOMIA PRIVADA: A INCIDÊNCIA DA NEGOCIAÇÃO EM ESPAÇOS DE HISTÓRICA RIGIDEZ... 81

    5.1   Autonomia da vontade e autonomia privada 81

    5.2   Propriedade e liberdade contratual 85

        5.2.1   Airbnb: autonomia privada e as limitações ao exercício da propriedade .. 93

            5.2.1.1   Natureza jurídica do contrato celebrado entre os usuários da Airbnb.. 94

            5.2.1.2   Locação para temporada: uma tentativa de burlar as regras nas relações de hospedagem....................................... 100

5.2.1.3	Restrições ao direito de propriedade e o direito de vizinhança nas locações Airbnb	101
5.2.1.4	Limitações aos contratos de locação via Airbnb e a função social da propriedade	105

5.3 Taxatividade, tipicidade e autonomia privada 107

6. ACESSO: IMPACTOS NO DIREITO SUBJETIVO DE PROPRIEDADE, REVOLUÇÃO 4.0 E A ECONOMIA DE COMPARTILHAMENTO 113

6.1 O acesso como nova forma de experimentar a propriedade 113

    6.1.1 Revolução 4.0: o acesso como forma de fruição dos bens corpóreos . 115

6.2 Acesso: propriedade-acesso e acesso-titularidade 120

6.3 Economia compartilhada: uma interpretação aplicada do acesso-titularidade e da confiança 123

6.4 Modelos contratuais de compartilhamento: contratos atípicos e direitos reais atinentes 129

    6.4.1 Multipropriedade imobiliária: da realidade contratual para o direito das coisas 131

    6.4.2 Direito de laje: arranjos de moradia informais, função social da posse e criação de um novo direito real 139

    6.4.3 *Cohousing*: arranjos de habitação coletiva; propriedade como acesso a um estilo de vida 144

        6.4.3.1 Origem e conteúdo 144

        6.4.3.2 *Cohousing*: afastamento da natureza meramente obrigacional.... 147

        6.4.3.3 *Cohousing* como condomínio urbano simples 150

        6.4.3.4 *Cohousing* como arranjos proprietários consagradores da ideia de acesso-titularidade 155

    6.4.4 Ecovilas: propriedade como acesso à sustentabilidade 157

7. NOVO DISCURSO PROPRIETÁRIO 161

7.1 O acesso como novo vetor proprietário 161

    7.1.1 Os bens comuns como expressão da propriedade-acesso 166

    7.1.2 O acesso-titularidade e a economia compartilhada 168

7.2 O acesso como a terceira via proprietária 172

8. CONSIDERAÇÕES FINAIS 177

REFERÊNCIAS 183

REFERÊNCIAS NORMATIVAS (ASSOCIAÇÃO BRASILEIRA DE NORMAS TÉCNICAS – ABNT) 195

1
INTRODUÇÃO

É muito possível que há alguns parcos anos o compartilhamento de moradias se restringisse aos pensionatos e repúblicas estudantis. Seria bastante ousado, então, sugerir que algumas empresas no futuro se tornariam referência no mercado imobiliário na locação de moradias conjuntas, incluindo facilidades como faxina, canais de TV por assinatura e serviços de *streaming*. Seria ainda mais curioso dizer que os moradores se aproximariam por aplicativos digitais que demonstram o grau de compatibilidade entre os pretensos locatários a dividir um imóvel em comum. Pois é justamente fornecendo estes serviços, que a empresa paulistana Yuca, fundada em 2019, noticiou em novembro de 2020, ao jornal O Estado de S. Paulo, o lançamento de um fundo imobiliário no valor de R$ 40 milhões.

O sucesso da empresa e de outras similares no mercado é consequência de um movimento chamado por Jeremy Rifkin de "era do acesso", período em que a prestação de serviços ganha corpo em detrimento da aquisição de produtos. Referido movimento foi mais contundente em relação ao mercado do entretenimento e teve seus reflexos rapidamente expandidos para outros setores da economia.

Se no passado ter muitos discos e CD's era indispensável ao bom apreciador da música, hoje basta assinar um serviço de *streaming* e ouvir qualquer artista do mundo, a qualquer hora, em qualquer lugar mediante o pagamento de uma única assinatura mensal. O mesmo aconteceu com o mercado cinematográfico após o lançamento de serviços como Netflix e Prime Amazon. Não é mais preciso aguardar que os filmes cheguem às locadoras. Eles são lançados diretamente na rede ao custo de uma assinatura mensal inferior ao ingresso dos cinemas no Brasil.

O transporte, aos poucos, também se transformou com estes impactos. Carros já não são bens indispensáveis aos moradores dos grandes centros urbanos, uma vez que empresas como a Uber e similares desenvolveram aplicativos de carona. Cada vez menos as pessoas buscam adquirir automóveis para além do estritamente necessário. Exemplo disso é o crescimento em 265% do lançamento de imóveis sem garagem, segundo pesquisa divulgada pela Revista Época, realizada entre 2014 e 2018.

O desenvolvimento tecnológico tem provocado uma série de transformações nas maneiras de experimentação da propriedade. Este movimento não deixou de afetar o mercado imobiliário. Ficam cada vez mais claras as buscas por facilidades na moradia com a redução dos custos, do tamanho dos imóveis, relativas às preocupações com mobilidade urbana e proximidade com o trabalho.

A consciência iniciada com a função social da propriedade, de que não são desejáveis imóveis subaproveitados ou ociosos, encontrou nos mecanismos de compartilhamento uma saída prática e rentável para os proprietários. De um lado, o interesse econômico e, por outro, o necessário comprometimento com meios de desenvolvimento mais solidários, inclusivos e sustentáveis.

O movimento, portanto, também afeta as relações de pertencimento e formas de fruição dos bens imóveis, motivo pelo qual o trabalho a seguir propõe-se a estudar os impactos desta cultura no mundo dos direitos reais, especialmente no direito de propriedade (com foco nos imóveis urbanos). Em outras palavras, a propriedade como compreendida atualmente talvez não contemple satisfatoriamente a busca pelo acesso e o crescimento dos contratos de compartilhamento, inclusive, podendo representar entraves no desenvolvimento de certos modelos de negócio.

A experiência do compartilhamento, embora venha sendo estudada com maior impulso nas duas últimas décadas, já podia ser observada em relações anteriores, como a multipropriedade imobiliária e até nas comunidades intencionais, ambas objeto de estudo nesta tese. Todavia, embora reproduzisse um desejo de setores da economia, a disciplina rígida dos direitos reais foi e ainda se mostra, em certos casos, um elemento desencorajador.

A pesquisa, portanto, tem como objetivo desvendar no conteúdo do direito de propriedade, espaços de interpretação das faculdades proprietárias que criem um campo fértil para o desenvolvimento de novos modelos de apropriação capazes de atender, sob a ótica do acesso e da economia de compartilhamento, os anseios de confiança, flexibilidade, redução de custos, sustentabilidade e segurança jurídica.

Consciente da amplitude do tema, o trabalho restringe-se notadamente às questões voltadas ao compartilhamento em arranjos habitacionais urbanos, embora faça rápida menção a modelo conectado a propriedades rurais (as ecovilas). Outrossim, embora trace aspectos importantes da posse, como o seu conceito e função social, não se aprofundará o estudo da tutela possessória no Brasil, mas apenas e tão somente a posse como exercício de atributos proprietários e caminho para consagrar o direito fundamental à propriedade.

Para isso, foi preciso estudar o conteúdo do direito das coisas e aprofundar o seu desenvolvimento, diferenciando os direitos pessoais dos direitos reais. Para além da pertinência dogmática, a distinção é oportuna em razão da forte aproximação entre propriedade e contratos estimulada pela economia de compartilhamento.

Nesta senda, os primeiros dois capítulos dedicar-se-ão ao estudo do conteúdo do direito das coisas e à evolução histórica de seus dois grandes dogmas: a propriedade e a posse. Visando, neste sentido, compreender em que as relações reais divergem das pessoais e qual foi o caminho traçado pelo sujeito de direitos nas suas noções de pertencimento ao longo dos séculos.

Ficará demonstrado certo movimento pendular entre noções de comunidade e individualismo com a posterior fixação definitiva do conceito de propriedade privada, absoluta e exclusivista após a Revolução Francesa, somente questionada e reinterpretada em meados do século XX, com a teoria da função social proposta por Léon Duguit.

A ideia de que o exercício proprietário sem atenção aos anseios coletivos era um exercício indesejável criou a demanda por um titular ativo na promoção de interesses para além de seus próprios, imputando, inclusive, penalidades ao titular do domínio inerte. Neste contexto, a posse se sobressai como uma das vias de acesso à propriedade e como forma de exercício da função social, à exemplo da usucapião coletiva e da desapropriação judicial posse-trabalho.

A partir destas premissas iniciais, a pesquisa irá dedicar-se à aplicação do direito civil constitucional no âmbito do direito das coisas. Na senda da temática socializante, será brevemente apontada a teoria dos bens comuns, conhecidos por *commons* na doutrina estrangeira e bastante explorados por Ugo Mattei e Stefano Rodotà, como categoria contemplativa do acesso aos bens e complementar aos conceitos de propriedade pública e de propriedade privada.

A propósito, a teoria dos *commons* demonstra que mesmo a função social, representativa dos anseios de um direito civil constitucionalizado, tem carências na construção de um modelo proprietário dotado de consciência coletiva, ou como instrumento suficiente ao avanço das relações sociais e econômicas.

Justamente este avanço das relações sociais e econômicas coloca atualmente os modelos de compartilhamento em destaque, razão pelo que a autonomia privada foi objeto de estudo no quinto capítulo, firmando-se um quadro de aproximações e distinções entre a autonomia contratual e a autonomia proprietária no cenário proposto pelo trabalho.

Nesta parte da pesquisa também serão abordados os impactos de relações contratuais de compartilhamento atípicas ou mistas no direito de propriedade e relações de vizinhança, como no relevante modelo da plataforma Airbnb, cuja natureza encontrava-se sob julgamento no Superior Tribunal de Justiça até o depósito desta tese.

Ainda, serão analisados, sob enfoque crítico, os princípios da taxatividade e da tipicidade nos direitos reais, uma vez que há na doutrina vozes dissonantes a respeito. De um lado, há consenso de que os direitos reais são taxativos e a criação dar-se-á exclusivamente pela via legislativa; de outro, há ainda quem defenda que o rol *numerus clausus* não impede a interpretação de uma tipicidade aberta dos direitos reais, promovendo a criação de modelos de exercício proprietário que não estejam descritos na lei, mas que ao mesmo tempo não ofendam o rol legislativo taxativo.

A pertinência do debate revela-se justamente por propor espaços de autonomia negocial na teoria dos direitos reais, o que remete aos caminhos da multipropriedade imobiliária no Brasil, reconhecida pela jurisprudência como um condomínio especial oriundo da tipicidade aberta dos direitos reais e posteriormente incluída expressamente na disciplina do direito das coisas, após décadas de debates doutrinários.

Todas as premissas incluídas entre os capítulos dois e cinco servirão de bases para o estudo dos impactos do acesso e economia de compartilhamento no exercício proprietário apresentado nos capítulos seis e sete. Primeiramente, propõe-se uma compreensão do que é a economia colaborativa e como ela se desenvolve.

A técnica mostra-se, sem dúvidas, um instrumento de acesso, mas não necessariamente pertinente para o direito de propriedade. Por isso, será preciso limitar o conteúdo do acesso ao direito "de" propriedade e não ao direito "à" propriedade.

A partir deste olhar restrito do acesso, propor-se-á o seu enquadramento no regime dos direitos reais como uma faculdade proprietária, cujo conteúdo pretende-se esclarecer com a presente pesquisa.

Naturalmente, a pesquisa bibliográfica e jurisprudencial contida nesta tese foi também complementada por buscas na rede mundial de computadores, dada a contemporaneidade do tema e do reduzido número de trabalhos voltados especificamente para a questão no Brasil. A despeito disso, tem-se a consciência de que o tema desperta inesgotáveis e fervorosos debates em um mundo marcado pelo conflito entre a cultura do consumo e o esgotamento dos recursos naturais, provocando os estudiosos do direito civil na propositura de soluções para um sistema proprietário que promova melhor e mais oportuna fruição dos bens, atendendo aos anseios da coletividade e do projeto solidarista constitucional, sem romper com a rica legislação civil brasileira, reconstruindo, assim, o conteúdo da propriedade na era do acesso e compartilhamento.

2
DIREITO DAS COISAS:
UMA INTRODUÇÃO NECESSÁRIA

2.1 DIREITO DAS COISAS

Não há como falar em propriedade e posse sem antes estudar o direito das coisas, aquele que tem por objeto material o estudo dos direitos subjetivos incidentes sobre coisas.[1] Já o objeto formal seriam as formas de apropriação e de distribuição de coisas por meios seguros e justos.

Inicialmente insta esclarecer que a opção terminológica por direito das coisas visa acompanhar a escolha legislativa para o Livro III do Código Civil de 2002, para designar a matéria, malgrado a doutrina, em boa parte[2], utilize-se das expressões direito das coisas e direitos reais como sinônimas,[3]-[4] sendo a segunda preconizada por Savigny e a primeira adotada em diversas legislações, como a alemã e a austríaca. Neste trabalho, por compreender que categorização é importante, os termos serão empregados de forma distinta.

Importam nesta senda as coisas corpóreas, pois somente estas poderão ser objeto de direitos subjetivos reais e posse. Por esta razão, Arruda Alvim costuma distinguir os termos limitando o significado de coisa ao "objeto material, tangível, com consistência".[5] Destarte, coisas móveis ou imóveis seriam aquelas que aguçam os sentidos, tornam-se palpáveis[6]. Nesta medida, coisas seriam objetos suscetíveis de apropriação e, portanto, sob a égide dos direitos reais, enquanto bens, apesar de possuírem valor econômico, referem-se aos objetos incorpóreos, insuscetíveis de domínio, pois ligam-se à ideia de "bens da personalidade".[7]

---

1. PENTEADO, 2008, p. 45.
2. Em artigo publicado pela Revista dos Tribunais, Rodrigo da Cunha Lima Freire (1997, p. 56) apresenta a diferenciação entre os termos direito das coisas e direitos reais. A justificativa para tanto seria o fato de que a posse não pode ser considerada direito real, tratando-se de "situação de fato, juridicamente e especialmente protegida, que, embora se encontre em quase todos os direitos reais [...] não se opõe ao domínio ou propriedade. Para tanto, cita Orlando Gomes, Maria Helena Diniz e Caio Mário da Silva Pereira.
3. SERPA LOPES, 2001, p. 08-09.
4. "Tanto a expressão Direitos Reais como a de Direito das Coisas possuem ambas um conceito idêntico, como idênticos os seus objetivos e a matéria jurídica de que se compõem" (SERPA LOPES, 2001, p. 09).
5. ARRUDA ALVIM, 2011, p. 498.
6. No mesmo sentido: PENTEADO, 2008, p. 47.
7. ARRUDA ALVIM, 2011, p. 498.

2.2 NOÇÃO JURÍDICA DE COISA

Como regra geral, a identificação de coisa incorpora basicamente três características: corporeidade, economicidade e possibilidade de apropriação.

No que toca à corporeidade, há uma corrente de autores que insiste na inclusão de coisas incorpóreas como objetos de direitos reais – para esses autores, a restrição à corporeidade não se justificaria uma vez que há objetos incorpóreos de valor patrimonial e constitutivos de objeto jurídico[8]-[9].

Pertinente verificar a posição de Maria Helena Diniz,[10] que outorga maior amplitude ao debate, entendendo que coisas podem ter conteúdo material e imaterial, consistindo em gênero do qual os bens são espécie. Segundo a civilista, tudo aquilo que existe na natureza poderá ser reconhecido como coisa, exceto as pessoas; de outro lado, os bens englobariam apenas coisas suscetíveis de apropriação, inclusive imateriais, como a propriedade literária, artística e científica, desde que economicamente apreciáveis e, por esta razão, constituidoras de patrimônio.

Parte do raciocínio pode ser relacionado ao fato de que o Código Civil de 1916 possuía dentro do Livro II (Direito das Coisas), um Capítulo (VI) que inseria neste rol a propriedade literária, artística e científica. Posteriormente, por meio de revogação legislativa, os temas como os direitos autorais passaram a ter regramento autônomo, respectivamente, conforme constatado pelas Leis n. 5.988/1973 e n. 9.610/1998.

Parece, contudo, que a aproximação entre as manifestações intelectuais e o direito das coisas tem sido alvo de críticas na doutrina que trata das matérias de forma distinta, como direitos de regulamento e estrutura próprios. Haveria uma distinção sutil entre a *res* e o modo de operar de um sujeito, segundo a lição fundamental de Walter Moraes.[11] Para o autor, a expressão da natureza humana, vinculada intimamente aos direitos de natureza autoral, reproduz os chamados direitos da personalidade[12].

---

8. DINIZ, 2017, p. 38.
9. Orlando Gomes (1998, p. 9) entende que podem ser objeto do direito das coisas tanto as corpóreas quanto as incorpóreas: "Objeto de direito real podem ser tanto as coisas corpóreas como as incorpóreas. Sua limitação às primeiras não se justifica. É reconhecida a existência de direitos sobre direitos, que são bens incorpóreos. Admite-se que o usufruto e o penhor possam ser objeto de outro direito real. Discute-se, porém, sobre a possibilidade de ter um direito por objeto um direito pessoal. Admitido que o usufruto e o penhor podem recair em créditos, que são direitos pessoais, nenhuma dúvida subsiste para uma resposta afirmativa. Desde que o poder do titular se exerça diretamente sobre um crédito, sem intermediário, como se exerce sobre uma coisa corpórea, o direito é real".
10. DINIZ, 2014, p. 367-368.
11. MORAES, 2000, p. 197.
12. "Nesta dimensão, constituem-se em bens, para um sujeito, as substâncias, essências, potências, atos e propriedades que integram o seu composto natural, pela suficiente razão de carecer delas o homem, como é evidente. Em sede jurídica, estes mesmos componentes da natureza humana – bens éticos – vão-se convertendo em bens de direito, notadamente para o seu sujeito, à proporção que, tornando-se relevante razão de relações intersubjetivas (n. 1), a mesma ordem jurídica lhes vai conferindo tutela específica. Em tese, todos esses componentes podem vir a ser reconhecidos como objetos de direitos subjetivos. Os bens que

Classificar as coisas como corpóreas ou incorpóreas, portanto, remete à percepção dos sentidos, o que fica bastante claro, por exemplo, na leitura do artigo 1.302 do Código Civil Português, que em seu texto expressa: "Só as coisas corpóreas, móveis ou imóveis, podem ser objeto do direito de propriedade regulado neste Código". Ressalta-se aqui, portanto, a ideia de que os direitos reais atinem apenas às coisas corpóreas.[13]-[14]

Para uma melhor compreensão, fundamental identificar a distinção entre coisas e bens. Muito embora a utilização sinônima entre as duas palavras seja comum e até mesmo endossada pelo legislador, é certo que guardam importantes diferenças. Neste sentido, Roberto de Ruggiero[15] explicita que coisas seriam todos os bens que podem ser apropriados pelos homens e destinados à satisfação de suas necessidades.

Os bens estariam vinculados ao conjunto de crédito e débito que formam o patrimônio de uma pessoa física ou jurídica. O patrimônio, ou os bens economicamente apreciáveis, seriam aqueles cujo conteúdo revele economicidade e possibilidade de avaliação em espécie monetária. Portanto, os bens incluiriam coisas materiais e imateriais com valor econômico e que pautam relações jurídicas formadoras de um complexo de relações jurídicas atribuíveis a uma pessoa[16].

Não se olvide que as novas tecnologias superam essa divisão binária entre bens e coisas, conforme constata Everilda Brandão Guilhermino.[17] Segundo a autora, para além dos objetos corpóreos e o valor dado ao patrimônio histórico, artes, literatura, ciência e outros bens de interesse difuso, como o meio ambiente em todas as suas dimensões, o avanço acelerado das tecnologias, principalmente após o advento da internet, criou a modalidade de bens virtuais, aptos à apreciação econômica, embora escapem das normas do direito das coisas.

Note-se, por exemplo, a complexa percepção sobre os bens digitais, quando mensurado o valor econômico de contas em redes sociais que podem manter patrocínios e contratos de publicidade. Também não se olvide do desenvolvimento de aplicativos para aparelhos eletrônicos facilitadores da vida cotidiana. A doutrina e a jurisprudência ainda não foram capazes de resolver as dúvidas envolvendo, por exemplo, a legislação incidente sobre esses bens, de modo que há sinceras dúvidas quanto à aplicação de regras do Código Civil, ou ainda relativas à propriedade inte-

---

em Direito se qualificam como de personalidade são partes integrantes do homem *in natura*" (MORAES, 2000, p. 197).

13. Luciano de Camargo Penteado (2008, p. 52-56) destaca que faltando o requisito da corporeidade à coisa, esta não será pertinente ao direito real, a menos que haja previsto em lei hipótese excepcional de transmissão e intuito de salvaguardar o elemento necessário do conceito de direito real. Para tanto, destaca as hipóteses de usufruto universal, penhor de direitos e condomínio hereditário.
14. CORDEIRO, 2019, p. 163.
15. RUGGIERO, 1972, p. 260.
16. Vide: MENDES; STOCCO, 2011, p. 1.027.
17. GUILHERMINO, 2018, p. 9-10.

lectual. Basta, para tanto, verificar os imbróglios já constatados na averiguação da natureza jurídica e dos regimes aplicáveis às moedas virtuais, como a controversa *bitcoin*.

Destarte, não há como negar que o regime das titularidades encontra uma série de novos desafios a serem permeados, seja pela insuficiência das leis tradicionais, seja pela velocidade com que as novas relações jurídicas se estabelecem, desafios estes a serem aprofundados ao longo da pesquisa.

Retomando a noção jurídica de coisa, para além da corporeidade, a doutrina elenca outros dois elementos: a coisa precisa ser objeto de apropriação e dotar de valor economicamente apreciável.

Como objeto de apropriação, é preciso focar na materialidade, mas não apenas nisso, já que será considerada coisa aquele bem corpóreo passível de plena sujeição em face de seu titular. Por esta razão, nem todos os bens corpóreos são apropriáveis, como, por exemplo, os órgãos humanos e cadáveres[18].

Em complemento, a característica de ser coisa apropriável também não precisaria ser atual. Para tanto, Roberto de Ruggiero[19] menciona a *res nullius*, ou seja, coisas que atualmente não tenham proprietários, mas que podem vir a tê-los, também seriam contempladas na categoria.

A possibilidade de apropriação da coisa, ou sua sujeição, é a conjugação dos elementos que atribui a condição de coisa, na medida em que os bens, como gênero, também possuem valor economicamente apreciável. Não se olvide, todavia, que tendo a Constituição Federal de 1988 elegido a dignidade da pessoa humana como um dos fundamentos da República, todas as situações jurídicas, patrimoniais ou não, deverão ter como farol a expressão de um conjunto de valores, o que restará mais claro e aprofundado ao longo deste discurso.

Por isso a noção jurídica de coisa demanda a conjugação dos elementos de materialidade (corporeidade), possibilidade de apropriação e expressão monetária somados a uma tábua axiológica cada vez mais proeminente, que rompe com o lugar comum dos direitos reais, sustentados sob a máxima da propriedade privada mesmo ante o solidarismo constitucional.

Importante registrar que a estabilidade conceitual por trás do direito das coisas revela não apenas uma busca por segurança jurídica, mas também uma resistência social e política em adotar medidas aptas a promover efetivamente a função social que cabe aos institutos jurídicos, porque promover a mudança gera custos e com-

---

18. Não se olvide que os cadáveres eventualmente se tornam apropriáveis ou em razão de sua imemorialidade, ou em razão de estudos científicos e preservação histórica, como verificado em relação a ossadas e múmias. Atualmente existem institutos que mantém órgãos e corpos humanos em técnicas de criogenia para estudos.
19. RUGGIERO, 1972, p. 260.

promissos sérios partindo do Estado e da sociedade civil, sob pena de tornar-se um grande aparato teórico de poucos efeitos práticos[20].

Assim, verifica-se no direito das coisas uma rigidez até agora inapta a acompanhar a evolução das titularidades. De outro lado, do ponto de vista obrigacional, multiplicam-se as vias da autonomia privada, razão pela qual passa-se ao estudo do conteúdo dos direitos reais.

2.3 DIREITOS REAIS E DIREITOS PESSOAIS

Como alinhavado inicialmente, o legislador brasileiro optou por intitular o Livro III do Código Civil de 2002 por direito das coisas e assim o faz numa aceitação de que a posse incorpora relações sobre coisas corpóreas, embora não faça parte do rol dos chamados direitos reais. A decisão tem significado, uma vez que mostra uma clara menção positiva a conceitos novos atinentes ao pertencimento, abrindo margem, inclusive, para demandas já efervescentes no direito comparado sobre outra categoria *sui generis* a ser incorporada pelo direito das coisas, a chamada categoria dos bens comuns e o próprio direito de acesso e compartilhamento.[21]

Superadas as delimitações preliminares, a doutrina frequentemente conecta o direito das coisas a uma relação vertical entre o homem e as coisas, ou melhor, ao poder que aquele exerce sobre estas. Este poder variável, que regula basicamente a aquisição, a manutenção, o uso, o gozo, a fruição, a reivindicação e a perda da coisa, não sem razão, é um dos mais relevantes aspectos da organização política e econômica de uma comunidade.

Em outros termos, tem-se como reais os direitos que conectam sujeitos aos bens da vida, podendo estes serem corpóreos ou eventualmente incorpóreos, fungíveis, infungíveis, produzir ou não frutos, desde que inseridos na esfera dominial. Neste sentido, seria menos importante o objeto do direito e mais importante o vínculo construído.[22]

No Código Civil brasileiro, o rol de direitos reais encontra-se delimitado pelo artigo 1.225 e são: a propriedade, a superfície, as servidões, o usufruto, o uso, a habitação, o direito do promitente comprador de imóvel, o penhor, a hipoteca, a anticrese, a concessão de uso especial para fins de moradia, a concessão do direito real de uso e a laje. A taxatividade extraída do dispositivo não impede a criação de novos direitos reais pela via legislativa, como é visto com relação aos recentes direitos

---

20. "Bem verdade que, no plano fático, pouco se tem implementado essa tentativa de canalizar o uso da propriedade para fins sociais, de modo que a função social da propriedade se apresenta desde o início do século XX, até os dias atuais, como um importante avanço teórico [...]" (GAMBA, 2019, p. 201).
21. GUILHERMINO, 2018, p. 81.
22. ARONNE, 2014, p. 33.

real de uso, de laje e a multipropriedade imobiliária, como uma fração temporal da propriedade imóvel.

Na tentativa de conceituar direitos reais, são três as principais teorias, conforme estudo e crítica de Serpa Lopes. A primeira admite uma relação jurídica entre sujeito de direito e a coisa, em outros termos, um poder imediato sobre a coisa. A segunda construção é a de caráter absoluto do direito oponível *erga omnes*. A terceira afirma que o direito real é uma conjugação entre poder imediato do titular e o caráter absoluto em relação a qualquer pessoa.[23]

Até o século XIX, foi justamente esta construção do sujeito como "mero partícipe"[24] nas relações patrimoniais, estas sim centro das relações jurídicas, que dominou o pensamento e a doutrina. Foi a profusão da doutrina da função social e sua incorporação no rol dos direitos fundamentais que alterou o curso e o conteúdo do direito das coisas, trazendo o sujeito para o centro do debate.

Neste contexto, o direito das coisas passa a incorporar um conteúdo para além das teorias tradicionais oitocentistas e cujo conteúdo é bem expressado por Ricardo Aronne:[25]

> [...] ramo do Direito Civil destinado à regulação sóciopatrimonial da posse, titularidades e domínio, com larga projeção e influência dos demais campos do Direito (agrário, urbanístico, ambiental, administrativo, biodireito, contratos, dentre outros); pois largamente influenciado e influente no sistema jurídico como totalidade (aberta), a partir do reconhecimento de sua unidade axiológica, com epicentro constitucional.

A definição apresentada por Ricardo Aronne comporta um conteúdo vanguardista capaz de contemplar visão a um direito das coisas conectado com a solidariedade constitucional, identificando as múltiplas possibilidades de titularidades, o que se verificará mais à frente com a discussão acerca da autonomia privada e seus impactos no exercício do domínio, além da teoria dos bens comuns e da economia de compartilhamento vinculadas ao chamado direito de acesso. Também revela particular importância a quebra com a noção estanque dos regimes de direito civil, provocando uma interpretação sistemática, interdisciplinar sempre à luz da ordem constitucional vigente.

Justamente a partir da visão complexa conduzida pelo direito das coisas e seu potente arcabouço teórico construído ao longo dos últimos séculos com particular coerência e rigidez, torna-se objeto de frequentes debates a crescente importância das relações pessoais e seus eventuais confrontos com as relações reais. São regimes que não se confundem, embora amplamente conectados e cada vez mais chamados à uma nova reflexão com as mudanças provocadas pelas tecnologias e a chamada

---

23. LOPES, 2001, p. 20.
24. ARONNE, 2007, p. 217.
25. ARONNE, 2007, p. 218.

era do acesso. Provoca-se, a partir disso, uma tentativa de recolocação da autonomia privada como elemento fundamental para a atualização dos direitos reais e o incremento da noção de cooperação para além das noções de direito pessoal, ou das relações obrigacionais, mas como instrumento eficaz na promoção dos valores constitucionais pelo adequado exercício da propriedade.

Dito isso, é preciso traçar um panorama um pouco mais profundo quanto às diferenças entre os direitos reais e os direitos pessoais a partir de uma análise crítica das teorias predominantes. Orlando Gomes é quem aponta a dificuldade de traçar as diferenças com o rigor científico necessário, quando destaca que não há critério indiscutível para a separação entre os direitos reais e pessoais.[26]

Para o jurista baiano, são duas as principais teorias: teoria realista ou clássica; e teoria personalista. No primeiro caso, classifica-se como direito real o poder imediato de um sujeito sobre a coisa, oponível *erga omnes*, enquanto os direitos pessoais seriam a oposição de um sujeito perante outro na exigência de um determinado comportamento.

Luiz Díez-Picazo e Antonio Gullón[27] apresentam as diversas teorias sobre o conceito de direito real. Pela teoria clássica, prevalece a compreensão de que o direito real consiste em poder direto e imediato que um sujeito exerce sobre a coisa, enquanto nos direitos de crédito, uma relação entre pessoas em torno de uma prestação, uma tem o direito de exigir da outra a sua realização, consistente em um dar, fazer ou não fazer.

Contudo, os juristas espanhóis introduzem pontos relevantes de incompletude da teoria clássica[28], pelo que não atenderia com perfeição as tantas hipóteses de direitos reais ou de crédito admissíveis nos sistemas jurídicos. Vislumbram, por exemplo, que considerando o direito real aquele poder direto e imediato que um sujeito exerce sobre uma coisa, oponível *erga omnes*, que poder direto e imediato ostentaria o credor hipotecário, que não se satisfaz, senão postulando pelos procedimentos legalmente estabelecidos para ter acesso ao bem? Em outras palavras, para ter acesso ao bem hipotecado, o credor depende da propositura da competente demanda, portanto, de um ato estatal consistente em decisão judicial, afastando, assim, a noção de poder direto sobre a coisa[29].

---

26. GOMES, 2004, p. 10-11.
27. DÍEZ-PICAZO e GULLÓN, 2001, p. 32-36.
28. No mesmo sentido: GIORGIANNI, 1940, p. 149.
29. No caso da hipoteca, para preservar a noção clássica de poder direto e imediato é preciso associá-lo ao direito de excussão do bem independentemente da cooperação do proprietário (RENTERIA, 2016, p. 20). De outro lado, para Mário Neves Baptista (1947, p. 36), esta conclusão do poder de excussão não é suficiente, sob pena de equiparar a hipoteca a qualquer relação obrigacional: "se assim fosse, nenhuma diferença existiria entre eles e os direitos de obrigação, vez que a todo credor, mesmo ao simples credor quirografário, sendo seu o crédito exigível, se permite apreender os bens do devedor, por via de execução judicial, fazendo-os vender, para sua própria satisfação".

O mesmo se daria para a servidão negativa, quando o titular vê satisfeito seu poder direto e imediato sobre a coisa apenas e tão somente pelo cumprimento de um dever negativo do proprietário consistente em abster-se de realizar as condutas prejudiciais. Em *contrario sensu*, há direitos pessoais que implicam em poder imediato sobre a coisa a exemplo do comodato e da locação, cuja descrição legal contida no Código Civil apresenta cessão do uso e gozo em favor do comodatário e do locatário, portanto, com transferência de parte dos direitos de propriedade.

Referidas menções, normalmente utilizadas para questionar os pontos frágeis da teoria clássica, demonstram, ao fim, que a simples noção de poder direto e imediato sobre a coisa não é suficiente para dar conteúdo aos direitos reais, visto que estes não são plenamente uniformes[30].

Seguindo as construções doutrinárias, há também uma teoria negacionista que não aceita a distinção entre direitos reais e pessoais sob a perspectiva de que todo direito corresponde a um dever e que não são plausíveis relações jurídicas senão entre pessoas. Assim, para os defensores da tese, nos direitos reais é certo que um sujeito possua um monopólio sobre o gozo e utilização de uma coisa, mas isso só é possível impondo a terceiros condutas de abstenção.[31]

Por fim, as teorias ecléticas, que distinguem os direitos reais por seus aspectos internos e externos. No primeiro ponto, o aspecto interno diz respeito ao poder direto e imediato do sujeito de direitos sobre a coisa. No segundo, aspecto externo, alude à obrigação universal de que terceiros devem abster-se de toda e qualquer perturbação quanto àquela relação jurídica.

O aspecto externo nada mais é que a concepção da teoria personalista mencionada por Orlando Gomes[32] como uma das grandes expoentes na tentativa de diferenciar direitos reais e pessoais. Esta noção criada pela teoria personalista imputa a distinção no sujeito passivo. Enquanto para os direitos reais o sujeito passivo é universal (oponível *erga omnes*), nos direitos pessoais a oponibilidade se dá apenas em relação ao devedor, pessoa certa e determinada.

Em crítica à teoria personalíssima, Pietro Perlingieri[33] conclui que a noção de crédito como relativo por excelência e direitos reais como absolutos não se sustenta em uma análise mais acurada, embora lhe pareça a mais convincente entre as grandes teorias apresentadas, vez que há um centro de interesses individualizado entre

---

30. "Verifica-se, ao contrário, a heterogeneidade desses direitos. Alguns deles, como o usufruto e a servidão positiva, realizam o interesse do titular mediante o exercício de poder imediato sobre a coisa, sem a intervenção de outrem. Outros, em contrapartida, satisfazem o interesse do titular por meios diversos, que pode ser a pretensão ao cumprimento de obrigação de não fazer (como na servidão negativa) ou a garantia (como nos direitos reais de penhor e hipoteca)" (RENTERIA, 2016, p. 25).
31. DÍEZ-PICAZO; GULLÓN, 2001, p. 34-35.
32. GOMES, 1998, p. 3.
33. PERLINGIERI, 2008, p. 893-894.

usufrutuário e nu-proprietário, assim como nos direitos de servidão, a propósito do que já foi ventilado.

Concluem, assim, na mesma linha de Orlando Gomes, que nenhuma das teorias atende em completude a distinção entre direitos reais e pessoais. A clássica, contudo, é a que mais se aproxima[34]. Luiz Díez-Picazo e Antonio Gullón encerram o raciocínio sugerindo a adoção das expressões situações jurídicas oponíveis a terceiros ou não oponíveis.[35]

Em complemento, Manuel Inácio Carvalho de Mendonça, citado por Serpa Lopes, complementa:

> existe uma profunda diferença entre os direitos reais e os de crédito, não há negar. Essa diferença é só relativa a seu exercício, à sua maneira de ser, sem consideração alguma à sua essência ou à natureza das coisas [...]
>
> O direito real é um poder que a sociedade reconhece no titular sobre uma coisa do mundo externo; o direito de crédito é o mesmo poder que a sociedade reconhece no indivíduo para limitar momentaneamente a liberdade de outrem e exigir-lhe um fato, uma prestação.[36]

Partindo destas premissas, Carvalho de Mendonça entende que os elementos dos direitos reais assim se constituem: primeiro, o titular de um direito ou poder reconhecido; segundo, o poder exercido pelo titular sobre a coisa (direito real) ou sobre a pessoa (direito obrigacional).[37]

Tanto os direitos reais quanto os de crédito circulam sob a esfera do direito patrimonial, portanto, na linha do que argumenta Carvalho de Mendonça, o diferencial situa-se no objeto imediato, que no caso dos direitos pessoais, constitui-se na prestação e não no bem (objeto mediato).

A complexidade atual da distinção entre direitos reais e pessoais decorre muito do surgimento de obrigações complexas e formas distintas de circulação de riquezas que acabam por aproximar certas características antes exclusivas de uma ou outra natureza. A adoção de critérios distintivos com a maior clareza possível entre as relações reais e pessoais, como a formulada por Luciano Camargo Penteado, também não fica à salvo de diversas exceções.[38]

---

34. "Todo ello nos lleva a la idea de que la noción teórica del derecho real como poder directo e imediato sobre la cosa oponible *erga omnes* no capta por completo la realidad legislativa, y que en el fondo son criterios de política jurídica los que determinan que determinadas situaciones tengan o no eficacia *erga omnes*, prescindiendo que en ellas se detecte o no aquel poder" (DIEZ-PICAZO; GULLON, 2001, p. 36). Tradução livre: "Tudo isso nos leva à ideia de que a noção da teoria do direito real como poder directo e imediato sobre a coisa oponível *erga omnes* não capta por completo a realidade legislativa, e que no fundo são os critérios de política-jurídica que estabelecem que determinadas situações tenham ou não eficácia *erga omnes*, prescindindo que nelas se detecte ou não o poder direto sobre a coisa".

35. DÍEZ-PICAZO e GULLÓN, 2001, p. 36.

36. MENDONÇA, 2001, p. 30.

37. CARVALHO DE MENDONÇA apud SERPA LOPES, 2001, p. 30.

38. PENTEADO, 2008, p. 107-113.

O autor[39] cria um quadro de caracteres aptos a diferenciar relações reais e pessoais: quanto ao objeto, ao sujeito passivo, à finalidade, à relação direito/objeto, à oponibilidade, aos titulares, ao tempo, à perda parcial, ao número de direitos, e à natureza do objeto.

Os direitos reais têm por objeto coisa e os pessoais têm por objeto uma conduta. Mesmo neste contexto, Luciano Camargo Penteado[40] levanta a existência de obrigações mistas como as *propter rem* e os ônus reais, que embora tenham por objeto uma prestação, vinculam-se ao titular de uma situação jurídica do direito das coisas.

Quanto ao sujeito passivo, observa que para os adeptos da teoria personalista, é universal em direitos reais[41], enquanto nas relações pessoais, o sujeito passivo é determinado ou, excepcionalmente, determinável, como na hipótese das obrigações de eficácia real, em que o locatário pode opor ao adquirente da coisa locada seu direito a permanecer no imóvel até o final do contrato[42] ou o direito de preferência.

Por sua vez, a finalidade dos direitos reais é a coisa, seja pelo aproveitamento, seja como direito de garantia ou para aquisição definitiva. Nos direitos pessoais, a finalidade constitui-se numa prestação que necessita de um intermediário para se efetivar, o devedor.[43] A este propósito, por demandar um intermediário, a relação entre o direito e o objeto da relação pessoal é de interesse e demandará um comportamento que pode trazer um bem, enquanto nos direitos pessoais ocorre uma aderência íntima entre direito e coisa, portanto, uma situação de inerência[44].

Ainda nos critérios apresentados por Luciano Penteado, a oponibilidade dos direitos reais é *erga omnes* e dos direitos pessoais *inter* partes, abrindo exceção às hipóteses em que há previsão de registro imobiliário de relações obrigacionais. Também adverte que quanto à duração, os direitos reais tendem à perpetuidade, enquanto os obrigacionais são transitórios. Todavia, mesmo os direitos reais têm também hipóteses de previsão de transitoriedade, como é o caso do usufruto, da

---

39. PENTEADO, 2008, p. 112-113.
40. PENTEADO, 2008, p. 113.
41. Para a teoria realista, o sujeito passivo é inexistente (PENTEADO, 2008, p. 108).
42. BRASIL. Código Civil (2002). "Artigo 576. Se a coisa for alienada durante a locação, o adquirente não ficará obrigado a respeitar o contrato, se nele não for consignada a cláusula da sua vigência no caso de alienação, e não constar de registro. § 1º O registro a que se refere este artigo será o de Títulos e Documentos do domicílio do locador, quando a coisa for móvel; e será o Registro de Imóveis da respectiva circunscrição, quando imóvel. § 2º Em se tratando de imóvel, e ainda no caso em que o locador não esteja obrigado a respeitar o contrato, não poderá ele despedir o locatário, senão observado o prazo de noventa dias após a notificação".
43. PENTEADO, 2008, p. 109.
44. Para Pietro Perlingieri (2008, p. 897): "A noção de situação real deriva da relação não só de dependência, mas também de inerência, entre o direito e o seu objeto, entre a situação e o bem. A situação real grava sobre uma *res* determinada, específica. A situação creditória, não tendo uma relação de inerência ou de imanência com uma *res*, se realiza mediante o adimplemento e a obtenção de um resultado".

servidão e a perempção da hipoteca após 30 anos[45]. Também é preciso advertir que há deveres laterais ou anexos tidos atualmente por verdadeiras prestações e que repercutem mesmo após a extinção dos contratos, assim como hipóteses de pós--eficácia,[46] as quais preveem obrigações aptas a se perpetuarem no tempo, como o dever de sigilo, por exemplo.

Por fim, Luciano de Camargo Penteado enumera para os direitos reais os direitos de sequela, a enumeração em rol taxativo e a natureza certa e individualizada da coisa. De outro lado, aponta que os direitos pessoais, embora passíveis de execução específica, podem culminar na condenação em perdas e danos, além de possuírem rol aberto e objeto que pode ser determinado ou determinável.

Nota-se nos critérios distintivos traçados acima que em diversos segmentos as relações pessoais e reais guardam características similares. É certo afirmar que a análise deste conglomerado de possibilidades acaba restringindo as consequências de cada direito, mais do que limitando com total precisão cada um deles ante as muitas exceções indicadas. Por efeitos exclusivos do direito real, é possível enumerar a tutela possessória, a admissibilidade de usucapião e a possibilidade de ocupação nas hipóteses de *res nullius*.[47]

Por tamanhas incoerências e coincidências entre as duas modalidades, a teoria eclética ou mista é vista por Ricardo Aronne como técnica que, embora insuficiente, dá maior fluidez ao conceito e distinção entre direitos reais e pessoais[48]. As críticas que vem surgindo, em parte, decorrem da noção da funcionalização das relações proprietárias, do conteúdo da propriedade e dos direitos reais em geral. Ganha dinamicidade distinta e resulta em consequências não previstas na construção da base teórica dos direitos reais. Assim, a constitucionalização, a repersonalização e a publicização do direito privado migra parte da disciplina das pertenças para o núcleo axiológico normativo constitucional.[49]

Sob este viés, há quem sustente que a cooperação coletiva não é marca exclusiva dos direitos reais, mas também das relações creditícias, vide a crescente expressão dos deveres gerais de lealdade expressos pela boa-fé objetiva e da própria função social dos contratos, que nos seus termos também refletem muitas vezes o dever

---

45. BRASIL. Código Civil (2002). Art. 1.485. "Mediante simples averbação, requerida por ambas as partes, poderá prorrogar-se a hipoteca, até 30 (trinta) anos da data do contrato. Desde que perfaça esse prazo, só poderá subsistir o contrato de hipoteca reconstituindo-se por novo título e novo registro; e, nesse caso, lhe será mantida a precedência, que então lhe competir".
46. DONNINI, 2011, p. 176-187.
47. PENTEADO, 2008, p. 114-115.
48. ARONNE, 2007, p. 224.
49. ARONNE, 2007, p. 225.

de não interferir e desestabilizar relações jurídicas,[50] linha evidenciada por teorias como a tutela externa do crédito[51].

A tutela externa do crédito avança na teoria jurídica ao lado da função social dos contratos e da boa-fé objetiva e implica na efetivação da consciência recíproca de que o contrato não poderá produzir efeitos para terceiros dele não participantes (ressalvadas as exceções legais como a estipulação em favor de terceiros, contrato com pessoa a declarar e promessa de fato de terceiro), assim como terceiros não poderão interferir nas negociações livremente pactuadas. Neste particular, a tutela externa do crédito revela uma oponibilidade *erga omnes*[52] porque impõe que a sociedade deve respeitar também as relações contratuais:

> O princípio da função social condiciona o exercício da liberdade contratual e torna o contrato, como situação jurídica merecedora de tutela, oponível *erga omnes*. Isto é, todos têm o dever de se abster da prática dos atos (inclusive a celebração de contratos) que saibam prejudiciais ou comprometedores da satisfação de créditos alheios. A oponibilidade dos contratos traduz-se, portanto, nesta obrigação de não-fazer, imposta àquele que conhece o conteúdo de um contrato, embora dele não seja parte. Isto não implica tornar as obrigações contratuais exigíveis em face de terceiros (é o que a relatividade impede), mas impõe a terceiros o respeito por tais situações jurídicas, validamente constituídas e dignas da tutela do ordenamento (é o que a oponibilidade exige).[53]

Por esta razão, entende-se que existe uma potência expansiva nas possíveis conexões entre direitos reais e direitos pessoais. Não no sentido de eliminá-los ou unificá-los, mas na noção de uma necessária reconstrução de conteúdo, a fim de exprimir as exigências sociais. Como se verá adiante, o direito das coisas vem sofrendo inúmeras transformações a partir da sua concepção moderna, mas a atualidade o tem impulsionado de forma bastante direta a refletir formas interpretativas e instrumentais idôneas aptas a acompanhar o aumento exponencial da autonomia privada impulsionando as formas de pertencimento pelas figuras contratuais da economia compartilhada e da crescente discussão acerca dos *commons*, ambos a serem tratados mais adiante nesta pesquisa.

---

50. MONTEIRO FILHO; RENTERIA; TEPEDINO, 2020, p. 7-8.
51. "[...] é verdade que a obrigação é relação entre devedor e credor, mas é também verdade que esta relação tem relevância externa. O próprio crédito é um bem, um interesse juridicamente relevante, e enquanto tal deve ser respeitado por todos [...]. A distinção entre situações absolutas e relativas, portanto, perdeu a sua justificação histórica: nos dias de hoje, sob o fundamento do dever de solidariedade e da consequente responsabilidade, cada um deve respeitar qualquer situação e o titular da mesma tem uma pretensão à sua conservação perante todos" (PERLINGIERI, 2008, p. 895).
52. Fundamental estabelecer que a oponibilidade *erga omnes* oferecida pela teoria da tutela externa do crédito não alcança a mesma amplitude dos direitos reais. A própria concepção de Teresa Negreiros transcrita no corpo do texto alude que referida oponibilidade se limita aos que reconheçam que suas ações possam ser prejudiciais ou comprometedoras da satisfação do crédito, portanto, que tenham conhecimento do conteúdo do contrato.
53. NEGREIROS, 2003, p. 265.

2.4 TAXATIVIDADE E TIPICIDADE DOS DIREITOS REAIS

Diversamente da liberdade verificada nas relações pessoais, os direitos reais são marcados pelo chamado princípio da taxatividade. Isso significa que estão positivados *numerus clausus* no sistema jurídico vigente. Assim afirmou Francisco Cavalcanti Pontes de Miranda[54] e, na mesma senda, Augusto Teixeira de Freitas[55] em seu rico Esboço, ao afastar qualquer hipótese de criação do "caráter de direito real fora das espécies designadas".

Em outras palavras, os direitos reais somente podem ser criados pela norma jurídica positivada. Já a tipicidade diz respeito à modalidade de exercício dos direitos reais enumerados.[56]

A opção legislativa pelo rol *numerus clausus* é tratada como norma de ordem pública e decorre do rol do artigo 1.225 do Código Civil e da leitura do artigo 172 da Lei de Registros Públicos, este último, que restringe ao registro e averbação perante o registro de imóveis, apenas os direitos reais reconhecidos em lei.

Nesta senda, a autonomia privada não terá condão de criar direitos reais, contudo, poderá incidir para complementar a vontade dos estipulantes, desde que isso não confronte a configuração descrita em lei,[57] notadamente naquelas espécies em que o legislador opta expressamente por outorgar espaço de autorregulação entre os interessados, tal qual se verifica dos direitos de usufruto e servidão.

Todavia, é natural que no desenrolar e desenvolver das relações sociais, tenha sido necessário criar figuras que atendam às demandas sociais e relações jurídicas da contemporaneidade. Não se olvide, por exemplo, da recente inserção do direito real de laje e da multipropriedade imobiliária, reflexos da tentativa de adequar a rigidez normativa à realidade das relações sociais, albergando relações que orbitavam exclusivamente no campo obrigacional ou eventualmente marginalizadas.

Muito embora a taxatividade carregue consigo caráter cogente e inflexível, Ricardo Aronne, em posição minoritária, pondera que toda norma é interpretável ante um caso concreto, razão pela qual observar os direitos reais como estanques ou impassíveis de interpretação seria o mesmo que desconsiderar a complexa rede axiológica e conformar-se com uma norma que nada revela além de seu próprio literalismo.[58] Portanto, ainda que se fale em princípio da taxatividade, o direito civil pessoalizado e constitucionalizado não admite sejam os direitos reais uma área estanque e insensível à evolução das relações patrimoniais, notadamente às ligações entre pessoas e coisas.

---

54. PONTES DE MIRANDA, 2012, v. 18, p. 59.
55. FREITAS, 1983, v. 2, p. 541.
56. TEPEDINO, 2005, p. 287.
57. CLÁPIS, 2019, p. 966.
58. ARONNE, 2014, p. 35-36.

Na esteira do *numerus clausus*, o Código Civil brasileiro em seu artigo 1.225[59], traz o seguinte rol de direitos reais: propriedade, superfície, servidões, usufruto, uso, habitação, direito do promitente comprador do imóvel, penhor, hipoteca, anticrese, concessão para fins de moradia e, por fim, a concessão de direitos reais de uso e a laje, respectivamente alterada e inserida no dispositivo legal.

Esses direitos reais podem ainda ser divididos em três categorias. A primeira, direitos reais de uso, incluindo propriedade, superfície, servidões, usufruto, uso, habitação, concessão especial para fins de moradia, concessão de direito real de uso e laje. A segunda, direitos reais de garantia, incluindo o penhor, a hipoteca, a anticrese e a propriedade fiduciária em garantia. Enfim, a terceira categoria, direitos reais de aquisição, sendo o direito do promitente comprador.

Despontam na doutrina divergências quanto à taxatividade dos direitos reais, ou sobre a arbitrariedade envolvida na escolha exclusiva pelo legislador[60]. A doutrina majoritária contempla a reserva legal e tem como pressuposto a ideia de segurança jurídica e ordem pública, até mesmo para melhor configurar a tributação incidente. Na mesma toada desponta a afirmação de que a taxatividade e a tipicidade evitam, por sua vez, a má utilização das coisas, ou um aproveitamento inoportuno e até prejudicial em relação à coletividade, afirmação, todavia, para Pablo Renteria, desprovida de evidências.[61]

Os fundamentos em defesa da taxatividade, opção legislativa brasileira, consistem basicamente no argumento de que a abertura do sistema de direitos reais causaria inconvenientes[62], como, por exemplo: situações nocivas sob o ponto de vista econômico-social, constituição de ônus e vinculações ocultas. Por fim, retira a clareza ao sistema dos direitos de imóveis, dificultando o trabalho dos registradores.[63]

Em contraponto, José de Oliveira Ascensão,[64] crítico do sistema *numerus clausus*, argumenta que as justificativas enumeradas não se sustentariam por três razões. Primeiramente, porque eventuais situações jurídicas inconvenientes estariam à salvo

---

59. BRASIL. Código Civil (2002). "Artigo 1.225. São direitos reais: I – a propriedade; II – a superfície; III – as servidões; IV – o usufruto; V – o uso; VI – a habitação; VII – o direito do promitente comprador do imóvel; VIII – o penhor; IX – a hipoteca; X – a anticrese. XI – a concessão de uso especial para fins de moradia; (Incluído pela Lei n. 11.481, de 2007) XII – a concessão de direito real de uso; e (Redação dada pela Lei n. 13.465, de 2017) XIII – a laje (Incluído pela Lei n. 13.465, de 2017)".

60. Washington de Barros Monteiro (1990, p. 12), ainda sob a vigência do Código Civil de 1916, admitia um rol aberto de direitos reais. Para o jurista, a enumeração do então artigo 674 do Código Civil não era exaustiva, podendo contemplar direitos "criados pelo legislador, ou pelas próprias partes, desde que não contrariem princípios de ordem pública".

61. RENTERIA, 2016, p. 69.

62. Sobre a justificação dos direitos reais sob rol taxativo: "A justificação é convincente. Os direitos reais são absolutos. Implicam, portanto, o dever imposto a toda a gente de respeitá-los, dever que não pode derivar da vontade de quem cria o direito. Há de resultar, inelutavelmente, da lei. Há de preexistir à criação do direito. Assim, a delimitação legal corresponde à natureza do direito real" (GOMES, 1998, p. 10).

63. ASCENSÃO, 1968 p. 78.

64. ASCENSÃO, 1968, p. 78-79.

2 • DIREITO DAS COISAS: UMA INTRODUÇÃO NECESSÁRIA

justamente pela função legislativa de prever e excluir a tempo hipóteses deletérias[65]; segundo, o risco de vinculações ou ônus ocultos não se sustentaria pela própria sistemática de condicionamento da publicidade para eficácia perante terceiros.

A propósito, a publicidade característica dos direitos reais é o que garante a organização histórica do imóvel, com seu registro de constituição, modificações e transferências. Para além da constituição do domínio, a publicidade oferece a produção de efeitos *erga omnes*, isto é, somente após a publicização do direito real é que a coletividade a ele se submete, transcendendo os limites dos estipulantes.[66] Note que a importância da anunciação registral é tamanha que a ele não se opõem mesmo autores de visão crítica à taxatividade.

Neste sentido, aliás, a publicidade registral como requisito para eficácia contra terceiros também encontra salvaguarda no artigo 54, parágrafo único da Lei n. 13.097/2015, quando determina que "não poderão ser opostas situações jurídicas não constantes da matrícula no Registro de Imóveis, inclusive para fins de evicção, ao terceiro de boa-fé que adquirir ou receber em garantia direitos reais sobre imóvel".

A publicidade registral como instrumento de controle conecta-se com a crítica tecida por José de Oliveira Ascensão,[67] cujos dois pontos iniciais já foram mencionados. Para o autor português, além de não se sustentarem as teses de que um rol aberto causaria situações jurídicas inconvenientes ou vinculações ocultas, a tese de dificuldade do trabalho de registradores também não merece guarida.

Outro argumento importante na manutenção de um rol fechado é de que a publicidade eficiente depende justamente da limitação dos direitos reais. Contudo, é preciso compreender que o rol de direitos reais apresentados atualmente e o próprio corpo registral foram estabelecidos em atendimento aos anseios econômicos, sociais e políticos do passado, que naturalmente, não deixaram de alterar-se em razão da técnica então instituída. Caberia, portanto, aos registradores, cuidarem de evoluir de maneira a atender a espontaneidade social.[68]

A posição de José de Oliveira Ascensão é adequada ao direito português, portanto, deve ser interpretada com as conformações adequadas ao direito brasileiro. Neste caso, é relevante observar que, embora o legislador pátrio tenha estabelecido um rol taxativo de direitos reais, isso não reduz a possibilidade de registro ainda que

---

65. Sobre a possibilidade de limitações à autonomia privada em um rol *numerus apertus*, José de Oliveira Ascensão (1968, p. 79) conclui: "Estas restrições à autonomia privada, acentue-se, não são tão difíceis de estabelecer como se poderá crer. Não estamos já no início do século XIX; conhece-se bem quais as situações que se não aceitam. O seu banimento foi aliás, na maior parte dos casos, realizado implicitamente através da delimitação dos tipos admissíveis. [...] tais proibições poderiam ser reduzidas a sistema; e o legislador deveria acompanhar constantemente a evolução social, de modo a alterar ou completar, sendo necessário, a teia das restrições legais. As dificuldades técnicas da exclusão de formas inconvenientes são incomparavelmente menores que as de modelação de novos tipos, atrás referidas".

66. CLÁPIS, 2019, p. 964.

67. ASCENSÃO, 1968, p. 78.

68. ASCENSÃO, 1968, p. 81.

de direitos reais estabelecidos pela reserva legal e não inscritos no artigo 167 da Lei de Registros Públicos[69].

Paulo Lôbo[70] ressalta que cada vez mais se veem justapostas as relações reais e obrigacionais, como notado nas relações de multipropriedade imobiliária ou, ainda, o direito de laje. Segundo o civilista, para a manutenção da segurança jurídica e ordem pública, bastaria ao legislador criar pressupostos ou requisitos gerais, como já se vê nas relações obrigacionais.

Ao que indica, o legislador pátrio ainda opta pela taxatividade, na medida em que mesmo as figuras da laje e da multipropriedade imobiliária, embora nascidas no costume ou na autonomia privada típica das relações obrigacionais, foram recentemente albergadas pelo sistema pátrio de direitos reais (a primeira pela Lei n. 13.777/2018 e, a segunda, pela Lei n. 13.465/2017).

Cada vez mais estão conectadas as relações reais e pessoais, parecendo, todavia, que os entraves identificados, seja na resistência de parte da doutrina, seja na técnica registral, pertencem a um passado burocratizador e pouco adaptado à fluidez das relações contemporâneas. Seria minimamente impróprio compreender que ante as inúmeras modalidades contratuais possíveis, típicas ou atípicas, os direitos reais não viessem a ser afetados, já que no mais das vezes, as transferências, constituições e modificações dos direitos reais se dá pela via pessoal.

O tema da taxatividade dos direitos reais, destarte, volta a ganhar espaço na doutrina não tanto para discutir a opção legislativa brasileira, mas para a adequada distinção entre as noções de *numerus clausus* e tipicidade dos direitos reais. É verdadeiramente inafastável a conclusão de que os direitos reais circulam, na grande maioria das vezes, em razão de contratos típicos ou atípicos, no mais pleno exercício do poder de autorregulamentação dos sujeitos. A multipropriedade imobiliária, a ser tratada à frente, é um claro exemplo da riqueza que se pode extrair da autonomia privada e do quanto as relações sociais e econômicas, em sua espontaneidade, fazem surgir toda sorte de vínculos possíveis.

Neste sentido, concluem Gustavo Tepedino e Milena Donato Oliva:

> os princípios da tipicidade dos direitos reais e da atipicidade dos contratos convivem coerente e harmonicamente já que exprimem, ambos, o respeito à autonomia privada, quer impedindo a oponibilidade a terceiros de vínculos jurídicos que lhes são alheios (relatividade dos pactos), quer promovendo a liberdade de contratar.[71]

Disso, conclui-se que a reserva legal diz respeito à criação de direitos reais registráveis, mas não limita o modelo jurídico de sua circulação, este regido pela

---

69. Em sentido oposto, Mônica Bonetti Couto (2019, p. 542) advoga pela taxatividade dos atos ou direitos registráveis.
70. LÔBO, 2019, *e-book.*
71. TEPEDINO e OLIVA, 2019, p. 209.

tipicidade tida por aberta. Ora, contratos são os instrumentos mais comuns na instituição de direitos reais, seja para transmitir, constituir ou extinguir, e podem ser, inclusive, atípicos. É o que reza o artigo 425 do Código Civil brasileiro[72] em respeito à autonomia privada.

Conforme se verificará à frente, a reserva legal como característica dos direitos reais não se presta a afastar a autonomia privada, desde que as inovações ocorram conforme aquilo que já se encontra forjado pela norma e atendam aos ditames constitucionais da função social da propriedade,[73] como também exaltem os fundamentos da República, notadamente aqueles oriundos da dignidade humana em vista de um país justo e solidário.

Não bastasse, o direito de propriedade também vem sendo provocado pela tese dos bens comuns (*commons*), albergada por importantes juristas estrangeiros, inclusive advogando por sua incorporação ao sistema civil proprietário como categoria autônoma e merecedora de tutela. O aprofundamento dessas questões, notadamente no âmbito da função social da propriedade e da posse, demonstra que não apenas a análise econômica e a livre iniciativa provocam os direitos reais à adaptação, mas também os fundamentos constitucionais de proteção dos interesses metaindividuais. Neste sentido, é preciso contemplar se a forma como vem sendo interpretado o conteúdo dos direitos reais está apta para albergar as relações jurídicas oriundas do acesso como produto do fomento da autonomia privada e novas formas de titularidade e fruição das coisas.

---

72. BRASIL. Código Civil (2002). "Artigo 425. É lícito às partes estipular contratos atípicos, observadas as normas gerais fixadas neste Código".
73. FARIAS; ROSENVALD, 2015, p. 19.

3
DISCURSO DA PROPRIEDADE E DA POSSE: HISTÓRIA E CONTEÚDO

3.1 DIREITO REAL DE PROPRIEDADE: A HISTÓRIA ENTRE O DISCURSO ROMANO E A PÓS-MODERNIDADE

Muito embora o escopo desta pesquisa não envolva esmiuçar o conteúdo da propriedade no direito romano, sua compreensão é preciosa como elemento justificador da evolução do instituto ao longo dos tempos. Não é possível pensar no direito apenas e tão somente sob o aspecto positivista, sem identificar e traçar o percurso histórico de seus elementos constitutivos.

A propriedade, tema central de discussão na presente pesquisa, ganhou contornos peculiares neste período histórico, muitas vezes injustamente reduzidos a simplificações as quais pretende-se evitar de agora em diante.

Comumente fala-se que os romanos entendiam a propriedade como direito absoluto, sem, contudo, explorar refletidamente os limites deste exercício. Todavia, a doutrina elabora sinceras dúvidas quanto à percepção de propriedade como direito subjetivo no período romano[1].

De fato, é preciso que se afaste da pesquisa a tendência ao pensamento de que a civilização romana compreendia a propriedade como direito subjetivo. Ao contrário, muito embora houvesse a consciência da propriedade privada e de um poder de disposição, esta não se confundia com o conceito dogmático subjetivo de propriedade,[2] aliás, sequer houve no direito romano a concepção de direito real, apesar de serem ali originadas as bases para o seu conceito.[3] Neste ponto, António Menezes Cordeiro explica que devem ser separadas as dimensões dogmáticas das significativo ideológicas.[4]

---

1. Vide Miguel Nogueira de Brito citando a posição de Michel Viley e Helmut Coing. In: BRITO, Miguel Nogueira de. *A justificação da propriedade privada numa democracia constitucional*. Coimbra: Almedina, 2007, p. 29-37.
2. BRITO, 2001, p. 36.
3. ASCENSÃO, 1993, p. 135.
4. CORDEIRO, Tratado – parte geral, t. I, 1999, p. 222.

Daí porque, apesar de expressões como *dominium* e *proprietas* terem surgido com maior relevância apenas na República romana tardia, Miguel Nogueira de Brito[5] adverte que na prática, para o cidadão romano, não havia dúvidas de que ele era o dono da sua terra, de seus escravos, animais e até mesmo de outras figuras jurídicas como servidão e usufruto, o que tornava irrelevante a inexistência de um conceito material de propriedade.

Para uma melhor compreensão da história da propriedade no direito romano, pois, é bastante circundar o aspecto histórico jurídico, mais do que buscar a profundidade dogmática subjetiva deste direito. A bem da verdade, reforçando o sobredito, a propriedade sempre esteve ao centro do direito romano, se adaptando ao longo de uma evolução em treze séculos.

Há notícia de que a denominação mais antiga seria *mancupium* ou *mancipium*, em outros termos, aquilo que se apropria pela força, que caberia na mão (*manu capere*). O termo técnico *dominium* surge muito a frente e com a designação de senhorio, poder sobre alguma coisa. Por fim, *proprietas* exsurge no período mais recente, com o sentido de pertencimento.[6]

Assim, a noção de propriedade para o direito romano é mais intuitiva do que conceitual, quase sempre absoluta, razão pela qual Biondo Biondi, ao conceituar a propriedade em algo próxima do que se entendia no direito romano, utiliza-se da expressão "potencialmente absoluta"[7]. Segundo Clóvis Beviláqua,[8] essa absolutez é questionável durante a Roma primitiva ou durante a fase de comunhão familiar.

Segundo consta, a primitiva propriedade romana tinha caráter familiar e consistia no local de residência e cultivo. Segundo Biondo Biondi,[9] não tinha caráter coletivo, porque os membros das famílias não gozavam de igualdade jurídica frente à terra; tampouco era individual porque a antiga concessão considerava o grupo e não o indivíduo, criando uma característica bastante singular.

Também se incluem nas modalidades de utilização de terras da Roma primitiva a comunhão agrária e a propriedade individual.[10] No primeiro caso, ocorre uma comunhão do terreno, com divisão dos frutos; ainda que houvesse uma divisão em lotes por famílias, ao final do cultivo, voltavam para a tribo, portanto, a propriedade tinha conteúdo comunitário e era inalienável. No segundo caso, a ainda incipiente propriedade individual outorgava ao proprietário o poder de dispor de seu bem, fosse *inter vivos* ou *mortis causa*.

---

5. BRITO, 2007, p. 41.
6. BIONDI, 1957, p. 219.
7. "Proprietà è la signoria giuridica, generale e potenzialmente assoluta, di una persona su di una cosa corporale" (BIONDI, 1956, p. 220). Tradução livre: "a propriedade é o senhorio jurídico, geral e potencialmente absoluto de uma pessoa sobre uma coisa corpórea".
8. BEVILÁQUA, 1941, p. 123.
9. BIONDI, 1956, p. 219.
10. BEVILAQUA, 1941, p. 124.

Foi no direito romano clássico que a individualidade ínsita à propriedade passou a outorgar ao titular poderes máximos, absolutos, deixando pouco espaço para o compartilhamento e a copropriedade. A despeito de nenhuma fórmula expressa neste sentido, a propriedade romana clássica era tida por sacrossanta e se verificava a partir da interpretação de algumas regras a serem pontuadas por Fritz Schulz.[11]

A primeira delas a indicar a noção de propriedade sacrossanta ao direito romano clássico estava no fato de que a matéria da expropriação, embora conhecida, nunca chega a ser regulada, dependendo de análise discricionária dos magistrados. A segunda regra é extraída da estreitíssima possibilidade de perda da propriedade por prescrição aquisitiva. Por fim, adquirentes de boa-fé não estavam protegidos, nem mesmo para se ver ressarcido no preço da aquisição, caso a coisa fosse alienada por outrem que não o titular.[12]

Como dito, porém, a propriedade romana era "potencialmente absoluta", havia regras atinentes a direitos de vizinhança, servidões ou imputações relativas a atos emulativos que, de alguma forma, restringiam o exercício proprietário[13]. Neste particular, vale colacionar a posição de Maria Cristina Cereser Pezzella,[14] porquanto negue o absolutismo proprietário romano[15], quando conclui pela submissão do exercício da propriedade ao interesse social.

A propósito, uma das grandes questões levantadas por estudiosos envolve justamente a origem deste padrão de respeito à propriedade romana, a despeito da inexistência de uma consciência constitucional. Acerca deste tema, Miguel Nogueira de Brito,[16] citando Peter Birks, afirma que a garantia da propriedade privada no direito romano, hoje assegurada pela tutela constitucional, decorria da "concentração da titularidade de todas as situações jurídicas relativas à propriedade no chefe de família", salientada pela relativização da importância jurídica de todas as demais pessoas.

---

11. SCHULZ, 1960, p. 322.
12. Idem, ibidem.
13. "El dominio clásico no implica un Derecho ilimitado sobre la cosa. Los poderes que corresponden al dueño de un esclavo fueron restringidos por constituciones imperiales. La propiedad de la tierra fue también limitada, no solo teniendo en cuenta el interés de los vecinos, si que también por imperativo del Derecho público. Pero con todo, es evidente, que en el Derecho clásico las limitaciones de la propiedad fueron muy laxas, especialmente si se comparan con las de la propiedad germánica en la Edad Media (SCHULZ, 1960, p. 323). Tradução livre: "O domínio clássico não implica em um direito ilimitado sobre a coisa. Os poderes que correspondem ao dono de um escravo foram restringidos por constituições imperiais. A propriedade da terra também foi limitada, não apenas levando em conta o interesse de vizinhos, mas também por imperativo do direito público. Apesar disso, é evidente, que no direito clássico as limitações da propriedade foram muito poucas, especialmente se comparadas com as da propriedade germánica na Idade Média".
14. PEZZELLA, 1998, p. 218.
15. "A submissão do exercício de propriedade, inicialmente ao interesse de grupos aparentados e, posteriormente, à sociedade toda, evidencia o privilégio do princípio da humanidade sobre os demais princípios do direito, o que permite que se afaste também o individualismo como característica marcante da propriedade romana [...], pois mesmo quando exercida individualmente, a propriedade romana sempre esteve sujeita ao interesse social" (PEZZELLA, 1998, p. 218).
16. BRITO, 2007, p. 52.

Historiadores dão conta de que a pressão pela propriedade privada caminha para a absolutização com as conquistas militares e, em razão disso, um excessivo aumento das propriedades públicas. Neste período, evoluíam as comunidades agrárias para o patrimônio individualizado e surgia um crescente interesse na distribuição deste *ager publicus* entre os proprietários rurais.

Pertinente a colocação de Max Weber, citado por Miguel Nogueira de Brito,[17] de que havia uma pressão pelo fim do coletivismo agrário por meio da repartição da terra em plena propriedade privada. Este movimento, que acabou por ocorrer ao longo dos anos subsequentes e se repetiu em outros estados, como Atenas, afetou os interesses de grandes fundiários, mas deu os primeiros contornos da perspectiva da propriedade privada individual e exclusiva conhecida no direito romano clássico.

No que diz respeito a este trabalho, vale pontuar a observação de Fritz Schulz,[18] de que o absolutismo alcançado pela propriedade romana clássica era pouco estimulante para a inserção de gravames e até mesmo para instituir a copropriedade, porque o princípio liberal exigia que a propriedade estivesse o mais livre possível de limitações.

Identificar o conteúdo de propriedade, mais do que tarefa conceitual, trata-se de investigação. Malgrado haja conhecida e, no mais das vezes, importante resistência do conceito – no médio e curto prazo – às mudanças sociais, políticas e econômicas, a propriedade não tem restado imune aos eventos históricos, notadamente na contemporaneidade e crescente alteração de paradigma das novas gerações, seja sob a perspectiva funcionalizadora, seja pelo crescente protagonismo dos contratos de economia compartilhada, na noção de acesso e das teorias dos bens comuns (*commons*)[19].

Dando continuidade à linha do tempo, entre os germânicos tem-se pouca informação quanto à propriedade imobiliária, na medida em que a apropriação individual parecia estar restrita aos bens móveis. John Gilissen[20] afirma que a propriedade imóvel para os germânicos no período arcaico dava-se sob duas formas: clã ou familiar.

No primeiro caso, a apropriação pelo clã dava-se a partir do apossamento da área de campo e cultivo, que posteriormente era fracionada por um líder e distribuída entre as famílias, contudo, inexistia uma fração exata sobre a qual cada um tivesse poderes, não havia demarcações ou limites. No que toca às florestas, pastos e águas, estes eram desfrutados coletivamente[21].

A outra forma de apropriação, como sobredito, era a familiar e privada, que coexistiam com a coletiva proposta pelos clãs. Considerava-se apropriação privada

---

17. BRITO, 2007, p. 62.
18. SCHULZ, 1960, p. 323.
19. Conforme capítulos 3, 4 e 5.
20. GILISSEN, 1995, p. 637.
21. Nos capítulos 3 e 5, a tese analisará o conceito dos *commons*.

aquela onde estava instalada a cabana e o solo que a rodeava. Este local, onde residiam e eram enterrados os antepassados da família, não era suscetível de alienação, não encerrava poderes plenos aos seus detentores, daí porque a transmissão ocorria *mortis causa* exclusivamente aos membros varões da família[22]. A historiografia da propriedade medieval, embora inicie-se antes, tem como um marco importante o período do feudalismo, inaugurado no século III e que estabelece os paradigmas jurídico, político e econômico por pelo menos dez séculos, isso por ter sido o último modelo antes da propriedade burguesa. No curso do sistema feudal, a propriedade alcançou um *status* peculiar, e é justamente neste período em que ela se rompe para dar espaço à propriedade moderna, um tanto mais próxima da contemporaneidade, daí o mister de compreendê-la neste curso histórico com maior profundidade.

A propriedade feudal se apresenta basicamente sob duas formas: corpórea (*corporale*) e incorpórea (*incorporale*). A primeira compreenderia o castelo do senhor feudal e tudo que se inseria entre muros, além das terras circundantes, que, conforme se sabe, eram cedidas no regime de vassalagem. A segunda espécie de propriedade feudal (*incorporale*) compreendia o serviço militar e as chamadas corveias (serviços gratuitos que eram prestados aos senhores feudais), por exemplo.[23]

No contexto feudal, as relações ocorriam, basicamente, da seguinte forma: um vassalo que se comprometia a prestar serviços, inclusive militares, para o seu senhor e este, em troca, fornecia terras para que o submisso vivesse e trabalhasse. Um traço importante envolvia a fidelidade perante o soberano, que se estendia por gerações, sendo, portanto, hereditária.

Parece importante ressaltar que essa relação de obrigações recíprocas e a colaboração do vassalo perante o suserano integrava a filosofia da época. Em outras palavras, a comunidade incorporava a demanda coletivista[24]. Os questionamentos

---

22. "Por outro lado, a alienação de bens imobiliários é proibida ou, pelo menos, dificultada. Na época franca, é apenas nos casos extremos – pobreza, pagamento de um resgate – que é permitido vender uma terra. De resto, antes de qualquer alienação, é necessária a *audatio parentum*, concordância de todos os membros da família. Os actos de venda desta época mencionam muitas vezes tal acordo. Esta intervenção da família sobrevive nos séculos X-XII na "oferta ao parente mais próximo": o vendedor é obrigado a notificar os membros mais próximos da família previamente à venda feita a terceiros. A partir do século XII, as terras tornam-se alienáveis sem acordo prévio do grupo familiar; o papel da família é limitado ao direito do "retracto familiar" (*retrait lignager*), que permite a qualquer parente resgatar o bem vendido a um terceiro, pagando-lhe o mesmo preço que houvesse sido fixado quando da venda. Este resgate apenas podia ser feito num certo prazo, variável de acordo com os costumes: seis semanas a um ano e um dia" (GILISSEN, 1995, p. 638).

23. LAFARGUE, 1896, p. 199.

24. "Tutti i membri dela gerarchia feudale, dal servo al re od all'imperatore, erano stretamente legati fra di loro da recaprici doveri. Il dovere era l'anima dela società, come oggi il lucro. Ogni cosa contributiva ad infonderlo nell'intimo del cuore dei grandi e dei deboli. Quel primo e potente mezzo di educazzione, che à la poesia popolare, faceva, del dovere una specie di religione" (LAFARGUE, 1896, p. 202). Tradução livre: "Todos os membros da hierarquia feudal, do servo ao rei ou ao imperador, estavam intimamente ligados uns aos outros por deveres recíprocos. O dever era o ânimo da sociedade, assim como o lucro hoje. Tudo contribuiu para infundi-lo nas profundezas dos corações dos grandes e dos fracos. Esse primeiro e poderoso meio de educação, que a poesia popular fez, tornou o dever uma espécie de religião".

profundos quanto à estrutura só surgem com a ascensão burguesa após séculos de estrutura feudal. Todavia, Paolo Lafargue[25] sinaliza que, muito embora a tese de que o espírito comunitário fosse essencialmente atribuído ao período, uma pesquisa mais delicada demonstra que a propriedade senhorial, em sua origem, estabelecia-se com fraude e violência a partir da chegada dos bárbaros.

Portanto, as relações eram estabelecidas por dependência da terra, cuja titularidade estava nas mãos dos soberanos. Aliás, eles eram os detentores da terra e dos modos de produção dali oriundos. Segundo António Manuel Hespanha, os senhores feudais eram detentores exclusivos da propriedade de terra, meio de produção por excelência do período explicitado. Todavia, estudiosos da época, conforme lembra Hespanha,[26] costumavam distinguir este domínio em duas facetas: o *domunium directum* (exercido pelo soberano) e o *dominium utile* (naturalmente exercido pelos vassalos). Havia, portanto, um parcelamento da propriedade.

Este domínio direto dava ao senhor feudal, por exemplo, o direito de revogar a concessão da terra ao vassalo a qualquer momento, o que outorgava uma espécie de poder absoluto sobre a propriedade: controle sobre a produção (desde a unidade de exploração ao tipo de cultura), retribuição sobre o uso da terra e direito potestativo unilateral de revogação do *dominium utile*, algo próximo da ideia de posse indireta nas terras cedidas e posse direta dos vassalos quanto ao terreno que lhes fora concedido o uso; ou ainda, quem sabe, um sistema similar ao conceito atual do direito real servidão.

Sob o aspecto jurídico, o sistema conferia a cobertura necessária ao senhorio de sua apropriação sobre a terra, inclusive poderes de tributação nas terras livres (propriedades alodiais). Aliás, no ápice do regime feudal, recaíam sobre as terras regras de indivisibilidade e de inalienabilidade, no claro intuito de proteger a classe nobre e em desfavor das classes mercantis, que só ao final do período feudal puderam acessar tais bens.[27]

Naturalmente, esta estrutura era garantida pelo regime jurídico do período, que dividia a sociedade em castas e delegava as grandes funções de gestão social apenas aos membros da nobreza e igreja. A propriedade estava restrita a uma pequena parcela do grupo social, enquanto a massa da população se contentava com o uso e a sobrevivência nos termos determinados.

Havia uma pulverização jurídica, com um sem número de estatutos em que, segundo António Manuel Hespanha,[28] "cada indivíduo está amarrado a uma situação social objectiva, originária, quase hereditária, que lhe assigna uma certa função social e que o coloca numa situação natural de hegemonia ou dependência".

---

25. LAFARGUE, 1896, p. 206.
26. 1982, p. 92-93.
27. HESPANHA, 1982, p. 103.
28. HESPANHA, 1982, p. 105.

É interessante observar, portanto, um extremo parcelamento na fruição dos bens na Idade Média[29], contudo, embora houvesse uma suposta coletividade, às castas mais baixas conferia-se apenas posse, nada similar ao conceito atual de propriedade, tampouco inspirado no romano clássico. Numa ponta o imperador, por exemplo, que cedia aos membros da nobreza a área designada por feudo, este concedido aos vassalos que poderiam ainda constituir subfeudos, até o censo que era a entrega para o exclusivo cultivo. Nesta linha, portanto, havia: imperador, um nobre suserano, vassalos e censitários, todos com direitos sobre áreas em comum,[30] mas não domínio como conhecido atualmente, o que marcou o período mais pela posse do que pela propriedade.

Muito embora a vassalagem estivesse, geralmente, atrelada ao *dominium utile*, isto é, à exploração em favor do suserano e nos moldes que lhe foi permitido, não havia impedimento à aquisição de terras para além do uso que lhe foi concedido. Excepcionalmente eram encontrados modelos distintos de propriedade, a serem arrolados como: propriedade senhorial, propriedade comunal, propriedades eclesiásticas, propriedades municipais, propriedades de universidades, propriedade alodial.[31]

Neste sentido, John Gilissen[32] pondera que, muito embora o ideário de propriedade tenha se alterado ao longo da história, as ideias de propriedade comunitária, individualista, coletivista sempre coexistiram. Neste ponto, faz menção aos feudos e às propriedades alodiais, estas últimas, livres.[33]

Nota-se também que, ao longo dos séculos X e XVIII, foi ocorrendo uma patrimonialização das terras, notadamente quando analisada sob a perspectiva das chamadas tenências, áreas passadas ao herdeiro do senhor feudal, que tinha obrigações envolvendo fidelidade e pagamento de laudêmio.[34] As tenências originalmente eram inalienáveis em virtude do caráter personalíssimo, contudo, a partir do século XII, consolidaram-se como bens alienáveis, desde que após a outorga do senhor feudal, que recebia o chamado quinto (em geral 20% do preço da venda).

Conclui-se que, na Idade Média, os domínios direto e útil foram se deslocando para as mãos do tenente, que pouco a pouco foi obtendo direitos concretos de propriedade, até que a terra se tornasse alienável e o senhor feudal cada vez mais coadjuvante (notadamente entre os séculos XVII e XVIII). Assim, o conceito comu-

---

29. Para Paolo Grossi (2006, p. 14), "o alto medievo pode ser considerada uma grande civilização possessória, que não chega a ser formal ou oficial, todavia, efetiva".
30. GILISSEN, 1995, p. 642.
31. CORTIANO JUNIOR, 2002, p. 25.
32. "Na época feudal, a propriedade dividida domina, sob a forma de *tenures* (tenências precárias ou "propriedade beneficial"), sobretudo de feudos e censos; mas há propriedades alodiais cujo dono faz quase o que quer; continuam a existir também muitas propriedades comunitárias, nomeadamente de aldeia" (GILISSEN, 1995, p. 636).
33. Idem, ibidem.
34. Idem, p. 644.

nitário de propriedade começa a recair sobre os tenentes, detentores do domínio útil da coisa.

É na França que as mudanças vão ficando cada vez mais claras para dar início ao fim do período feudalista em 1789[35], com a explosão da Revolução Francesa. Em outros países, é possível verificar a manutenção do *status quo* até meados do século XIX[36].

Todavia, falar do comunitarismo feudal e a transição para o liberalismo é falar pouco. Na verdade, as primeiras rupturas com o sistema medieval no século XVIII não surgem apenas de um desejo da burguesia de ascensão, mas de uma deliberada miséria as quais as populações sob jurisdição feudal se submetiam. Episódios trágicos de fome deliberada, concentração de impostos sobre as camadas mais pobres, criação de monopólios para abastecer a população com produtos de primeira necessidade na mão dos senhores feudais.[37] Neste contexto, é possível verificar que o comunitarismo já não passava de uma utopia, que mais aprisionou do que libertou os cidadãos.

É notável no percurso histórico da propriedade um caminho de vai e vem entre compartilhamento e individualismo, na busca por um equilíbrio. Por isso, a Revolução Francesa representa uma quebra que também é parte do movimento pendular das relações entre pessoas e bens. Ela merece particular atenção neste momento em que, mais uma vez, as perspectivas jurídicas da propriedade parecem demandar novas bases de apoio a fim de se adequarem aos modos de convivência da pós-modernidade, que se revelam particularmente contraditórios, na medida em que visam funcionalização, sustentabilidade, acesso e compartilhamento dentro de uma cultura de consumo em massa.

Para compreender melhor o cenário histórico é necessário também diagnosticar os caminhos do capitalismo e o nascimento de uma nova ordem em 1789. A perspectiva proprietária celebrada pela Revolução Francesa dá seus primeiros passos ainda nos séculos XII e XIII, pela acumulação de bens através das Cruzadas e novas rotas marítimas.[38] Esta ordem econômica permitiu o desenvolvimento dos mercados, das relações bancárias e o afluxo de metais preciosos. É um capitalismo nascente, ainda impregnado de uma resistente cultura política medieval, embora, por fins didáticos, seja comum apegar-se ao seu estado mais avançado.

---

35. Mesmo antes da explosão da Revolução Francesa, John A. Davis (2006, p. 54-55) traça importante registro de tentativas de ruptura na Itália, especialmente nas regiões de Nápoles e Sicília fomentadas especialmente pelo terrível episódio de fome da população nos idos de 1760.
36. "Noutros países, o sistema de propriedade medieval sobreviveu ao século XIX. Isto aconteceu na maior parte dos países da Europa central e oriental. No Canadá, em cuja parte francesa se mantinha o costume de Paris, o sistema feudal sobreviveu até 1856. Na Inglaterra, o feudalismo só desapareceu com as grandes leis de 1922 e de 1925 (*Real property law*), continuando, no entanto, o regime anglo-saxão dos bens impregnado da terminologia medieval" (GILISSEN, 1995, p. 645).
37. DAVIS, 2006, p. 49.
38. RIPERT, 2002, p. 27-28.

3 • DISCURSO DA PROPRIEDADE E DA POSSE: HISTÓRIA E CONTEÚDO

Aliás, o Código Civil francês de 1804 demonstra que a grande preocupação era a propriedade imobiliária, agora liberta do senhorio. O regramento jurídico, do ponto de vista contratual, retoma o direito romano no que diz respeito aos contratos de compra e venda e locação. Bastava, naquele momento, garantir que a exploração fosse libertária e individualista, tanto que pouco se tratou ou pensou na indústria nascente.

Os revolucionários encontravam-se no tempo perfeito e as aspirações econômicas coincidiam com as políticas. A partir disso, construíram uma legislação que garantisse a plena exploração da propriedade privada e dos capitais, consolidada na Idade Moderna por um arquétipo de conteúdo potestativo[39], vez que se torna absoluto.[40]

É na Idade Moderna que a concepção dos pactos atinge um grau mais aproximado da concepção atual. Vê-se que o contrato como consenso e exercício da livre vontade carrega obrigatoriedade em prol da segurança jurídica (*pacta sunt servanda*) e, no mesmo sentido, avançam as percepções de livre concorrência e da propriedade. Aliás, é justamente a ascensão burguesa que dá luz ao discurso da meritocracia, nada mais do que a habilidade para lidar com o livre mercado.[41] Neste período, as teorias contratualistas de Thomas Hobbes, John Locke e Jean-Jacques Rousseau ganham corpo e pretendem explicar a propriedade privada.

O liberalismo econômico, portanto, outorgou o viés de direito absoluto à propriedade, posteriormente questionado pelas teorias socialistas. Este movimento histórico pós-Revolução Industrial permite a ascensão da chamada função social da propriedade, que outorga alguns limites ao exercício e ganha espaço especialmente nas grandes Constituições do século XX: Constituição Mexicana, Constituição de Weimar e no Brasil, principalmente, com a Constituição de 1988, embora já houvesse menção na Constituição de 1934 e no Estatuto da Terra.

Quanto à consagração da função social da propriedade, que terá tratamento em capítulo próprio, parece notável observar o posicionamento de José de Oliveira Ascensão, que em tom pessimista anuncia um declínio da filosofia socializante para a retomada progressiva daquilo que chama de liberalismo selvagem.[42] Aliás, parte desta percepção pôde ser notada no Brasil com a Lei n. 13.874/2019, também cha-

---

39. "Destes alicerces especulativos nasce aquela visão individualista e potestativa de propriedade que comumente chamamos a 'propriedade moderna', um produto histórico que, por ter se tornado bandeira e conquista de uma classe inteligentíssima, foi inteligentemente camuflado como uma verdade redescoberta e que quando os juristas, tardiamente, com as análises revolucionárias e pós-revolucionárias na França, com as pandectísticas na Alemanha, traduzem com auxílio do instrumental técnico romano as instituições filosófico-políticas em regras de direito e organizam-nas, de respeitável consolidação histórica se deformou em conceito e valor: não o produto de uma realidade mutável tal como foi se cristalizando, mas o cânone com o qual medir a mutabilidade da realidade" (GROSSI, 2006, p. 12).
40. GROSSI, 2006, p. 11-12.
41. GAMBA, 2019, p. 132.
42. ASCENÇÃO, 1993, p. 140.

mada Lei da Liberdade Econômica, que alterou dispositivos do Código Civil, em claro recado quanto às filosofias econômica e jurídica a serem adotadas, reduzindo o dirigismo estatal, promovendo o *status* da autonomia privada e relativizando o princípio da função social dos contratos, como elementos indicativos de retomada financeira no país.

Malgrado o sistema jurídico tenha se montado para o capitalismo, é certo de que não havia como imaginar a velocidade dos avanços tecnológicos, especialmente a partir da segunda metade do século XX, culminando com o surgimento e a expansão da internet. As relações econômicas e jurídicas tornaram-se globais, o acesso a bens de consumo tomou uma proporção nunca vista, assim como a substituição de tecnologias por outras cada vez mais avançadas.

Este período inaugura uma sensação de instabilidade e de incertezas, nada é durável, nada é permanente[43]. É exatamente neste panorama que o sociólogo polonês Zygmunt Bauman[44] afirma que as perspectivas de vida hoje se firmam sobre um terreno reconhecidamente instável e duvidoso. São os chamados "tempos líquidos":

> O progresso, que já foi a manifestação mais extrema do otimismo radical e uma promessa de felicidade universalmente compartilhada e permanente, se afastou totalmente em direção ao polo oposto, distópico e fatalista da antecipação: ele agora representa a ameaça de uma mudança inexorável e inescapável que, em vez de augurar a paz e sossego, pressagia somente a crise e a tensão e impede que haja um momento de descanso. O progresso se transformou numa espécie de dança das cadeiras interminável e ininterrupta, na qual um momento de desatenção resulta na derrota irreversível e na exclusão irrevogável.

No interior deste campo de incertezas e de experimentação, mais do que domínio, as pessoas buscam consumir sem criar vínculos, tampouco pretendem ver recaindo sobre si os ônus duradouros do direito de propriedade[45]. Paradoxalmente, a ideia de liberdade hoje está vinculada mais ao possuir temporariamente[46], do que ao ter, invertendo as premissas fixadas desde a Revolução Francesa.

---

43. "Na esfera do direito, portanto, como não poderia ser diverso, inegáveis transformações vêm ocorrendo nas últimas décadas. O discurso do direito da modernidade tinha como cânones a estabilidade e a segurança jurídica. Na pós-modernidade, no entanto, a ideia de segurança jurídica já desmoronou, ao menos em sua concepção tradicional, fruto de um positivismo levado às últimas consequências [...]". (DONNINI, 2015, p. 26).
44. BAUMAN, 2007, p. 06-07.
45. Conforme seção 2.3.
46. "É provável que para um número crescente de empresas e consumidores, a própria ideia de propriedade parecerá limitada, e até antiquada, daqui a 25 anos. A propriedade é uma instituição lenta demais para se ajustar à nova velocidade de uma cultura veloz. A propriedade baseia-se na ideia de que possuir um ativo físico ou uma propriedade em extenso período de tempo é valioso. 'Ter', 'guardar' e 'acumular' são conceitos prezados. Agora, no entanto, a velocidade das inovações tecnológicas e o ritmo estonteante das atividades econômicas muitas vezes tornam a noção de propriedade problemática. Em um mundo de produção customizada, de inovação e atualizações contínuas e de ciclos de vida de produto cada vez mais breves, tudo se torna quase imediatamente desatualizado. Ter, guardar e acumular em uma economia em que a mudança em si é a única constante, faz cada vez menos sentido" (RIFKIN, 2001, p. 5).

Não se trata de suprimir a propriedade dos regimes jurídicos, mas de compreender seu novo *status*, na medida em que o acesso ganha relevância para as necessidades sociais contemporâneas. A situação, por sua vez, vem se desenrolando de maneira que a propriedade acaba concentrada na mão de alguns fornecedores e estes, por sua vez, viabilizam o acesso pelo desenvolvimento dos mais diversos tipos de contratação,[47] seja por locação, empréstimos, prestação de serviços ou contratos atípicos.

Fato é que compreender a historicidade do regime de titularidades vai além da reunião de evidências e documentos, para acessar as formas de comportamento e filosofia firmadas naquele determinado período. Note que os aspectos subjetivos, políticos e filosóficos se intrincam no modelo proprietário mais do que em qualquer outro conceito jurídico. Por esta razão, para Pietro Perlingieri, não basta recusar conceitos ultrapassados, mas renová-los constantemente "em conformidade com a realidade sócio-normativa, em função serviente a ela, com figuras instrumentais flexíveis, idôneas para compreender as diversidades"[48]-[49].

Insuficiente, portanto, refletir sobre a propriedade ainda sob o viés da propriedade imobiliária e rústica. É preciso que sejam contempladas as outras formas de pertencimento que vem se desenvolvendo pelos mecanismos dos contratos e créditos,[50] ou seja, é preciso interpretar o conceito de propriedade de modo que ele esteja apto a garantir o fomento destes novos *standards* de fruição de coisas, desafio para o qual esta pesquisa se propõe criar instrumentos.

Esta percepção atende os anseios de uma geração que vem incrementando métodos de uso consciente, coletivo e sustentável, de maneira a não ter os custos e a responsabilidade típica do domínio enquanto gozam do conforto segundo seus interesses particulares e, muito provavelmente, temporários.

3.2 DIREITO DE PROPRIEDADE: CONCEITO SEGUNDO O ORDENAMENTO JURÍDICO VIGENTE

Conforme mencionado, o direito de propriedade nada mais é do que direito real, uma relação vertical entre homens e coisas, todavia, o legislador brasileiro opta por não conceituá-la no Código Civil de 2002, repetindo a escolha do Código de 1916. Verifica-se no artigo 1.228 do Código Reale, os limites do exercício da propriedade, mas não seu conteúdo em si.

---

47. RIFKIN, 2001, p. 5.
48. PERLINGIERI, 1997, p. 208.
49. "Acrescente-se um esclarecimento que concerne à propriedade: nela, talvez mais do que em qualquer outro instituto do direito, exalta-se e se exaspera o que se está dizendo agora do jurídico, porque ela, rompendo a trama superficial das formas, liga-se necessariamente, por um lado, a uma antropologia, a uma visão do homem no mundo, por outro, em graça de seu vínculo estreitíssimo com interesses vitais de indivíduos e de classes, a uma ideologia" (GROSSI, 2006, p. 31).
50. PERLINGIERI, 1997, p. 210.

A propósito, Luciano Camargo Penteado[51] especifica: "definir a palavra proprie-dade, portanto, é [...] procurar traçar seus limites de compreensão e a buscar a maior exatidão possível entre a estrutura conceitual a ela subjacente e a fenomenologia jurídica designada em consequência".

Ainda para o autor,[52] a palavra propriedade pode surgir na lei ou na doutrina para designar cinco acepções distintas, dentro do vasto campo da titularidade de direito: propriedade como qualquer direito patrimonial, propriedade como qual-quer direito real, propriedade como direito real pleno, propriedade intelectual e propriedade como coisa.

Portanto, a palavra propriedade poderia significar tudo aquilo que é próprio do sujeito de direitos, isto é, qualquer direito subjetivo que possa outorgar vantagens ao seu titular. É a relação sujeito-objeto que incorporará todas as demais. Este gran-de quadro é que irá incorporar as demais acepções e é nele que Luciano Camargo Penteado[53] exalta o direito à propriedade, ou "o direito de ter titulação" sobre bens patrimoniais e existenciais, incorporando até mesmo os bens ou interesses difusos[54].

O primeiro sentido de propriedade (propriedade como qualquer direito patri-monial) envolve a situação jurídica passível de expressão pecuniária, ou ainda, um patrimônio que englobe tanto os direitos reais quanto os direitos pessoais. Por esta razão, optou-se por chamar propriedade em *latissimo sensu*. Para melhor esclarecer, Francisco Cavalcanti Pontes de Miranda[55] leciona:

> É próprio nosso tudo aquilo que é parte do nosso patrimônio, que é o nome que se emprega para designar o todo composto dos bens reunidos sob a pessoa que pertence [...] O patrimônio coextensivo às propriedades de alguém, quer se trate de direitos reais, quer de direitos pessoais.

Como segundo sentido, a propriedade designa direitos reais em geral, isto é, propriedade *lato sensu*, englobando posse, usufruto, enfiteuse ou superfície, por exemplo[56]. A terceira acepção é aquela em que a propriedade tem conteúdo de direito real pleno, portanto, confunde-se com domínio, ou seja, aquele do artigo 1.225, I, do Código Civil brasileiro. Como o terceiro significado é o mais preciso, Luciano Camargo Penteado[57] optou por nomeá-lo *stricto sensu*.

Ainda há duas acepções possíveis, a propriedade como direito de autoria ou propriedade intelectual e, por fim, a propriedade como objeto do direito real, isto é,

---

51. PENTEADO, 2008, p. 133.
52. Idem, p. 136-148.
53. Idem, 138.
54. A ampla concepção da propriedade retratada por Luciano Camargo Penteado remete ao direito funda-mental previsto no artigo 5º, *caput*, da Constituição Federal de 1988, também reconhecido como "direito à propriedade", de cunho existencial. O tema será melhor explorado no capítulo 5.
55. PONTES DE MIRANDA, 1955, t. XI, p. 29.
56. Como exemplos do sentido *lato* do vocábulo propriedade, Luciano Camargo Penteado (2008, p. 142-143), quando cita os artigos 97, 307, 609, 1.229 e 1.269 do Código Civil.
57. Idem, p. 145.

como coisa. Nota-se, portanto, que há um verdadeiro imbróglio na separação entre significado e significante quando se trata do verbete propriedade.

Ao tratar da propriedade como conceito fundamental do direito das coisas, Miguel Maria de Serpa Lopes[58] expressa a dificuldade em harmonizar um conceito, seja na doutrina pátria, seja pela leitura da doutrina estrangeira. O autor observa que dentre as muitas formas de identificação da propriedade, há basicamente três grandes grupos: primeiro, os que reduzem a propriedade aos seus elementos positivos (usar, gozar reivindicar, alienar); segundo, aqueles que reduzem a propriedade ao elemento volitivo do proprietário sobre a coisa com absoluta liberdade; por fim, destaca o grupo que opta por evidenciar a pertinência da coisa em relação ao proprietário.

Neste contexto, Vittorio Scialoja, citado por Serpa Lopes,[59] entende que o ideal seria conjugar as segunda e terceira acepções, porque estaria evidenciada a pertinência da coisa em relação ao proprietário também como forma de manifestação da vontade, uma vontade limitada, por regras de direito público ou privado.

Também há os que estabelecem critérios para conceituar, como Orlando Gomes: critérios sintético, analítico e descritivo. Pelo primeiro, a propriedade é a submissão de uma coisa a um sujeito; pelo segundo, seriam as frentes de uso, gozo e fruição que se têm sobre uma coisa; pelo terceiro, ou critério descritivo, "o direito complexo, absoluto, perpétuo e exclusivo, pelo qual uma coisa fica submetida à vontade de uma pessoa, com as limitações da lei".[60]

Nota-se uma efetiva dificuldade em traçar os contornos do conceito de propriedade, pelo qual as legislações por vezes optam por definir propriedade e, por vezes, definem apenas o seu conteúdo. Como exemplos das legislações que definem o direito de propriedade tem-se o Código Civil Francês (artigo 544); o Código Civil Português limita o objeto da propriedade e descreve o seu conteúdo (artigo 1302 e 1305); de outro lado, limitam-se a descrever o conteúdo o BGB e o Código Civil brasileiro.

Não sem razão, Caio Mário da Silva Pereira[61] enfatiza que a propriedade, sendo direito subjetivo padrão, "mais se sente do que se define". O autor criticou, por exemplo, a técnica conceitual francesa, enfatizando o mau uso do vocábulo absoluto, razão pela qual prefere a definição do Código Civil brasileiro de 2002, que opta pela descrição do conteúdo da propriedade: "O proprietário tem a faculdade de usar, gozar e dispor da coisa, e o direito de reavê-la do poder de quem quer que injustamente a possua ou detenha"[62].

---

58. SERPA LOPES, 2001, p. 276-277.
59. SCIALOJA, apud SERPA LOPES, 2001, p. 278.
60. GOMES, 2004, p. 109.
61. PEREIRA, 2006, p. 89.
62. Segue a mesma orientação Washington de Barros Monteiro (2007, p. 85-86), acrescentando que o direito de propriedade contém caráter absoluto, exclusivo e irrevogável, pelo que a definição do Código Civil brasileiro se mostra suficiente. Ainda, no mesmo sentido de Caio Mário da Silva Pereira, Maria Helena Diniz (2015, p. 134).

A despeito das dificuldades que implicam definir o direito de propriedade, Maria Helena Diniz[63] o formula "[...] como sendo o direito que a pessoa natural ou jurídica tem, dentro dos limites normativos, de usar, gozar e dispor de um bem, corpóreo ou incorpóreo, bem como de reivindicá-lo de quem injustamente o detenha"[64].

Ao fim, interessante a percepção de Darcy Bessone[65] quando outorga à propriedade ainda o atributo de direito unitário, na medida em que suas características em vez de se somarem, fundem-se formando uma unidade global e unificada deste direito basilar às sociedades desde os seus primórdios.

As definições até aqui propostas revelam marcas do modelo proprietário que visavam romper com a dinâmica feudal, porque se concentra na figura do titular tendo como limites apenas aqueles impostos por lei. Segundo Eroulths Cortiano Junior,[66] a conceituação de propriedade pode ser obtida por critérios quantitativos e o modelo proprietário definido a partir de sua característica unitária, ilimitada, exclusivista e absoluta.

Analisando as características sobreditas, a propriedade unitária enfatiza o discurso burguês de igualdade e liberdade afastando a sombra do senhorio. Em complemento, o caráter ilimitado, que aliás, soma-se ao conceito absoluto de propriedade, entrega a sua chamada dupla face, em outras palavras, significa que a lei e apenas ela é que atribui a garantia dos poderes proprietários ao mesmo tempo em que limita o seu exercício.[67] Por fim, o caráter exclusivo da propriedade está conectado ao fato de que o proprietário poderá afastar qualquer um que pretenda fazer uso dos poderes de que é titular (sujeito passivo universal). Neste particular, Paolo Grossi[68] ressalta que a propriedade liberal, diversamente da medieval, se apresenta em sua simplicidade[69].

Para além disso, há ainda a discussão que se coloca entre os termos domínio e propriedade, já que a rotina prática frequentemente aproxima os termos como sinônimos, mas a questão não parece deveras tão simples para a doutrina: propriedade e domínio têm conteúdos distintos.

---

63. Idem, ibidem.
64. Sobre a opção de Maria Helena Diniz em acrescentar os bens incorpóreos, ver a seção 3.2 do trabalho.
65. BESSONE, 1988, p. 47-48.
66. CORTIANO JUNIOR, 2002, p. 106-109.
67. CORTIANO JUNIOR, 2002, p. 109.
68. GROSSI, 1992, p. 109.
69. "A quien nos preguntase sobre su trazo diferenciador, no le invocaremos ni la idea de potestas plena ni la de ius excludendi; proclamaremos por el contrario alto y fuerte que, cuanto lo medieval de la propriedad había consistido en la sistematizacion de su complejidad y em el avaloramiento de su naturaleza compuesta, tanto lo moderno está todo en el redescubrimiento de su simplicidade" (GROSSI, 1992, p. 109). Tradução livre: "A quem nos pergunte sobre seu traço diferenciador, não lhe invocaremos nem a ideia de poder pleno nem a de *ius excludendi*; proclamaremos, ao contrário, alto e forte que, enquanto propriedade medieval havia consistido na sistematização de sua complexidade e na avaliação da sua natureza composta, o moderno está em todo o redescobrimento de sua simplicidade".

3 • DISCURSO DA PROPRIEDADE E DA POSSE: HISTÓRIA E CONTEÚDO

Domínio não tem a mesma extensão de significados outorgados à palavra propriedade, parece mais restrito às faculdades de usar, gozar, dispor, assim como o direito de sequela sobre bens corpóreos, portanto, reduz-se ao significado de senhorio e de submissão da coisa frente ao seu titular, enquanto propriedade, por ser mais ampla, trataria do exercício do direito e sua função, razão porque Luciano de Camargo Penteado[70] faz alusão à escolha pela nomenclatura "função social da propriedade", em vez de "função social do domínio".

Confirmando esta linha de pensamento, Ricardo Aronne[71] aduz que o domínio analisado como conceito apartado não está para cancelar o direito individual do proprietário. Em verdade, o que se vislumbra seria uma necessária adaptação da perspectiva para além da confluência, de modo a englobar o exercício dominial condicionado ao bem-estar geral. Por esta razão, o conceito de propriedade precisa ser mais amplo que o de domínio.

O próprio contexto histórico no qual se sustentava o Código Civil brasileiro de 1916 era liberal e consagrava a perspectiva absolutista da propriedade, então, havia espaço para um conceito de propriedade próximo ao *jus utendi et abutendi*. Esta realidade não se reproduz com a Constituição da República e o Código Civil de 2002, que chega a evitar o uso da expressão domínio, numa clara tentativa de expandir o significado da titularidade.

A mudança da dinâmica das relações, notadamente após a concepção de um direito civil constitucionalizado, põe em xeque elementos antes tidos como essenciais à propriedade. Note que o caráter absoluto não deixa de existir, mas recebe uma espécie de mitigação ao incorporar a função social da propriedade. Esta noção instrumentalizadora autoriza a diluição da interpretação sinônima entre domínio e propriedade.

Esta interpretação provocada pela funcionalização gerou uma série importante de estudos e de aprofundamentos do conceito da propriedade. Atualmente o assunto volta a ganhar força muito em razão do avanço tecnológico e de novas modalidades de apropriação fomentadas pela riqueza criativa dos contratos e o seu crescente papel social: economia de compartilhamento, cultura do acesso e a incorporação do direito real de multipropriedade e incentivo a novas formas de condomínio.

Este fomento a novos negócios promove reflexões quanto ao *status quo* da propriedade revisando o seu conteúdo e, por que não, unindo-a ao eficaz instrumento de circulação de riquezas que é o contrato.

A propósito, tem-se verificado uma crescente importância dos instrumentos contratuais, decorrente também da sociedade pós-industrial, que privilegia os serviços, a informação (vide o atual valor econômico e jurídico da proteção de dados),

---

70. PENTEADO, 2008, p. 150.
71. ARONNE, 2014, p. 137.

a especulação financeira, de um lado facilitando a circulação de riquezas e, de outro, reduzindo o mérito proprietário.[72]

Para além disso tudo, o sistema moderno está pautado em uma clara divisão binária entre propriedade privada e propriedade pública, que hoje encontra um sentido distinto ante o direito civil constitucionalizado. Isso, primeiro, porque não basta ao proprietário arvorar-se do seu exercício pleno e quase irrestrito de direitos sobre a coisa, sendo-lhe um dever preencher a propriedade privada de função social. Em segundo lugar, porque mesmo quanto à propriedade pública, os indivíduos começam a sentir sobre ela uma noção mais concreta de pertencimento, o patrimônio histórico, cultural, o meio ambiente, as áreas indígenas, quilombolas e a maneira como isso é administrado também interfere no cotidiano de cada um, portanto, crescem os anseios de proteção aos bens comuns (*commons*).

A nova dimensão ou identidade da propriedade reverbera nas negociações privadas e dá sentido social à coisa. Existe uma crescente busca e valoração da propriedade privada sustentável e solidária, motivo pelo qual fala-se em um novo conceito de propriedade não restrito ao domínio e dando a relevância apropriada ao modelo proprietário que seja capaz de absorver e impulsionar a consciência coletiva.

A propósito, os italianos já escrevem sobre essa dimensão diferenciada do conceito de propriedade desde a década de 1960, conforme representa o trecho de Salvatore Pugliatti:[73]

> La proprietà oggi, non è proprietà (esclusivamente) individuale, ma è pur sempre proprietà dell'individuo; è, sotto ogni aspetto, proprietà privata, ma atteggiata ed orientata in modo da consentire la píu idônea tutela dell'interesse pubblico [...]
>
> Non conserva però il carattere spiccatamente individualistico della proprietà tradizionale perché se fondamentalmente e garanzia dell'attuazione di un interesse che è del singolo proprietario, costituisce anche uno dei mezzi píu largamente impiegabili per l'attuazione di interessi che trascendono la sfera individuale[74].

Em verdade, mesmo no ápice do individualismo romano, a propriedade nunca esteve acima da sociedade ou pretendeu suplantar a ordem jurídica, como verificado no estudo histórico previamente apresentado, todavia, o ônus de consciência coletiva proprietária era pouco ou insignificante, no mais, também rasa a percepção do coletivo. Mesmo que se remeta ao período medieval, a percepção de propriedade

---

72. PILATI, 2012, p. 39.
73. PUGLIATTI, 1964, p. 107.
74. Tradução livre: "A propriedade hoje não é propriedade (exclusivamente) individual, mas é ainda propriedade do indivíduo; é, sob outro aspecto, propriedade privada, mas relacionada e orientada de modo a atender a mais idônea tutela do interesse público [...] Não conserva, porém, o caráter estritamente individualista da propriedade tradicional porque é a base e garantia de que a implementação de um interesse que pertence ao proprietário individual, é também um dos meios mais utilizados para a implementação de interesses que transcendem a esfera individual".

tinha lá seus contornos pelos quais a titularidade era limitada e fracionada conforme a cortina de fumaça formada pelas castas.

A propriedade, sustentáculo dos regimes jurídicos, começa a ser discutida em sua funcionalização também porque há uma dúvida razoável quanto aos seus méritos segundo Stefano Rodotà,[75] que afirma haver um *enigma della proprietà* relacionado à desigualdade social, razão pela qual outros autores insistem na criação de um conceito pós-moderno, amplo e capaz de incorporar todo o poder patrimonial para produzir efeitos sociais, seja sob a esfera política, seja sob a esfera econômica, posto que a mudança que a atualidade impõe é de paradigma.[76]

Portanto, a construção do conceito clássico de propriedade limitada a um domínio pleno, absoluto e exclusivo com eficácia *erga omnes* e limitante ao exercício de terceiros isola e nega a complexidade da relação jurídica proprietária, deixando de contemplar o feixe de interesses protegidos sob o ponto de vista global. A propriedade deixa de ser um conceito solitário de direito subjetivo e se torna relação jurídica complexa.[77]

Oportuno o desenvolvimento de conceito contemporâneo elaborado por Francisco Loureiro[78]. O jurista indica que a mudança de figurino inicia-se com a absorção de limites também ao proprietário, observáveis em definições como as de Salvatore Pugliatti, Massimo Bianca e Vittorio Scialoja[79].

É a ótica socializante que dará o novo rumo ao conceito contemporâneo de propriedade cujas bases encontram-se no constitucionalismo de Weimar e se consagram com os direitos sociais no Brasil atualmente contemplados na Constituição da República, produzindo efeitos na noção encontrada no artigo 1.228 do Código Civil[80]. A partir daí, Francisco Loureiro passa a definir propriedade como "a relação jurídica complexa que tem por conteúdo as faculdades de uso, gozo e disposição da coisa por parte do proprietário, subordinadas à função social e com correlatos deveres, ônus e obrigações em relação a terceiros"[81].

3.3 CONTEÚDO HISTÓRICO DA POSSE

O presente estudo abordará a posse sob uma perspectiva mais sintética, apenas para estabelecer seus critérios e a opção legislativa brasileira quanto aos seus

---

75. RODOTÀ, 1990, p. 15.
76. PILATTI, 2012, p. 15.
77. LOUREIRO, 2003, p. 43-47.
78. LOUREIRO, 2003, p. 49.
79. Vittorio Scialoja (apud LOUREIRO, 2003, p. 49), assim define propriedade: "[...] relação de direito privado, por força da qual uma coisa, como pertinência de uma pessoa, fica completamente sujeita à vontade desta em tudo quanto não for vedado pelo Direito Público ou pela concorrência do direito de outrem".
80. BRASIL. Código Civil (2002). "Artigo 1.228. O proprietário tem a faculdade de usar, gozar e dispor da coisa, e o direito de reavê-la do poder de quem quer que injustamente a possua ou detenha".
81. Francisco Loureiro (2003, p. 52) ressalva que a definição encontra limites ante as diversas categorias de propriedade e que, por esta razão, pode estar sujeita a críticas.

caracteres, portanto, não tem o condão de aprofundar a teoria da posse em razão de sua complexidade e significativos debates dela decorrentes. Todavia, é preciso reconhecer o paralelismo entre posse e propriedade, verificável ao longo de toda a sua historiografia jurídica, inclusive como uma das formas de aquisição da propriedade. Para o fito deste trabalho, considerando a abordagem a respeito da propriedade e do acesso (este último a ser explorado com a devida atenção mais à frente)[82], a posse tem relevância como desmembramento dos poderes proprietários, a distinção entre posse direta e indireta, típica de contratos de cessão temporária comuns nas relações promovidas na economia de compartilhamento.

A posse encampa um dos maiores debates da história do direito, na medida em que outorga poderes sobre a coisa, enquanto não provoca direito subjetivo. Difícil, talvez impossível, identificar historicamente o momento em que o sujeito deixa de simplesmente apossar-se temporariamente de coisas para a sobrevivência e começa a compreender que a titularidade talvez lhe confira poderes maiores, permitindo a barganha e, com isso, criando alguma espécie de economia e patrimônio.

Esta relação do homem com as coisas do mundo externo, quando se desenvolve como relação meramente de fato, trazendo-lhe proveito independentemente da legitimidade para tanto e que encontra resguardo jurídico, será considerada posse e não se confunde com a propriedade ou outros direitos reais.[83]

O caminho para obter esta noção ainda embrionária pode ser iniciado com os romanos. Etimologicamente, posse estaria assentada na alusão à palavra *possessio*, proferida por Paulo no Digesto: *possessio appellata est, ut et labeo ait, a sedibus quasi positivo, quia naturaliter tenetur abe o qui ei insist, quam graeci katoxyn dicunt*. O brocardo remete à ideia de que o possuidor está sentado sobre a coisa, invocando um poder físico sobre ela.[84-85]

Roberto de Ruggiero[86] criticou esta percepção, por entender que não se deve repelir o aspecto espiritual do domínio sobre a coisa na busca pela noção de posse. Isto é, o ponto de partida romano na relação homem coisa extrapola a simples detenção abrangendo, contudo, um sentido de dominação.

Mesmo para os romanistas, identificar a matriz da posse, no seu período arcaico, é tarefa árdua[87]. A maior parte da doutrina sustenta que a posse decorre das chamadas concessões do *ager publicus*, concessões de propriedades públicas para

---

82. Conforme capítulo 5 desta obra.
83. RUGGIERO, 1972, p. 492-493.
84. Segundo José Alberto Vieira (2018, p. 15), há entendimento em sentido diverso, como o de Pietro Bonfante, que crê estar em *poti* ou *poti sedeo* a origem da expressão *possessio*.
85. VIEIRA, 2018, p. 15.
86. Ruggiero, 1972, p. 494.
87. "Asi pues, las fuentes del Derecho roman relativo a la posesión, se nos ofrecen caóticamente; los textos están plagados de interpolaciones y las fuentes verdaderamente fidedignas, son escasas. Aplicar este Derecho, considerándolo como Derecho vivo, constituye una difícil tarea y desde los glosadores [...]" SCHULZ, 1960, p. 414. Tradução livre: "Destarte, as fontes de Direito romano relativas à posse se apresentam caóticas;

os *pater familias*.[88] O instrumento consistia em cessão para exploração familiar revogável a qualquer tempo. Enumera-se o *ager publicus* em diferentes modalidades: o *ager occupatorius* (concessão de terras em caráter revogável mediante pagamento de contraprestação – o *cânone*); o *ager quaestorius* (áreas públicas vendidas por lotes mediante contraprestação – o *vectigal*); o *ager vectigalis* (áreas públicas – municipais ou de colônia – cedidas em caráter revogável mediante pagamento de prestação – *vectigal*).[89]

De outro lado, autores somam a matriz original da *possessio* romana também ao *usus*, o poder de fato que, exercido por período adequado de tempo sobre a coisa, daria ensejo à usucapião, recaindo sobre bens das mais diversas naturezas, como heranças, inclusive pessoas ou qualquer coisa que pudesse constituir valor econômico e objeto de reivindicação no contexto romano arcaico.

Questão que guarda efetiva relevância é o objeto da *possessio* romana. No romanismo clássico, a posse vinha relacionada com a corporeidade do objeto, isto é, recaía sobre coisas materiais, daí porque afastada dos direitos de usufruto, servidão, uso e habitação. Faz sentido, pela interpretação de romanistas que associam à posse a perspectiva do domínio fático e físico sobre a coisa.[90] Dentro do objeto da posse, alguns bens corpóreos estavam excluídos, como as coisas fora do comércio e os homens livres (escravos poderiam ser objeto de posse). Na evolução dos institutos, ainda foi identificado um processo de ampliação da *possessio*, chamado por *juris possessio* ou *quasi possessi*.

Mesmo com a relevante influência do direito, a posse no mundo moderno também se assenta em outras bases, como o direito germânico medieval e nos canonistas, referências que imputaram à categoria jurídica motivos de ordem étnica, religiosa e cultural. Esta conjunção de elementos em muito se deu porque foi preciso criar disciplina suficiente para circunstâncias que sequer eram conhecidas pelos romanos.[91]

Em aprofundado estudo da posse, Moreira Alves[92] adianta que mesmo o Código Civil brasileiro (então Código de 1916), que procurou manter-se fiel à teoria de Rudolf von Ihering – a ser explorada ainda neste capítulo – acabou incorporando princípios germânicos inconciliáveis com a concepção romana de posse[93].

---

os textos estão cheios de interpolações e as fontes verdadeiramente fidedignas são escassas. Aplicar este Direito considerando-o como Direito vivo constitui difícil tarefa desde os glosadores".

88. SCHIAVONE, 2010, p. 275.
89. VIEIRA, 2018, p. 19.
90. VIEIRA, 2018, p. 16; 42.
91. MOREIRA ALVES, 1985, p. 2.
92. Idem, p. 3-4.
93. "Daí, mesclarem-se no Código Civil brasileiro, princípios romanos, germânicos e canônicos (os dois últimos por influência do BGB e da tradição do direito anterior), observando-se, além disso, que nem sempre é ele coerente com os novos princípios que adotou (como, por exemplo, a introdução do desdobramento da posse em direta e indireta e a manutenção da posse de direitos reais com todos os seus efeitos)" (MOREIRA ALVES, 1985, p. 3-4).

Para os romanos clássicos, a *possessio* era o poder físico sobre a coisa corpórea em contraste com o domínio e outras espécies de direitos, portanto, independentemente do direito de possuí-la. A concepção clássica é bem esclarecida por Fritz Schulz:[94]

> Possessor era la persona que tenía la disponibilidad física de la cosa corporal, independientemente del derecho a poseerla. El dueño podía ser también, y lo era por regla general, el poseedor de la cosa; pero si la perdía o le era sustraída, dejaba de ser poseedor, si bien seguía siendo dueño. En el caso de hurto, el ladrón era el actual possessor. Así pues, la possessio entraría a una cuestión de hecho y no de derecho, pero era un hecho que, dentro de ciertos límites, producía consecuencias jurídicas, y los juristas clásicos solamente consideran la disponibilidad física, como verdadera posesión cuando esta disponibilidad era reconocida por el Derecho. Solo excepcionalmente se reconocía la posesión en una persona que no tuviera la disponibilidad material de la cosa; en este caso possessio significa que dicha persona se halla en la posición jurídica propia del verdadero poseedor[95].

Observa-se, portanto, que embora os romanos clássicos falassem sobre os poderes físicos sobre a coisa, o poder de disposição era ponto nevrálgico, instituindo, inclusive, consequências jurídicas distintas. É justamente nesse ponto que a doutrina jurídica irá se debruçar nos séculos seguintes chegando às duas principais teorias da posse, uma outorgada a Savigny e outra a Rudolf von Ihering.

Friedrich Karl von Savigny, em 1803, então com 24 anos, publicou uma das principais obras da história do direito na análise do dificílimo tema da posse. Mesmo Rudolf von Ihering, que anos mais tarde estabeleceu forte contraponto, soube reconhecer a engenhosidade do trabalho formulado por Savigny e a revolução que isto representou para a construção do pensamento jurídico no direito possessório a partir da análise da teoria romana.[96]

A teoria foi denominada teoria subjetiva, porque outorgava à posse dois elementos essenciais, o *corpus* e o *animus*, isto é, a posse somente se configura a partir da dominação física[97] da coisa somada à intenção de tê-la como própria, *animus*

---

94. SCHULZ, 1960, p. 409.
95. Tradução livre: "Possuidor era a pessoa que tinha a disponibilidade física da coisa corpórea, independentemente do direito a possuí-la. O dono poderia ser também, e era por regra geral, o possuidor da coisa; porém se a perdia ou lhe era subtraída, deixava de ser possuidor, embora seguisse sendo dono. No caso de furto, o ladrão era o atual possuidor. Assim, portanto, a posse envolvia uma questão de fato e não de direito, mas era um fato que, dentro de certos limites, produzia consequências jurídicas e os juristas clássicos somente consideravam a disponibilidade física como posse justa quando esta disponibilidade era reconhecida pelo Direito. Somente em caráter de exceção se reconhecia a posse em uma pessoa que não teria a disponibilidade material da coisa; neste caso, a posse significava que tal pessoa se encontrava em posição jurídica própria de verdadeiro possuidor".
96. MOREIRA ALVES, 1985, p. 209.
97. Moreira Alves (1985, p. 212) ao explicitar o que exatamente compreendia o *corpus*: "O *corpus* não é, como pretendiam os jurisconsultos desde os tempos da glosa, o contato material com a coisa, nem são os atos simbólicos que, graças a uma ficção jurídica representam este contato, mas sim, a possibilidade real e imediata de dispor fisicamente da coisa e de defendê-la contra agressões de terceiros".

domini. Para Savigny, no direito romano, em regra[98], a posse vinha acompanhada do elemento subjetivo, da intenção de ter a coisa como dono (o que não se confundia com a simples crença – *opinio domini*). Assim, a intenção é condição *sine qua non* na teoria de Savigny, sem a qual o domínio físico sobre a coisa não é nada além de detenção, portanto, a posse deve ser *pro suo*.[99]

Afiliado à tese de Savigny, o argentino Julio César Benedetti[100] afirmava, em outras palavras, que a posse depende do espírito e da matéria. Primeiro, porque o possuidor sente-se proprietário, na medida em que tem a coisa para si, conservando-a com uma finalidade especial. Segundo, porque tem poder físico sobre a coisa de forma a excluir qualquer estranho que pretenda imbuir-se na condição de dono.

A teoria subjetiva esbarrava em alguns problemas práticos, já que não vislumbrava a perspectiva de posse direta ou indireta, inaugurada posteriormente por Rudolf von Ihering, afastando do locatário, arrendatário e usufrutuário a condição de possuidores. Para tanto, desenvolveu uma interpretação denominada posse derivada que seria uma espécie *sui generis*, sem a intenção de domínio – o *animus* proprietário, compatível com as figuras do credor pignoratício, depositário de coisa sequestrada.[101]

Justamente a partir desta fragilidade da teoria de Savigny, Rudolf von Ihering desenvolve uma tese denominada Teoria Objetiva, porque, em apertada síntese, afasta o *animus* como condição para a *possessio*. Inicialmente, estabelece a necessária diferença entre posse e propriedade, muito embora reconheça que a primeira está necessariamente contida na segunda[102].

---

98. Savigny reconhecia que havia casos no direito romano em que a posse não vinha qualificada pelo *animus domini*, como nos casos do precarista, enfiteuta, credor pignoratício e depositário de coisa litigiosa (MOREIRA ALVES, 1985, p. 212).

99. SAVIGNY, 1893, p. 88-90.

100. BENEDETTI, 1976, p. 70.

101. RIZZARDO, 2011, p. 21.

102. "[...] el pensamiento capital dominante del concepto de la possession, es que esta no es más que un medio para proteger la propiedad, que no puede existir más allí donde la propiedad se pone al descubierto mediante su ejercicio externo; en una palabra, que la possession es el aspecto externo de la propiedad. Allí donde la propiedad se ejercite, debe presumirse también la existencia del derecho de propiedad; y esta existencia posible de derecho de propiedad es lo que hay que proteger y defender a través y mediante el ejercicio positivo de la propiedad; en suma, que hay que atenerse a las apariencias para proteger la realidad. De esto se deduce que el aspecto material de la possession es el conjunto de actos o estados de hecho, mediante los cuales se manifiesta el derecho de propiedad con relación a la cosa que constituye el objeto de este derecho" (SALEILLES, 1909, p. 45-46). Tradução livre: [...] "O pensamento dominante do conceito de posse, é que esta não é mais que um meio de proteger a propriedade, que não pode mais existir ali onde a propriedade é colocada ao descoberto mediante seu exercício externo; em uma palavra, que a posse é o aspecto externo da propriedade; e esta existência possível do direito de propriedade é o que deve-se proteger e defender-se mediante o exercício positivo da propriedade; em suma, que deve ater-se às aparências para proteger a realidade. Disso deduz-se que o aspecto material da posse é o conjunto de atos ou estados de fato, mediante os quais se manifesta o direito de propriedade com relação a coisa que constitui o objeto deste direito".

Ademais, Rudolf von Ihering é o primeiro a estabelecer os conceitos de posse direta e posse indireta, o que afasta a perspectiva subjetivista que, por exemplo, não vislumbrava posse para arrendatários, locatários e usufrutuários. A partir destas premissas, Rudolf von Ihering estabelece, primeiro, que as diferenças entre posse e detenção não estão no *animus*, mas na causa de aquisição. Segundo, que a dominação sobre a coisa (*corpus*) não é posse, é a exterioridade da propriedade, e, por fim, adota o critério da destinação econômica, isto é, comportam poder físico aquelas coisas que podem ser defendidas ou guardadas.[103]

Por fim, o alemão finca a tese de que posse é direito e não apenas um fato. Justifica a sua teoria de que um simples fato jamais teria a proteção jurídica destinada à posse ao longo da história civilizatória, sintetizando que se posse é relação jurídica e relação jurídica é sinônimo de direito, então, posse é direito.[104]

Vale a pena, neste ponto, transcrever esclarecedora posição de Rudolf Von Ihering:[105]

> Ao fato da conclusão do contrato a lei liga a consequência jurídica de que o credor pode reclamar do devedor a execução do contrato; ao fato da confecção do testamento a lei liga a consequência jurídica de que o herdeiro pode reclamar de terceiros a restituição dos bens da sucessão, e dos devedores desta o pagamento de suas dívidas; ao fato do nascimento da posse a lei liga a consequência jurídica de que o possuidor pode exigir de terceiros o respeito para a sua situação possessória. Nos dois primeiros casos, chamamos a consequência jurídica direito do credor ou de sucessão.
>
> Que motivo há para negar-se o nome de direito ao terceiro? Se nega-se o direito de posse somente porque redunda como consequência de um fato, é preciso também negar o direito do credor e o de sucessão, porque a relação entre o fato gerador do direito e a consequência jurídica é exatamente a mesma, e, com efeito, não há um só direito que não pressuponha um fato gerador de direito.

Quanto ao elemento subjetivo, ou intencional, Rudolf Von Ihering não o nega. Para o autor, esse ânimo poderia existir, fosse em nome próprio, fosse em nome de outrem, inclusive afirmando que *corpus* e *animus* são elementos inseparáveis. Daí porque Roberto de Ruggiero[106] interpreta que na teoria objetiva, "para constituir a posse é por si só suficiente a relação corporal com a coisa, acompanhada da intenção de querer manter tal relação de modo que qualquer detenção geral é posse [...]".

Contudo, nem toda detenção receberá a tutela estatal. Conforme o doutrinador germânico, isso dependerá de escolhas legislativas, isto é, cabe ao possuidor a prova da qualificação de sua posse – essa a interpretação de Francisco Cavalcanti Pontes de Miranda acerca do trabalho de Rudolf von Ihering. Portanto, a posse relevante do ponto de vista teórico proposto por Rudolf von Ihering é aquela pela qual o possuidor apresenta-se socialmente como proprietário (*imago dominii*). Posse sem este

---

103. GOMES, 1998, p. 21.
104. AZEVEDO, 1987, p. 52.
105. IHERING, 2004, p. 33.
106. RUGGIERO, 1972, p. 496.

elemento é mera detenção, isto é, exercício em nome alheio[107] ou a visibilidade do domínio, nas palavras de Francisco Loureiro,[108] o que permite, por exemplo, que comodatários e locatários exerçam a sua proteção através dos chamados interditos possessórios.

Savigny, de um lado, propõe a posse como estado de fato, Rudolf von Ihering, por sua vez, identifica a posse como direito. Paulo Lôbo[109] ressalta uma tendência na teoria jurídica brasileira em considerar a posse mais um estado ou poder de fato, elencando a Exposição de Motivos do Código Civil (1974) de Ebert Viana Chamoun, assim como a obra de Tito Fulgêncio. Aliás, é justamente por esta razão que o legislador prefere a denominação direito das coisas, inserindo a posse à frente do tratamento dos direitos reais.

Atualmente, segundo a orientação da doutrina brasileira, posse é poder de fato reconhecido juridicamente e decorre de uma opção histórica já apresentada por Clóvis Bevilácqua no Código Civil de 1916, mantida com o Código Civil de 2002. Neste sentido, seria preciso estabelecer posse e direito de posse como coisas distintas, pelo qual Melhim Namem Chalbub[110] destaca que o suposto direito perdura apenas enquanto dura o estado fático, o que lhe outorgaria uma qualidade, no mínimo *sui generis*.

De outro lado, Darcy Bessone[111] defendia a tese de que a posse se encontra no âmbito dos direitos pessoais, inclusive optando por tratá-la no ramo do direito das obrigações. Esta orientação é rechaçada por Luciano de Camargo Penteado, para quem a posse encontra-se apenas no âmbito de proteção do regime de direito das coisas. Isso ocorre por definição e até mesmo porque inaplicáveis aos direitos pessoais os remédios jurídicos tutelares da posse.[112]

Orlando Gomes,[113] contrariando a tese de Darcy Bessone, atribui à posse a natureza de direito real[114].

> Se a posse é um direito, como o reconhece hoje, a maioria dos juristas, é preciso saber se tem a natureza de um direito real ou pessoal. A circunstância de ceder a um direito superior, como o de propriedade, não significa que seja um direito pessoal. Trata-se de uma limitação que não é incompatível com o direito real. O que importa para caracterizar a este é o fato de se exercer sem intermediário. Na posse, a sujeição da coisa, à pessoa é direta e imediata. Não há um sujeito passivo determinado. O direito do possuidor se exerce *erga omnes*. Todos são obrigados a respeitá-lo. Só os direitos reais têm essa virtude.

---

107. PONTES DE MIRANDA, 2012, t. X, p. 30.
108. LOUREIRO, 2001, p. 209.
109. LÔBO, 2020, *e-book*.
110. CHALBUB, 1999, p. 57.
111. BESSONE, 1996, p. 459.
112. PENTEADO, 2008, p. 470-471.
113. GOMES, 1998, p. 27-28.
114. No mesmo sentido, confira San Tiago Dantas (1979, p. 22).

A despeito dos respeitáveis argumentos, a posse não se encontra no rol taxativo de direitos reais e dada a adoção do modelo *numerus clausus*, conclui-se pela não adoção da teoria de Orlando Gomes no Código Civil brasileiro de 2002, mais uma vez justificando a sua natureza peculiar, dada a posição inserida no direito das coisas, anterior aos direitos reais.

Prepondera na doutrina, portanto, a perspectiva de que a posse é poder de fato, que anda ao lado do domínio, mas com ela não se confunde[115], na medida em que outorga ao possuidor alguns direitos inerentes ao proprietário, mas não todos.[116] Veja que um possuidor poderá usar e gozar, no entanto, não poderá dispor da coisa, entregar-lhe em garantia hipotecária ou anticrética.

Neste particular, e como conclusão das controvérsias envolvendo a posse, merece atenção a lição ainda atual de Antonio Joaquim Ribas:[117]

> A posse é, pois, o império natural ou material que os homens exercem sobre as coisas, abstração feita do direito que possam, ou não, ter para exercê-lo.
>
> O domínio é o império legal dos homens sobre as coisas.
>
> A posse e o domínio têm dois elementos comuns – a vontade do homem e a coisa a ela submetida.
>
> Mas o domínio tem um terceiro elemento que lhe é especial e essencial – o princípio jurídico que regula e protege absolutamente o império da nossa vontade sobre a coisa que nos é própria.
>
> Entretanto, a manifestação exterior ou as aparências da posse e do domínio são idênticas: porque tanto naquela, como neste, não se vê senão a sujeição da coisa à vontade humana; e os atos que manifestam esta sujeição não podem revelar a presença ou a ausência do princípio jurídico. Seja, porém, qual for a homogeneidade ou semelhança da posse e domínio, nunca eles devem se confundir.
>
> Com efeito, o domínio é em si mesmo um direito, enquanto a posse é um estado de fato, cuja conformidade ou não conformidade com o direito é indiferente, e de que não se questiona.

Destarte, a posse como elemento de prolongadas discussões teóricas tem se firmado como um estado de fato que merece proteção jurídica, não se enquadrando perfeitamente nem na natureza dos direitos pessoais, tampouco na dos direitos reais, embora destes mais se aproxime pela perspectiva proprietária que a encobre, mas sem os poderes próprios dos direitos reais, hoje taxativos pela sistemática normativa pátria.

Oportuno ressaltar que a figura da posse, do ponto de vista prático, tem expandido seus efeitos, mas principalmente, como desmembramento a justificar a posse direta de locatários, comodatários, tomadores de serviços, portanto, não no sentido da posse como caminho de acesso à propriedade. Nos estudos sociais é verificado um

---

115. Vicente Ráo (s/d., p. 3), na esteira da teoria de Rudolf von Ihering, esclarece que na posse, o que realmente releva é o *corpus*, o poder de fato, que pode ou não andar com o proprietário a depender de uma transferência ou, ainda, quando a posse é arrebatada à revelia de seu titular dominial.

116. RIZZARDO, 2011, p. 18.

117. RIBAS, 1901, p. 14-16.

crescente desejo pelo possuir momentaneamente, em detrimento do domínio. Nos grandes centros, jovens desistem da casa própria e optam por locação por temporada, ou imóveis já mobiliados, dando-lhes a oportunidade de residir perto do trabalho. Há, ainda, figuras de compartilhamento de escritórios, com salas de reunião e serviços utilizados por um grupo indeterminado de pessoas, desde que remunerem pelo acesso ao local em determinado período. São empresas como *Airbnb* e *WeWork* que vêm transformando a relação das novas gerações com os bens e serviços, ou melhor, se adaptando aos interesses dos chamados *millenials*.

O movimento de posse também é notado em relação às coisas móveis, pelo fenômeno da uberização e até mesmo da locação de carros. Uma pesquisa feita pela Junior Mackenzie a pedido da Alelo aponta que 55,4% dos jovens brasileiros entre 18 e 24 anos sequer têm habilitação, enquanto nos Estados Unidos o percentual de estudantes de ensino médio com habilitação para dirigir caiu de 85,3% em 1996, para 71,5% em 2015[118].

Se historicamente o homem conhece a posse como elemento inicial na sua relação com coisas e descobre na propriedade o poder, o fenômeno social começa a dizer o contrário: liberdade é poder. Assim, não ser proprietário e evitar os encargos e as solenidades que isso implica aparenta ser um modelo mais vantajoso para a atual conformação social fundada no modelo adiantado por Zygmunt Bauman de uma modernidade líquida, no qual as pessoas preferem a volatilidade nas relações, ou melhor, o acesso.

Parece contraditório, a propósito, com o espírito do direito das coisas, um ânimo de permanência e de perpetuidade. Enquanto muito se discute a propriedade, é a posse que ganha espaço na vida real e sobre ela pouco tem se discutido, não se olvide a franca redução da produção de pesquisas acadêmicas em direito das coisas, muito embora o mercado imobiliário seja um dos que mais apresente inovações nos últimos anos.

O fenômeno merece maior profundidade e, para tanto, antes será apresentado um estudo técnico e evolutivo da posse no Brasil, além da incidência do perfil social elaborado pelo Constituinte de 1988, para adentrar nos instrumentos jurídicos que hoje têm alavancado a filosofia do possuir em detrimento do apropriar-se.

3.4 ELEMENTOS ESSENCIAIS E O LUGAR DA POSSE NO ORDENAMENTO JURÍDICO BRASILEIRO

O caminho da posse no Brasil não é sereno, vide seu início, com o esbulho face os indígenas. É certo que de 1500 a 1916, o país permaneceu sem uma legislação própria, à mercê de alvarás, forais, decretos, normas oriundas da capital e detentoras de altíssimo

---

118. FALA UNIVERSIDADES. *Por que os universitários não querem mais ter carro?* Disponível em: https://falau-niversidades.com.br/por-que-universitarios-nao-querem-carro/. Acesso em: 17 jun. 2020.

grau casuístico. Historicamente não é segredo que as terras brasileiras ficaram à própria sorte até a vinda da família real, contudo, neste ínterim, a distribuição de glebas deu-se basicamente por três regimes: Regime de Sesmarias, Regime de Posses e Lei de Terras.

O Regime de Sesmarias, em vigor de 1531 a 1822, foi o regime adotado pela Coroa Portuguesa diante do extenso território brasileiro e absoluta dificuldade que isso representava em termos de apossamento da colônia, em princípio como consectário das concessões de capitanias hereditárias. Distribuídas as capitanias hereditárias, o regime não logrou todo o êxito imaginado, além de ter sido o primeiro grande passo para a formação dos latifúndios, questão agrária ainda hoje delicada no Brasil.

A Lei de Sesmarias, cuja origem remete ao Império Romano, inspirou D. Fernando I, último rei da dinastia de Borgonha, em 1375, ainda antes da chegada dos portugueses no território brasileiro. Seu conteúdo era basicamente concessão de terras ainda não apropriadas ou abandonadas a particulares; de outro lado, os sesmeiros deveriam dar produtividade à gleba rural pagando à Coroa a sexta parte dos frutos colhidos com a utilização da área.[119]

O alvará de 05 de outubro de 1795 consolidou o regime sesmarial brasileiro, mas não foram poucas as tentativas de regularizar as concessões. Tito Fulgêncio[120] destaca que a aquisição da propriedade imobiliária no Brasil deu-se basicamente sob duas formas: sesmarias e posse. A primeira surge e logo começa a conviver com os posseiros. Tudo foi resultado da imensa extensão territorial, da morosidade no processo de concessões de sesmarias.

Em 1822, as sesmarias foram abolidas e iniciou-se o chamado regime de posses, momento em que as ocupações se tornaram absolutamente desordenadas ao mesmo tempo em que privilegiavam aqueles que comprovassem trabalho e cultivo na gleba apossada. Pela provisão de 14 de março de 1822, vislumbrava-se uma interessante perspectiva de função social da posse:

> Hei por bem Ordenar-vos procedais nas respectivas medições e demarcações, sem prejudicar quaisquer possuidores que tenham effectivas culturas no terreno, porquanto devem eles ser conservados nas suas posses, bastando para título as Reaes ordens, para que as mesmas posses prevaleçam às sesmarias posteriormente concedidas[121].

Já a resolução de 17 de julho de 1822 encerra de uma vez o regime sesmarial, tornando a aquisição de terras um limbo de absoluta incerteza, chamado regime extralegal ou de posses que durou até a Lei de Terras (Lei n. 601/1850), quando a aquisição de terras devolutas ficou limitada à compra, também revalidando sesmarias e outras concessões do Governo. No que diz respeito à posse, sua proteção limitava-se às hipóteses de que fossem mansas, pacíficas, com cultivo, moradia habitual,

---

119. MAIA, 2011, 1955, p. 457.
120. FULGÊNCIO, 1959, p. 77.
121. É possível acessar cópia do documento digitalizado na coleção de Leis da Câmara dos Deputados. Disponível em: file:///C:/Users/User/Downloads/colleccao_leis_1822_parte3.pdf. Acesso em: 26 maio 2020.

limitações de medidas, desde que não estivesse sob sesmaria ou outras concessões em condição de revalidação pela lei.

Posteriormente, a Lei de Terras foi regulamentada pelo chamado registro paroquial, uma espécie de declaração dada pelo possuidor ao vigário, que embora não constituísse prova de domínio, tampouco outorgasse direito algum, conferia um interessante aparato probatório inicial de cadeia dominial, em outros termos, era um importante indício da posse.[122]

Um salto para o Código Civil de 1916 e, finalmente, o ordenamento jurídico brasileiro deixa de ser dependente das Ordenações Filipinas e das inúmeras legislações que saltavam promovendo um exacerbado casuísmo. Muito embora a posse tenha sido abordada sem os temas da aquisição e perda, Clóvis Beviláqua optou pela teoria objetiva de Rudolf von Ihering quando analisado o então artigo 485, correspondente ao atual 1.196 do Código Civil de 2002. Aliás, a única diferença entre os artigos mencionados está no uso da expressão domínio, suprimida do diploma atual.

No teor dos dispositivos ressalta-se justamente o exercício de um poder de fato sobre a coisa sem condicionar ao elemento espiritual, bastando que seja exercido algum dos poderes inerentes à propriedade. Não se trata de dar à posse os poderes proprietários, mas de viabilizar o seu eventual exercício no campo fático.

A teoria subjetiva de Savigny desponta notadamente quando a posse é analisada para fins de usucapião. Nestas circunstâncias, seja para usucapião extraordinária, ordinária, especial rural e até mesmo de coisa móvel, o exercício é na condição de dono, razão pela qual a doutrina muitas vezes diverge sobre a teoria efetivamente adotada no direito privado brasileiro[123].

A dúvida quanto à teoria adotada permaneceu no Código Civil de 2002, na medida em que os dispositivos têm o conteúdo reproduzido quase de forma idêntica e fez surgir, a propósito, uma corrente mista, isto é, que reconhece a adoção das duas teorias no direito pátrio sob a preponderância da objetiva.[124] Há quem entenda, como Paulo Lôbo,[125] que o legislador não optou por nenhuma das teorias especificamente, tampouco a sua fusão[126]. Francisco Cavalcanti Pontes de Miranda[127] chega a elogiar a opção distinta do legislador brasileiro.

---

122. BORGES, 2004, p. 183.
123. Darcy Bessone (1988, p. 230) chama de "falta de coerência a opção do legislador ao dispor sobre a usucapião sem atentar-se para a teoria de Ihering".
124. RIZZARDO, 2011, p. 26.
125. LÔBO, 2019, *e-book*.
126. "A norma legal não declara que a posse seja o poder de fato sobre a coisa, não exige o elemento intencional, nem impõe a exteriorização do comportamento próprio de dono da coisa. É acontecimento do mundo fático, porém, *erga omnes*. Assim, não seguiu a teoria subjetivista, que o legislador originário procurou evitar, nem a teoria objetivista, em sua pureza, nem optou pela fusão de ambas. Nem Savigny, nem Ihering" (LÔBO, 2019, *e-book*).
127. "[...] para se medir a importância da atitude do Código Civil brasileiro, basta pensar-se em que ele abstraiu – isto é, não reputou necessário – tanto do *animus* quanto do *corpus*, restituída, assim, ao conceito de posse

É bem verdade que o Código Civil brasileiro ora tenda para perspectiva material, ora para a espiritual. Destarte, pela norma legal, optou o legislador por uma sistemática diversa não limitada à prova do subjetivismo, tampouco reduzida a posse ao exclusivo poder físico sobre a coisa.

Em outras palavras, a posse é reconhecida em outros direitos reais que não o de propriedade, como também em negócios jurídicos normalmente exemplificados pelo comodato e pela locação. Dispensa a convicção proprietária, hipótese muito comum na transmissão da herança pela *saisine*, isto é, de forma automática os herdeiros encontrar-se-ão na posse sem que para isso tenham manifestado qualquer ato de aceitação, tampouco qualquer ato de exteriorização de propriedade.

O escorço histórico da posse no Brasil demonstra que foi este basicamente o instrumento de regularização fundiária adotado, por vezes, inconscientemente. Transitou ao lado e, em alguns momentos, com maior relevância do que outros meios de concessão de terras até o Código Civil de 1916, quando o sistema finalmente organiza-se para reconhecer e regular o seu exercício.

Isso porque a posse é experimentação e sua história em território nacional revela muito sobre a estrutura fundiária e urbanística, assim como a sua posição no direito das coisas, sem pertencer aos direitos reais. No ordenamento jurídico pátrio, assim como no direito estrangeiro, em análise menos acurada, pode induzir a uma perspectiva de categoria de segunda classe quando equiparada à propriedade.

Favelização, política agrária insuficiente e eterno debate sobre demarcações de terras indígenas são problemas reais e típicos do território nacional atingindo notadamente as camadas mais carentes da população, que sem compreender ou ter acesso à proteção registral, vive da experiência possessória.

Para além do Brasil Colônia, e a história dos posseiros em território nacional, a realidade recente do direito real de laje também demonstra o fator posse na realidade imobiliária brasileira, ou melhor, como resultado jurídico para o crescimento urbano desordenado decorrente de séculos de descaso com a política urbana.

O fenômeno da favelização é expressão da soma de alguns fatores para além do histórico: escassez de solo urbano e edificações sem qualquer regularização, muitas vezes em áreas de morro. Referidas edificações são transmitidas, cedidas e utilizadas com fundamento em contratos verbais ou escritos entabulados entre sujeitos que sequer têm propriedade, portanto, posseiros.

---

a sua originária pureza, anterior à milenar infiltração metafísica. Com isso, não houve retrocesso; porque se deu tal restituição como se volta, em qualquer ciência, a resultados intuitivos, ou experienciais, após o desbastamento de raciocínios e logomaquias, deformantes, mercê de pesquisas e conclusões rigorosamente indutivas. A comparação entre a lucidez do Código Civil, nos artigos 485-523, e a fonte de dúvidas que são os artigos 1.140-1.172 do Código Civil italiano, com o seu apego à teoria subjetivista, serve como preparação à justa apreciação do que no Brasil se conseguiu em 1916, sem alardes e simplesmente" (PONTES DE MIRANDA, 2012, t. X, p. 57).

Assim, o exercício de fato da posse nas comunidades é o único instrumento que outorga algum grau de segurança simbólica entre os sujeitos vivendo realidade social que não atende às hierarquias e aos regramentos típicos do exercício proprietário, enfatizando este caráter muitas vezes inoficial da posse. É no contexto deste universo e da necessidade de sua redefinição que surge, por exemplo, o direito real de laje, isto é, uma reavaliação do rol taxativo de direitos reais para ressignificar a realidade social nestas localidades.[128]

Pois, então, a posse no Brasil é um retrato socioeconômico. É a partir dela é que surgem regulamentações de política fundiária urbana e reforma agrária, também porque representa acesso à cidadania e, na hipótese retratada, direito à moradia, o que se verá com maior ênfase no capítulo subsequente. São os costumes muitas vezes passando ao largo da lei, mas, a partir do momento em que geram e promovem a circulação de riquezas, também incentivam a sua institucionalização, razão pela qual Frederico Henrique Viegas de Lima,[129] ao tratar do assunto, observa que não foi a alteração do rol taxativo do Código Civil (artigos 1225, XIII e 1510-A) que fez criar o chamado direito real de laje, mas a necessidade social de moradia, a escassez do solo e seu encarecimento.

É na teoria de Rudolf von Ihering que se verifica o valor econômico atribuível à posse na atualidade como importante motor na sua regulação. Seja do aspecto social mencionado, ou do ponto de vista do mercado formal, nas espécies contratuais é que a posse ganha relevo. Mais do que adquirir propriedade, a sociedade contemporânea busca soluções para problemas seculares estruturais, se preocupa com o futuro e com as próximas gerações e vem sendo formada por uma filosofia de vida que prestigia o movimento, portanto, a posse temporária capaz de representar, de um lado, o conforto, o acesso e, de outro, a ausência de comprometimento duradouro, ônus e encargos proprietários.

Assim, este "não lugar" da posse, suas características *sui generis* revelam dois reflexos essencialmente marcantes para o contexto do direito das coisas. Primeiro, o fato de que ela se basta e produz em larga escala, talvez, o que a propriedade não tem sido capaz de fazê-lo, o amplo acesso aos bens, talvez também de forma mais democrática, embora, nos dizeres de Tercio Sampaio Ferraz Junior, inoficial.

---

128. FERRAZ JUNIOR, 2008, p. 122-125.
129. LIMA, 2017, p. 256.

4
A CONSTITUCIONALIZAÇÃO DO DIREITO DAS COISAS

4.1 A MÁXIMA REALIZAÇÃO DOS VALORES CONSTITUCIONAIS NAS RELAÇÕES PRIVADAS

O direito das coisas é marcado por uma rigidez peculiar quando equiparado a outras frentes do direito civil. Ainda assim, sua estrutura vem mobilizada pelo chamado direito civil constitucional e a ruptura da dicotomia público *versus* privado. Emerge de um espírito socializante aflorado na Europa notadamente após a Segunda Guerra Mundial.

A expressão direito civil constitucional surge como técnica interpretativa consagrada a partir dos estudos do italiano Pietro Perlingieri e converge para o sentido de que o ordenamento jurídico não pode ser interpretado em forma de apartadas ilhas, mas como um organismo vivo totalmente interligado à uma norma fundamental, a Constituição. A partir desta premissa inicial, as interpretações de normas específicas devem convergir para os ditames propostos pelo poder constituinte.

Pietro Perlingieri, portanto, defende a harmonização coerente e razoável entre a norma constitucional e a norma ordinária, de maneira a atender aos princípios da adequação e proporcionalidade a partir do caso concreto e sua disciplina jurídica. Este tratamento, por sua vez, deve considerar o espírito do legislador, ou seja, os porquês ínsitos à norma globalmente considerada.[1]

Neste contexto, o legislador civil brasileiro tomou posição e incorporou os conceitos de função social em seus dois grandes alicerces, o contrato e a propriedade; utilizou-se, ainda, de técnicas como a das cláusulas gerais e dos termos jurídicos indeterminados a fim de permitir maior flexibilidade na interpretação de determinadas regras.

Assim, o direito civil constitucional marca a adoção de um Estado Social que altera paradigmas antes fixados pelo Estado de Direito Liberal, este último marcado por uma separação entre Estado e sociedade[2], com normas rígidas. No Estado

---

1. PERLINGIERI, 2008, p. 574-575.
2. "O crescimento do Estado Social (ou mais precisamente do Estado providência) reverteu alguns dos postulados básicos do Estado de Direito Liberal, a começar pela separação entre Estado e sociedade, que propiciava uma correspondente liberação das estruturas jurídicas das estruturas sociais. Nessa concepção,

Liberal, a norma constitucional era tratada como um rol de princípios muito mais enunciativos do que incidentes diretamente nas relações privadas[3].

Nesta linha de pensamento, do ponto de vista interpretativo, a norma constitucional teria um caráter residual, sem incidir sobre a legislação ordinária, fincando um limite, como se esta fosse sua função precípua. Pietro Perlingieri[4] refuta essa ideia por entender que ao restringir a norma constitucional a um limite legislativo ordinário, estar-se-ia também limitando o destinatário da primeira, isto é, só se dirige ao legislador reduzindo-lhe a capacidade promocional[5].

A incidência dos valores constitucionais diretamente sobre as relações privadas provoca debates importantes que consideram a forma de estruturação em que a lei fundamental se sustenta. Para o italiano Giovanni Tarello,[6] Constituições tidas por mais enxutas, ou mais rígidas – que limitam sua abordagem a questões de controle de constitucionalidade e à tutela jurisdicional de posições subjetivas – ampliam a capacidade interpretativa dos juízes, na medida em que, sendo objetivos e rígidos, a tendência é que, diante de uma questão no tribunal, os juízes possam expandir o alcance das posições constitucionalmente protegidas.

De outro lado, os modelos constitucionais contemporâneos, típicos do Estado Social, optam por incluir expressamente uma série de variáveis, entre elas o rol de interesses jurídicos tutelados e os sujeitos a que se destinam; diretivas gerais à comunidade política; organização e instituição de órgãos, assumindo, inclusive, conteúdos antes constantes apenas de legislações infraconstitucionais. Neste contexto de encontro entre público e privado, a produção de decisões contraditórias e as dificuldades interpretativas teriam maior possibilidade de emergir:[7]

> Com efeito, os direitos sociais, produto típico do Estado previdência, que não são, conhecidamente, uma espécie de *a priori* formal, mas têm um sentido promocional prospectivo, colocam-se como exigência de implementação. Isso altera o desempenho e a função do Poder Judiciário, ao

---

a proteção da liberdade era sempre da liberdade individual como liberdade negativa, de não impedimento, do que a neutralização do Judiciário era uma exigência consequente [...] Com a liberdade positiva, o direito à igualdade se transforma num direito a tornar-se igual nas condições de acesso à plena cidadania" (FERRAZ JUNIOR, 2014, p. 124).

3. "Segundo alguns autores, a norma constitucional seria um mero limite ou barreira à norma ordinária. Os enunciados normativos ordinários assumiriam autonomamente um significado e um fundamento como expressões de um sistema completo, que será legítimo enquanto os próprios enunciados não lesarem um interesse constitucionalmente protegido. A norma constitucional atuaria excepcionalmente e de forma residual, mas sem incidir sobre a atividade interpretativa das disposições ordinárias" (PERLINGIERI, 2008, p. 570).

4. Idem, p. 571-572.

5. [...] "ao entender a norma constitucional como limite àquela ordinária se individualiza, como destinatário da primeira, prevalentemente, se não exclusivamente, o legislador, reduzindo assim a ordem constitucional a uma função de delimitação das regras do jogo e subtraindo-lhe aquela capacidade promocional, que, ao contrário, a natureza das próprias normas em objeto e razões histórico-políticas induzem a lhe atribuir de forma privilegiada" (PERLINGIERI, 2008, p. 571-572).

6. TARELLO, 2013, p. 297.

7. FERRAZ JÚNIOR, 2014, p. 124.

4 • A CONSTITUCIONALIZAÇÃO DO DIREITO DAS COISAS 55

qual, perante eles ou perante a sua violação, não cumpre apenas julgar no sentido de estabelecer o certo e o errado com base na lei (responsabilidade condicional do juiz politicamente neutralizado), mas também e sobretudo examinar se o exercício do poder de legislar conduz à concretização dos resultados objetivados (responsabilidade finalística do juiz que, de certa forma, o repolitiza).

A posição enunciada por Tercio Sampaio Ferraz Júnior adverte para os desafios a serem enfrentados pelo intérprete da norma ao dar efetividade à aproximação entre o público e o privado. Todavia, para Maria Celina Bodin de Moraes,[8] não assiste razão no temor de que o direito público interfira na esfera privada de modo a gerar instabilidades, uma vez que a única alteração está no deslocamento da base de diversos microssistemas para uma única e fundamental formada pela Constituição[9].

Como sobredito, há quem discorde e verifique um problema nesta linha de raciocínio[10], conforme se verifica na reflexão de Salvatore Pugliatti[11] e até mesmo na linha crítica desenvolvida por Giovanni Tarello[12] quanto ao modelo constitucional contemporâneo[13].

Embora haja críticas respeitáveis, como as indicadas, é forte o movimento defendendo que cabe ao Poder Público, na condição de norma fundamental, intervir

---

8. BODIN DE MORAES, 2016, p. 8-9.
9. "Superada a clássica dicotomia direito público-direito privado, os princípios fundamentais do direito privado deslocam-se para os textos constitucionais" (AMARAL, 1990, p. 150).
10. Para Salvatore Pugliatti (1964, p. 697), negar a dicotomia público *versus* privado implica em dissolver o sistema jurídico.
11. PUGLIATTI, 1964, p. 697.
12. TARELLO, 2013, p. 298-300.
13. Segundo Giovanni Tarello (2013, p. 300), admitir que a norma constitucional invada a esfera de direito privado em minúcia acarreta problemas legislativos que, por consequência, produzem insegurança jurídica: "La más evidente de tales consecuencias, incluso si quizás no la más importante, reside en la complicación misma de los constitucionales formales que pertenecen a esta tradición constitucional contemporánea. La multiplicación de los intereses constitucionalmente tutelados, de los sujetos que son portadores de ellos, de las posiciones subjetivas calificadas, de los modos de organización de la tutela de la limitación, de los fines propuestos, aumenta desmedidamente el número de las variables, de modo que en la atribución de significado a los documentos constitucionales en su conjunto, las combinaciones posibles respecto a los diversos segmentos que los componen aumentam en proposición geométrica. [...] es evidente que entre los varios enunciados normativos y entre las normas que constituyen interpretaciones suyas, así, como también entre las tantísimas combinaciones posibles de interpretaciones, pueden producirse conflictos; de modo que se plantean al nivel de la norma constitucional, y por tanto jerárquicamente superior a las otras, problemas de prevalência (de uma norma sobre outra) y de integración, los cuales constituyen problemas ulteriores desde el punto de vista de la interpretación". Tradução livre: "A mais evidente de tais consequências, embora não se possa dizer que é a mais importante, reside na própria complicação dos constitutivos formais que pertencem a esta tradição constitucional contemporânea. A multiplicação dos interesses constitucionalmente tutelados, dos sujeitos portadores destes interesses, das posições subjetivas qualificadas, dos modos de organização da tutela de limitação e dos fins propostos, aumenta desmesuradamente o número de variáveis, de modo que na atribuição de significado aos documentos constitucionais em seu conjunto, as combinações possíveis relacionadas aos diversos segmentos que os compõem aumentam em progressão geométrica. [...] é evidente que entre os vários enunciados normativos e entre as normas que constituem suas interpretações, assim como também entre as inúmeras combinações possíveis de interpretações, podem produzir-se conflitos; de modo que se projetam ao nível da norma constitucional, e, portanto, hierarquicamente superior às outras questões de prevalência (de uma norma sobre outra) e de integração, os quais constituem-se problemas de interpretação posteriores".

promocionalmente na ordem econômica de forma que os interesses tutelados pelo direito público convirjam com os de direito privado.[14]

Essa concepção de unidade normativa pode ser encontrada nos estudos de Norberto Bobbio e Hans Kelsen. O primeiro, fazendo referência à teoria escalonada de Hans Kelsen, adverte para o fato de que o ordenamento jurídico possui um emaranhado de normas que precisam se justapor à luz de uma chamada norma fundamental, situada em posição hierarquicamente superior.[15]

A ideia de justaposição à luz de uma norma fundamental é o que dá corpo e sistema ao ordenamento jurídico, sob pena deste se transformar num complexo ininteligível de normas[16]. Por isso, o conceito de unidade sistemática dentro de uma posição escalonada é fundamental para superar a dicotomia público-privada.

Contudo, o desafio para além da perspectiva de unidade, é concretizar o ordenamento jurídico como um sistema.[17] Assim, o direito civil constitucional não deixa de ser simbólico, já que as normas contidas no diploma privado precisam ser interpretadas conforme um propósito constitucional, em outras palavras, devem compor um relacionamento de coerência entre o público e o privado. A unidade do ordenamento é um dos importantes conceitos extraídos da Teoria Pura do Direito, por Hans Kelsen. Não há dúvidas, para o jurista, de que a distinção é mais ideológica do que prática, no sentido de que representaria um domínio de áreas como o direito constitucional e o administrativo sobre a política, todavia, o que se pretende é evitar "o reconhecimento de que o Direito 'privado', criado pela via jurídica negocial do contrato, não é menos palco de atuação da dominação política do que o Direito público [...]".[18]

Hans Kelsen[19] utiliza-se justamente da propriedade privada para fundamentar sua posição. Segundo ele, se a propriedade privada é o centro do complexo de normas sobre o qual se estabelece o chamado direito privado, seu caráter de dominação política é inquestionável, posto que sobre o conceito proprietário é que se estabelecem democracias e estados totalitários, regimes capitalistas e socialistas.

---

14. MORAES, 2016, p. 10.
15. BOBBIO, 1995, p. 48-49.
16. "Há normas superiores e normas inferiores. As inferiores dependem das superiores. Subindo das normas inferiores àquelas que se encontram mais acima, chega-se a uma norma suprema, que não depende de nenhuma outra norma superior, e sobre a qual repousa a unidade do ordenamento. Essa norma suprema é a norma fundamental. Cada ordenamento tem uma norma fundamental. [...] A norma fundamental é o termo unificador das normas que compõem um ordenamento jurídico. Sem uma norma fundamental, as normas que falamos até agora constituiriam um amontoado, não um ordenamento. Em outras palavras, por mais numerosas que sejam as fontes do direito num ordenamento complexo, tal ordenamento constitui unidade pelo fato de que, direta ou indiretamente [...] podem ser remontadas a uma única norma" (BOBBIO, 1995, p. 49).
17. BOBBIO, 1995, p. 71.
18. KELSEN, 1998, p. 198.
19. Idem, ibidem.

Tão logo se reconheça que os objetivos constitucionais de uma sociedade livre, justa e solidária esbarram necessariamente no exercício pleno das liberdades inseridas no direito privado, seja para a máxima manifestação da personalidade, seja do ponto de vista negocial, o direito público deixa de ser instrumento de subordinação, assim como o direito privado deixa de produzir efeitos somente sobre a vontade individual.

É, portanto, a compreensão de que a lógica binária não se sustenta após alguns séculos de dominação, porque ao final, tudo acaba por projetar-se na dimensão de cidadania dos indivíduos, entre suas necessidades e os bens capazes de satisfazê-las.[20] A partir desse pensamento, tornou-se urgente repensar o direito privado, fixando o sujeito no centro do debate, em outros termos, uma verdadeira repersonalização reconhecida e fruto justamente da funcionalização dos institutos[21].

Neste contexto, cabe refletir como a perspectiva civil constitucional incidiria sobre o direito das coisas, este nicho marcado pela rigidez de conteúdo e elementar na regulamentação de um pilar como a propriedade. Não há dúvidas de que o movimento socializante foi fundamental e força motriz de um novo olhar sobre os direitos reais.

Para alcançar a nova perspectiva é preciso retomar questões conceituais já abordadas. Se o direito de propriedade, sustentáculo da política econômica de uma nação, é estabelecido sob a noção do sujeito passivo universal, também é preciso compreender que limitada à oponibilidade *erga omnes*, o direito real de propriedade ficou pequeno para o tanto de conteúdo que poderia albergar no estado social, isto é, para incorporar aquilo que a função social exige e que se manifesta, não por acaso, na Constituição da República e no Código Civil de 2002.

Para Luiz Edson Fachin,[22] a mudança de perspectiva acaba englobando a conclusão de que não mais "são direitos das coisas, são direitos que dizem respeito aos sujeitos, individual ou coletivamente". Isto é, mesmo para a questão proprietária, a constitucionalização do direito civil desloca o sujeito para o centro do debate.

Daí porque é forçoso reconhecer que não há neutralidade nos conceitos reais, uma vez que estes se tornaram sensíveis à incidência constitucional. Assim, não há mais espaço para refletir a relação pessoas-e-coisas como elementos estanques, sem incluir no debate a sustentabilidade, a promoção de direitos, a inclusão das minorias e, por consequência, a realização máxima dos preceitos instituídos pela Constituição da República.

A ruptura com a propriedade estritamente individualista foi um dos objetivos de Miguel Reale na coordenação do Código Civil brasileiro de 2002, como uma ne-

---

20. RODOTÁ, 2014, p. 104-105.
21. O reconhecimento de o ser humano ser o sentido e a finalidade da norma também pode ser extraído da doutrina espanhola (AGUIRRE Y ALDAZ, 1991, p. 111) e da doutrina argentina (LORENZETTI, 1994, p. 60).
22. FACHIN, 2012, p. 58.

cessária revisão das posições jurídicas das grandes figuras no direito privado, entre elas o proprietário, o contratante, o empresário e o testador. Para Miguel Reale,[23] o novo viés do direito das coisas partia da função da propriedade, que "é social, superando-se a compreensão romana quiritária da propriedade em função do interesse exclusivo do indivíduo, do proprietário ou do possuidor"[24].

A virada não acontece de forma repentina, mas é fruto de uma pesquisa sistemática e resultado de uma reflexão sobre o fato de que a propriedade não mais restringe-se ao direito de excluir os outros, em outros termos, parte a propriedade exclusiva e nasce a propriedade inclusiva.[25]

O modelo clássico mantinha no discurso proprietário certa intocabilidade, por vezes em marcha tardia ante a influência dos costumes, da evolução tecnológica cada vez mais veloz. Assim, a nuance constitucionalizada acaba reverberando em toda a disciplina dos direitos reais, porque diz, sobretudo a respeito da destinação dos bens, sua qualidade e quantidade, em outras palavras, diz respeito à função social.

É na função social da propriedade que se encontra a repersonalização precípua do direito das coisas, muito embora não apenas nela, vez que emergem a discussão dos bens comuns e direito de acesso, todos a serem abordados ao longo da pesquisa. A socialização vem como um conjunto de limites e de atribuições ao exercício proprietário, fazendo surgir um modelo participativo, vez que é dada à uma multiplicidade de sujeitos a possibilidade de questionar, exigir e fiscalizar – no sentido de reclamar políticas públicas, não de interferir diretamente na propriedade privada – a destinação e a qualidade dos poderes exercidos sobre determinadas categorias de bens.

Surgem novas categorias de titularidades, modalidades colaborativas de exercício proprietário que um contexto de interpretação é incapaz de abarcar em plenitude[26], motivo pelo qual a função social é o primeiro grande passo para constitucionalizar o direito das coisas.

---

23. REALE, 2001, p. 64.
24. O texto publicado pela Revista Cidadania e Justiça também pode ser encontrado na página virtual do civilista, na qual está reunida grande parte de seus artigos publicados em periódicos. Disponível em: http://www.miguelreale.com.br/artigos/vgpcc.htm. Acesso em: 05 jun. 2020.
25. RODOTÁ, 2014, p. 106.
26. "El cambio es realmente profundo. Derechos fundamentales, acceso a la propiedad, bienes comunes, diseñan una trama que define de manera novedosa la relación entre el mundo de las personas y el mundo de los bienes. Esto, al menos en los últimos siglos, había sido confiado a la mediación proprietária, a las modalidades como las que cada uno podía llegar a la apropiación exclusiva de bienes necesarios. Y esta mediación es la que ahora se pone en tela de juicio. La propiedad, sea pública o privada, ni puede abarcar ni agotar la complejidad de la relación persona/bienes. Un conjunto de relaciones queda hoy confiado a lógicas no propietarias" (RODOTÁ, 2014, p. 107). Tradução livre: "A mudança é realmente profunda. Direitos fundamentais, acesso à propriedade, bens comuns, desenham uma trama que define de maneira inovadora a relação entre o mundo das pessoas e o mundo dos bens. Isto, ao menos nos últimos séculos, havia sido confiado à mediação proprietária, às modalidades como cada um poderia alcançar a apropriação exclusiva de bens necessários. É esta mediação que agora se coloca em julgamento. A propriedade, seja pública ou privada, não poder abarcar e tampouco esgotar a complexidade das relações entre pessoas e bens. Um conjunto de relações é o que se encontra hoje confiado à lógica não proprietária".

4.2 FUNÇÃO SOCIAL DA PROPRIEDADE

Ao longo da discussão conceitual de propriedade, verificou-se que o Código Civil brasileiro de 2002, em confluência com a Constituição da República, entrega ao exercício proprietário um dever social, um ônus para além do domínio, no sentido de utilizar-se das suas garantias de titular de direito de modo promocional.

Isso significa a mudança de paradigma sobre o qual a propriedade vem se estruturando desde o liberalismo econômico, de adversidades em um sistema constitucional consagrador dos direitos fundamentais de terceira geração, em outras palavras, em um Estado Social.

Especificamente quanto ao recorte histórico brasileiro, a função social da propriedade já vinha dando seus sinais desde a Constituição de 1934, justamente influenciada pelos movimentos sociais suscitados na Constituição Mexicana e na Constituição de Weimar. No âmbito da legislação infraconstitucional, em 1937, e no Decreto Lei que regulamentou o compromisso de compra e venda, além do Estatuto da Terra (Lei n. 4.504/1964)[27], na década de 1960, no qual são elencadas algumas diretrizes para a concepção do conteúdo da função social[28].

No rol de diretrizes conteudistas da função social, são encontrados o bem-estar, seja dos proprietários, seja dos trabalhadores rurais e de suas famílias, a conservação dos recursos naturais, a produtividade satisfatória e a observância das normas trabalhistas.

É na Constituição de 1988, todavia, que fica clara a perspectiva social da propriedade para além do caráter programático, extrapolando a função econômica[29] e consagrando a socializante[30]. Mais diretrizes são encontradas em legislações como o Estatuto da Cidade e o Código Florestal (desde o Código de 1965, acompanhado pela mudança legislativa em 2012), todavia, entende-se que a função social da propriedade é termo jurídico indeterminado[31] e sua concretização pauta-se em cláusulas gerais, deixando o instituto sem conteúdo concreto.

---

27. BRASIL. Lei n. 4.504/1964. "Art. 2°. É assegurada a todos a oportunidade de acesso à propriedade da terra, condicionada pela sua função social, na forma prevista nesta Lei".
28. BRASIL. Lei n. 4.504/1964. "Art. 2° [...], § 1° A propriedade da terra desempenha integralmente a sua função social quando, simultaneamente: a) favorece o bem-estar dos proprietários e dos trabalhadores que nela labutam, assim como de suas famílias; b) mantém níveis satisfatórios de produtividade; c) assegura a conservação dos recursos naturais; d) observa as disposições legais que regulam as justas relações de trabalho entre os que a possuem e a cultivem".
29. BRASIL. Constituição Federal (1988). "Art. 170. A ordem econômica, fundada na valorização do trabalho humano e na livre iniciativa, tem por fim assegurar a todos existência digna, conforme os ditames da justiça social, observados os seguintes princípios: [...] III – função social da propriedade";
30. BRASIL. Constituição Federal (1988). "Art. 5° [...] XXII – é garantido o direito de propriedade; XXIII – a propriedade atenderá a sua função social";
31. Adota-se a expressão 'termo jurídico indeterminado' em preferência à 'conceito jurídico indeterminado' por compreender que a vagueza não está no conceito propriamente, mas nos termos que o constroem. "Este ponto era e continua a ser, para mim, de importância extrema: não existem conceitos indeterminados. Se é indeterminado o conceito, não é conceito. O mínimo que se exige de uma suma de ideias, abstrata, para que

A indeterminabilidade[32] da expressão função social da propriedade é arguida por Arruda Alvim,[33] ao mencionar que foi justamente seu conteúdo nebuloso que tornou-lhe objeto de intensas críticas, muito embora seja possível extrair elementos de concretização da própria Constituição Federal, de seus artigos 182 e 187.

O Código Civil brasileiro de 2002, por sua vez, no teor do artigo 1.228[34], § 1º, alocou a função social da propriedade utilizando-se também de uma fórmula marcada pela indeterminação.

Tais premissas provocam um posicionamento crítico de Rachel Sztajn,[35] para quem permanece a dúvida quanto ao intuito do constituinte e do legislador ao dar função social à propriedade sem, contudo, explicar o que isso significa na prática. Segundo Rachel Sztajn, admitida a função social da propriedade com conteúdo aberto, permite-se noções evidentes como aquelas decorrentes da proteção ao meio ambiente, mas também um paternalismo exacerbado que limitaria o exercício pleno da autonomia de cada um[36].

Parte da busca pela concreção da função social da propriedade tem início co-malguma soma das diretrizes ambientais e uma valorização de ordem econômica dos setores e empreendimentos que compreendem a finitude das fontes e de reservas planetárias, na medida em que ficou clara a inaptidão do sistema atual diante do esgotamento do planeta. Sob a perspectiva dos direitos reais e, especialmente, do exercício da propriedade, parece que o grau de rigidez torna demasiadamente limitado e pouco concreta a função social, reduzindo-a quase a um comportamento negativo: preservar a natureza, o patrimônio histórico e cultural.

Para além de não agir de maneira a lesar direitos de outrem, a função social tornou exigível o zelo e o compromisso efetivo, concreto e positivo do proprietário sobre sua titularidade, portanto, um comportamento promocional em favor da coletividade, não como indivíduo solitário, mas como parte da coletividade[37]. A

---

seja conceito, é que seja determinada. Insisto: todo conceito é uma soma de ideias que, para ser conceito, tem de ser, no mínimo, determinada; o mínimo que se exige de um conceito é que seja determinado. Se o conceito não for, em si, uma soma determinada de ideias, não chega a ser conceito" (GRAU, 2017, p. 159).

32. Em sentido diverso, Luciano Camargo Penteado (2008, p. 179). O autor afirma que a função social da propriedade tem conteúdo de cláusula geral.

33. ALVIM, 2014, p. 22.

34. BRASIL. Código Civil (2002). "Art. 1.228, § 1º. O direito de propriedade deve ser exercido em consonância com as suas finalidades econômicas e sociais e de modo que sejam preservados, de conformidade com o estabelecido em lei especial, a flora, a fauna, as belezas naturais, o equilíbrio ecológico e o patrimônio histórico e artístico, bem como evitada a poluição do ar e das águas".

35. SZTAJN, 2018, p. 411.

36. A autora sugere que a adequada interpretação de função social da propriedade deve "considerar o surgimento de deveres sociais de proprietário, conquanto possa ampliar a complexidade do direito de propriedade, uma vez que o proprietário ao mesmo tempo tem poderes sobre o bem, tem, igualmente, deveres para com a comunidade, uma forma de responsabilidade social" (SZTAJN, 2018, p. 412).

37. "Estabelecido o direito objetivo na solidariedade social, o direito subjetivo daí deriva, direta e logicamente, e sendo todo indivíduo obrigado pelo direito objetivo a cooperar na solidariedade social, resulta que ele tem o direito de praticar todos aqueles atos com os quais coopera na solidariedade social, refutando, por outro

4 • A CONSTITUCIONALIZAÇÃO DO DIREITO DAS COISAS **61**

propósito, Léon Duguit[38] – grande pensador e consagrador da teoria da função social da propriedade – já previa essa projeção da função social da propriedade sobre outros institutos de direito privado:

> O ser humano nasce integrado a uma coletividade; vive sempre em sociedade e assim considerando só pode viver em sociedade. Neste sentido, o ponto de partida de qualquer doutrina relativa ao fundamento do direito deve basear-se, sem dúvida, no homem natural; não aquele ser isolado e livre que pretendiam os filósofos do século XVIII, mas o indivíduo comprometido com os vínculos de solidariedade social.

A perspectiva promocional da função social remete muito à doutrina de Léon Duguit[39] porque, entre os fundamentos por ele sacramentados a respeito do tema, está a exigência de que o sujeito de direitos, ao se compreender em coletividade, deve cooperar para o grupo e, para isso, precisa ter poder de cooperação.

Portanto, o desenvolvimento de diretrizes concretizadoras da função social é o primeiro passo para que não se consolidem críticas, como as colocadas por Rachel Sztajn, de um perigoso vazio de conteúdo. Estas técnicas de corporificação da função social da propriedade, na prática, variam a depender do objeto do direito, portanto, há legislações com diretrizes aplicáveis aos imóveis rurais, outras aos imóveis urbanos, assim como aquelas dedicadas à proteção do meio ambiente e zoneamento, sem prejuízo das formas de utilização da coisa fomentadas pela ampla estratégia contratual.

Neste sentido, a função social dos contratos tem potencial expressivo e colaborativo para a função social da propriedade, pois, afinal, boa parte da transmissão de propriedade se dá pela via negocial. O estímulo à criação de negócios que impliquem na valorização da coletividade é fenômeno observável na prática e estimulado pelo teor do artigo 421 do Código Civil, cláusula geral, que institui a função social dos contratos.

A finalidade é que a coisa privada provoque efeitos deveras palpáveis para a coletividade. No aspecto contratual, vale mencionar os exemplos como dos prestadores de serviços de locação por temporada em aplicativos[40]. As empresas de economia compartilhada dão conta de um incremento econômico de bairros e regiões antes considerados periféricos. Significa que a disponibilização de imóveis de locação de curta duração em bairros mais afastados pode atrair turistas dispostos a pagar preços mais baixos e viverem uma experiência próxima à vivida pelos moradores locais[41].

---

lado, qualquer obstáculo à realização do papel social que lhe cabe. O homem em sociedade tem direitos; mas esses direitos não são prerrogativas pela sua qualidade de homem; são poderes que lhe pertencem, porque, sendo homem social, tem obrigações a cumprir e precisa ter o poder de cumpri-las" (DUGUIT, 2009, p. 47).

38. Idem, p. 29.
39. Idem, p. 47.
40. Conforme capítulos 5 e 6.
41. Existem contrapontos quanto aos benefícios, que serão apresentados de forma mais profunda no capítulo 5.

A empresa Airbnb, por exemplo, desenvolveu um projeto chamado *Office of the Health Tourism*[42], pelo qual se compromete a promover iniciativas de turismo que beneficiem o crescimento econômico de comunidades, capacitando os anfitriões destes destinos emergentes a fim de manter uma racionalidade sustentável ao mesmo tempo que mais pessoas possam usufruir do fomento impulsionado pelo turismo na economia mundial.

As consequências imediatas desta circulação de pessoas implicam em aumento do setor de serviços na região: restaurantes, mercados e transporte. Nesta medida, a função social da propriedade é concretizada pela celebração de contratos diversos e coligados. A partir de uma prestação de serviços tem-se locações, compra e venda, transporte e uma série de outros negócios cujos impactos afetam a coletividade impulsionando a circulação de riquezas e o acesso a bens e serviços em regiões antes tidas como periféricas.

Assim, a função social da propriedade impõe que o proprietário abandone as noções de um direito absoluto e incondicionado para compreender que para além de direitos, também lhe serão imputáveis atribuições.[43] Nesta esteira, o saudoso professor Renan Lotufo[44]-[45] argumenta em análise acerca da codificação de 2002, que o direito positivo pátrio não mais se conformará com proprietários inertes socialmente. Neste contexto, segundo o civilista, a produtividade para o legislador civil deve estar relacionada ao equilíbrio do individual com o social[46].

A função social da propriedade recai sobre a propriedade imóvel, dividida em rural e urbana[47], com isso, as respectivas legislações pertinentes. Não é tão clara a legislação quanto ao conteúdo e a diferença entre ambas, uma vez que é possível a existência de uma propriedade rural encravada em um centro urbano, o que, em tese, afasta um critério simples de localização geográfica.[48]

A localização é o critério previsto no Código Tributário Nacional, em seu artigo 29[49]. De outro lado, o Estatuto da Terra opta pela finalidade do imóvel, tal

---

42. AIRBNB CITIZEN. *Airbnb office of healthy tourism*. Disponível em: https://www.airbnbcitizen.com/office-ofhealthytourism. Acesso em: 17 jun. 2020.
43. ALVIM, 2014, p. 30.
44. No ano de 2020, Renan Lotufo, professor catedrático da Pontifícia Universidade Católica de São Paulo (PUC-SP) por longas décadas, faleceu vítima da tormentosa pandemia da COVID-19. Deixou um legado inigualável para o direito civil brasileiro e profundas pesquisas, que certamente guiarão os estudos de todos aqueles que veem no direito privado a bússola da atividade humana em sociedade.
45. LOTUFO, 2008, p. 100.
46. "A propriedade deve ser compreendida como uma contingência, resultante da evolução social; e o direito do proprietário como justo e concomitantemente limitado pela missão social que se lhe incumbe em virtude da situação particular em que se lhe encontra" (DUGUIT, 2009, p. 49).
47. A tese detém-se principalmente na questão proprietária em centros urbanos, estes mais afetados pelo conceito de acesso e pela economia de compartilhamento (temas centrais da pesquisa). Todavia, para a introdução ao tema e compreensão do âmbito de incidência da função social da propriedade, far-se-á algumas colocações a respeito das propriedades rurais, limitadas, apenas e tão somente, a um caráter introdutório.
48. PILATI, 2012, p. 49.
49. BRASIL. Código Tributário Nacional (1966). "Art. 29. O imposto, de competência da União, sobre a propriedade territorial rural tem como fato gerador a propriedade, o domínio útil ou a posse de imóvel por natureza, como definido na lei civil, localização fora da zona urbana do Município".

qual se verifica do artigo 4º, I[50]: "da coisa: exploração extrativa agrícola, pecuária ou agroindustrial, quer através de planos públicos de valorização, quer através de iniciativa privada"[51].

No âmbito da propriedade rural, as diretrizes fixadas pela Constituição Federal, pelo Estatuto da Terra e pelo Código Florestal outorgam importante clareza à função social da propriedade: promover o bem-estar daqueles que vivem e trabalham no imóvel rural; aproveitar racionalmente o solo; vedar a prática de atos atentatórios ao ecossistema e preservar os recursos hídricos. Não se olvide do dever constitucional de produtividade[52], sob pena de perdimento da área em favor da reforma agrária, autorizada pela Lei n. 8.629/1993.

Tratando-se das propriedades urbanas, desloca-se para o proprietário um dever concorrente de zelo urbanístico, de redução das desigualdades e da favelização e cinturões de pobreza comuns no crescimento desorganizado dos centros urbanos. Os instrumentos de promoção destas políticas públicas estão sob responsabilidade primordial do Estado, mas não apenas dele. O titular do domínio também a eles se submete quando pretende edificar, reformar ou alterar as condições de um imóvel, devendo fazê-lo à luz do Estatuto da Cidade, do plano diretor e das demais legislações municipais aplicáveis. Todavia, apenas municípios com mais de 20 mil habitantes estão obrigados a editar plano diretor, segundo o critério do artigo 182[53] da Constituição da República.

---

50. BRASIL. Lei n. 4.504/1964. "Art. 4º. Para os efeitos desta Lei, definem-se: I – "Imóvel Rural", o prédio rústico, de área contínua qualquer que seja a sua localização que se destina à exploração extrativa agrícola, pecuária ou agroindustrial, quer através de planos públicos de valorização, quer através de iniciativa privada";

51. O critério da destinação também foi adotado pela Lei n. 11.952/2009. Dispõe sobre a regularização fundiária das ocupações incidentes em terras situadas em áreas da União, no âmbito da Amazônia Legal; altera as Leis n. 8.666, de 21 de junho de 1993, e n. 6.015, de 31 de dezembro de 1973; e dá outras providências.

52. BRASIL. Lei n. 4.504/1964. "Art. 186. A função social é cumprida quando a propriedade rural atende, simultaneamente, segundo critérios e graus de exigência estabelecidos em lei, aos seguintes requisitos: I – aproveitamento racional e adequado; II – utilização adequada dos recursos naturais disponíveis e preservação do meio ambiente; III – observância das disposições que regulam as relações de trabalho; IV – exploração que favoreça o bem-estar dos proprietários e dos trabalhadores".

53. BRASIL. Constituição Federal (1988). "Art. 182. A política de desenvolvimento urbano, executada pelo Poder Público municipal, conforme diretrizes gerais fixadas em lei, tem por objetivo ordenar o pleno desenvolvimento das funções sociais da cidade e garantir o bem-estar de seus habitantes (Regulamento) (Vide Lei n. 13.311, de 11 de julho de 2016). § 1º. O plano diretor, aprovado pela Câmara Municipal, obrigatório para cidades com mais de vinte mil habitantes, é o instrumento básico da política de desenvolvimento e de expansão urbana. § 2º. A propriedade urbana cumpre sua função social quando atende às exigências fundamentais de ordenação da cidade expressas no plano diretor. § 3º. As desapropriações de imóveis urbanos serão feitas com prévia e justa indenização em dinheiro. § 4º. É facultado ao Poder Público municipal, mediante lei específica para área incluída no plano diretor exigir, nos termos da lei federal, do proprietário do solo urbano não edificado, subutilizado ou não utilizado, que promova seu adequado aproveitamento, sob pena, sucessivamente, de: I – parcelamento ou edificação compulsórios; II – imposto sobre a propriedade predial e territorial urbana progressivo no tempo; III – desapropriação com pagamento mediante títulos da dívida pública de emissão previamente aprovada pelo Senado Federal, com prazo de resgate de até dez anos, em parcelas anuais, iguais e sucessivas, assegurados o valor real da indenização e os juros legais".

Tem-se, portanto, duas perspectivas de concretização da função social da propriedade. Primeiro, no que diz respeito à propriedade rural, a partir das diretrizes traçadas no artigo 186[54] da Constituição de 1988 e concretizadas pelo Estatuto da Terra, pela Lei da Reforma Agrária e pelo Código Florestal, assim como legislações estaduais e municipais pertinentes. De outro lado, no que diz respeito às propriedades urbanas, as diretrizes partem do artigo 182 da norma Constitucional e vão se concretizando no Estatuto da Cidade e nos planos diretores, conforme as necessidades de cada município e considerando notadamente os grandes centros, maiores receptores populacionais advindos principalmente do histórico e progressivo êxodo rural.

Pelo que foi observado conforme os critérios balizadores da Constituição Federal, do Código Civil e das legislações especiais, a função social da propriedade pode ser concretizada em basicamente três raios de alcance: primeiro, na proteção de conteúdos tidos por difusos, como meio ambiente, proteção de reservas indígenas e urbanização planejada; segundo, como instrumento de concretização de direitos sociais como a moradia e o trabalho (neste ponto aproxima-se da função social da posse); por fim, por critérios de ordem econômica focados na exploração livre da coisa pela promoção de negócios, boa parte decorrentes da liberdade contratual.

Num primeiro raio, a função social da propriedade seria verificada sob a ótica que lhe é mais antiga e, por sua vez, mais abrangente. Uma titularidade que também tenha por conteúdo a proteção dos bens reconhecidamente coletivos, como emana do conteúdo da tutela ambiental, incluindo proteção da flora, da fauna, das águas, evitando a construção desordenada e a favelização. Dentro do raio mais difuso, a função social, por vezes, parece intangível, distante e tarefa exclusiva dos órgãos públicos, o que não se sustenta pelo teor na regulação de artigos como 182 e 186 da Constituição da República.

No segundo campo de concretude da função social da propriedade estão os direitos sociais, por isso, exerce a função social o proprietário que finca moradia, extrai seu sustento e desenvolve atividade produtiva no imóvel, isto é, atende demandas socioeconômicas importantes.

Por fim, a ideia da função social da propriedade é extraída justamente do fomento da função econômica da coisa, decorrente das relações negociais que permitam ao proprietário desempenhar atividades econômicas em um bem de sua titularidade, de modo a torná-lo acessível a um maior número de indivíduos, seja por instrumentos de locação, de prestação de serviços ou por contratos atípicos.

---

54. BRASIL. Constituição Federal (1988). "Art. 186. A função social é cumprida quando a propriedade rural atende, simultaneamente, segundo critérios e graus de exigência estabelecidos em lei, aos seguintes requisitos: I – aproveitamento racional e adequado; II – utilização adequada dos recursos naturais disponíveis e preservação do meio ambiente; III – observância das disposições que regulam as relações de trabalho; IV – exploração que favoreça o bem-estar dos proprietários e dos trabalhadores".

A função social da propriedade, segundo Arruda Alvim,[55] possui uma subfunção, a função social da posse, aquela que, embora não fixada na norma constitucional, excepcionalmente admitirá a relativização do direito fundamental de propriedade, como se depreende das hipóteses de usucapião (notadamente quanto às modalidades especiais para a redução de prazos na especial urbana, especial rural e na usucapião coletiva) e até da chamada desapropriação judicial posse-trabalho, figura inserida no artigo 1.228, § 4º e § 5º do Código Civil brasileiro. Esta relativização do direito proprietário em razão da função social da posse abre margem para importantes discussões, tema que será tratado na seção seguinte desta pesquisa.

4.3 FUNÇÃO SOCIAL DA POSSE

Segundo Raymond Saleilles, a posse expressa uma relação econômica concreta, isto é, a posse possibilita o acesso aos bens que atendem não apenas às necessidades individuais do sujeito, como também produzem vantagens para o bem comum. Exemplo disso seria o contato do homem com a terra, que lhe traz o aproveitamento do solo e transforma a natureza em proveito de todos.[56]

A posse tem sentido de consciência social e promove um exercício social, neste caso, quando desenvolvida na licitude, o que excluiria, por exemplo, um ladrão, que embora possa parecer dono perante a consciência social, fira o exercício salutar da posse, a quem, portanto, também não é dada a tutela processual da posse.

Assim, a função social da posse merece ser analisada a partir da posse, vez que esta é o primeiro passo para a apropriação de coisas e foi historicamente fundamental para que o ser humano se colocasse como ser vivente e convivente. A partir desta conclusão, Antonio Hernández Gil[57] estabelece duas premissas importantes: a posse surge do chamado espaço vital alimentício e do espaço vital de radicação. Isto é, a posse nasce do instinto de sobrevivência com o cultivo da terra e o estabelecimento da moradia.

No desenvolvimento das atividades humanas é que a posse se coloca, basta que para tanto seja retomada sua própria evolução no cenário jurídico brasileiro, atendendo às camadas mais vulneráveis, trabalhadores da terra, tidos, muitas vezes, à margem. A posse, para além de qualquer fundamentação que proponha a sua proteção do ponto de vista econômico, nasce do acolhimento do sujeito de direitos em sua dimensão personalíssima e social, como espaço para o trabalho, para a estabilização da família e da moradia.

---

55. ARRUDA ALVIM, 2014, p. 44.
56. MOTA, 2013, p. 16.
57. GIL, 1969, p. 155.

Por vezes, a função social da posse apresenta-se à vida real de modo muito mais palpável que a própria função social da propriedade[58], embora também guarde vagueza em seu sentido[59]. Sua concretude é extraível de figuras como a usucapião em modalidades especiais, a desapropriação judicial privada (ou usucapião posse trabalho) – figura inserida no artigo 1.228, § 4º, do Código Civil[60]. Também são os arranjos possessórios que fizeram emergir nos subúrbios, por exemplo, relações como a de laje, posteriormente transformadas em direito real muito mais conectado à propriedade. A propósito, este é o caminho da posse: a propriedade[61].

Relevante, pois, acrescentar que a função social da posse, nas inúmeras formas de concretização que serão apontadas à frente, repercute no acesso ao direito fundamental de propriedade. Acesso no sentido de alcançar o *status* proprietário e, com isso, garantir ao possuidor uma tutela em completude, que vise a sua condição existencial a partir de instrumentos capazes de reduzir as desigualdades socioeconômicas do país. Por esta razão também, a função social da posse guarda maior conexão com o direito à propriedade, previsto no artigo 5º da Constituição Federal, do que com a ideia de direito de propriedade como representação de direito real[62].

Este olhar da posse funcionalizada como estrutura de acesso remete à conclusão de que ao Estado é necessário garantir instrumentos que deem oportunidade à pessoa que viva em sociedade de condições minimamente dignas, valorizando sua moradia, seu trabalho e, enfim, o direito a um patrimônio mínimo[63].

Todavia, se o caminho da função social da posse é a propriedade e se o direito à propriedade é um direito fundamental, os instrumentos jurídicos relativos à matéria devem ser precisos, a fim de que a busca pela tutela de uns provoque ofensa a

---

58. "A função social da posse, porém, está em um plano distinto, pois a função social é mais evidente na posse e muito menos na propriedade, que mesmo sem o uso pode se manter como tal. O fundamento da função social da propriedade é eliminar da propriedade privada o que há de eliminável, ou seja, tem limitações fixadas no interesse público, com a finalidade de instituir um conceito dinâmico de propriedade. O fundamento da função social da posse, por sua vez, revela uma expressão natural da necessidade [...] Portanto, a função social do instituto da posse é estabelecida pela necessidade social, pela necessidade da terra para o trabalho, para a moradia, ou seja, para as necessidades básicas que pressupõem a dignidade do ser humano" (MOTA, 2013, p. 24-25).
59. "Função social da posse é também expressão vaga, conceito indeterminado ou norma vaga" (ALVIM, 2014, p. 22).
60. BRASIL. Código Civil (2002). "Art. 1.228 [...], § 4º O proprietário também pode ser privado da coisa se o imóvel reivindicado consistir em extensa área, na posse ininterrupta e de boa-fé, por mais de cinco anos, de considerável número de pessoas, e estas nela houverem realizado, em conjunto ou separadamente, obras e serviços considerados pelo juiz de interesse social e econômico relevante".
61. "Função social da posse deve desembocar no direito de propriedade, como o caso de usucapião, nas hipóteses acima" (ALVIM, 2014, p. 44).
62. Para aprofundar a noção de propriedade como acesso a bens, ver seção 6.2.
63. A respeito do acesso ao direito fundamental à propriedade, Luciano Camargo Penteado (2008, p. 165): "Todos necessitam de um lar, de uma lareira, do fogo dos antepassados para aquecer o lugar de repouso e estruturação de sua personalidade. Daí a fundamentalidade do direito à moradia e à presença de regras específicas no Código para tutelá-lo, a par de outros mecanismos políticos de sua implementação, como a usucapião, em particular nas suas modalidades especiais (CF 183 e 191 e na coletiva (ECid 10)".

4 • A CONSTITUCIONALIZAÇÃO DO DIREITO DAS COISAS **67**

direitos de outrem e violação à norma constitucional. Sobre a adequada valoração das posições jurídicas em jogo, vale destacar o estudo de Luiz Edson Fachin:[64]

> Para se fazer a inclusão social, permitindo acesso à titularidade de bens patrimoniais, tem que se fazê-lo dentro do direito vigente, ou procurar reformá-lo. Por isso, a importância do conhecimento dos institutos jurídicos correlatos ao direito à propriedade, notadamente, a usucapião e a desapropriação para fins de reforma agrária.

Em outros termos, na posse, muitas vezes, é possível verificar uma nascente da titularidade, que provoca o olhar do legislador a regular ou tipificar a condição dando-lhe o caráter real. Somente nestes termos regulados é que a função social da posse poderá se contrapor ao direito de propriedade, caso contrário, aproveitando a colocação de Luiz Edson Fachin, ao interessado caberá buscar a reforma do direito vigente.

A propósito, importante observar a evolução do direito real de laje, da concessão de uso de imóvel, do compromisso de venda e compra, que foram inseridos no rol a partir de impactos sociais muito mais vinculados à posse e suas limitações no que diz respeito ao exercício de direitos subjetivos.

No direito vigente, a posse qualificada por uma função social seguirá seu curso à propriedade conforme a legislação aplicável, cujos requisitos e efeitos variam a depender da natureza do imóvel: rural ou urbano.

O âmbito da função social da posse rural merece destaque em 1850 (Lei de Terras) e em 1964 (Estatuto da Terra), ambos mencionados nesta pesquisa. Os dois diplomas prestigiam aquele que trabalha a terra ou faça dela sua moradia, dando conteúdo para o exercício da posse. A Lei n. 6.383/1976, por sua vez, deu legitimação ao possuidor de terras públicas, desde que demonstrados: ausência de propriedade imobiliária rural, moradia permanente e cultura efetiva pelo prazo mínimo de 1 ano. Segundo Antonio Hernandez Gil, desde que comprovados o espaço vital alimentício e o espaço vital de radicação.

No contexto urbano, a usucapião especial, contida no Código Civil, artigo 1.240, reconhece a posse *ad usucapionem* àquele que utiliza como moradia área não superior a 250m² por cinco anos ininterruptos e sem oposição. É notável o aspecto axiológico da norma exaltando o valor constitucional da moradia. Nem se olvide da usucapião coletiva de imóvel urbano prevista no artigo 10 do Estatuto da Cidade[65], prevendo a aquisição da propriedade por grupos estabelecidos em núcleos urbanos informais, sem oposição há mais de 5 anos, cuja divisão dos terrenos não seja infe-

---

64. FACHIN, 2001, p. 292.
65. BRASIL. Lei n. 10.257/2001. "Art. 10. Os núcleos urbanos informais existentes sem oposição há mais de cinco anos e cuja área total dividida pelo número de possuidores seja inferior a duzentos e cinquenta metros quadrados por possuidor são suscetíveis de serem usucapidos coletivamente, desde que os possuidores não sejam proprietários de outro imóvel urbano ou rural (Redação dada pela Lei n. 13.465, de 2017)".

rior a 250 metros quadrados por possuidor e desde que este não seja proprietário de outro imóvel urbano ou rural.

Assim, o fundamento da posse e sua justificação passam a incorporar através dos tempos a centralidade da figura humana, direcionando a posição jurídica adequada para aquela que vislumbra mais do que valores patrimoniais, mas também aqueles atinentes ao trabalho, à moradia e ao desenvolvimento da família.[66]

Diversamente da função social da propriedade, a função social da posse não está expressa na Constituição da República, porém, sua interpretação é extraível para aquele que interpreta o Código Civil à luz da Carta Magna. Basta, para tanto, uma breve análise das alterações inseridas em 2002 comparadas ao Código Bevilácqua.

Nesta linha, Anderson Schreiber e Gustavo Tepedino[67] concluem:

> A posse, portanto, como exercício do direito de propriedade, justifica-se pelo desempenho de sua função social. Como expressão de atividade privada, exercida independentemente e em face do domínio alheio, justifica-se pela função social da livre iniciativa de seu titular, de acordo com os interesses de que é portador – habitação, trabalho, educação de seus filhos, formação da família – que deverão estar comprometidos, indissociavelmente, com a tutela da dignidade da pessoa humana.

Para José Manoel de Arruda Alvim,[68] a função social da posse deve ser compreendida como uma "subfunção" da função social da propriedade, devendo prevalecer nas hipóteses em que o proprietário for inerte ou não desempenhar a contento a sua primordial função.

Não há conclusão diversa que se possa extrair quando analisados os dispositivos do diploma civil pátrio. Em princípio, a perda e a aquisição da posse foram reconstruídas em seus conceitos quando comparadas ao texto legal de 1916. Um dos principais pontos está na redução dos prazos para usucapião[69], antes de 20 e 10 anos e, atualmente, de 15 e 10 anos, assim como a inserção da mencionada usucapião especial urbana, além da usucapião especial rural, prevista no artigo 1.239[70] atual e a inclusão de figuras como a usucapião coletiva no Estatuto da Cidade considerando preceitos socializantes. Mais uma vez, preceitos constitucionais de trabalho, solidariedade familiar e moradia são elencados para a funcionalização da posse.

---

66. TEPEDINO, 2006, p. 152.
67. SCHREIBER e TEPEDINO, 2002, p. 131.
68. ARRUDA ALVIM, 2014, p. 44.
69. "Em rigor, os casos em que se pode afirmar terem sido acentuadamente inspirados na função social da posse, estão nos arts. 1.228, § § 4º e 5º, 1.238, parágrafo único, e 1.242, parágrafo único do CC. A usucapião pode ser 'lida' hoje sob essa ótica, ao lado de inumeráveis outros fundamentos; os dos parágrafos únicos dos arts. 1.238, 1.242, estes sim, clara e mais acentuadamente, ligados à função social da posse, incluem à usucapião requisitos que, historicamente, tem sido estranhos a ela" (ALVIM, 2014, *e-book*).
70. Esta última hipótese admite a aquisição de imóvel rural de até 50 hectares, desde que o possuidor não seja proprietário de imóvel e esteja na posse ininterrupta e sem oposição por, ao menos 5 anos, desempenhando atividade produtiva e estabelecendo moradia.

Nesta esteira, sendo a posse um exercício vinculado a valores constitucionalmente protegidos, sua função social realmente é inquestionável, ainda que o constituinte tenha optado por não manifestá-la expressamente.

Ocorre, por vezes, situações em que a função social da posse prevalecerá sobre a função social da propriedade, na medida em que o sistema não prestigia o proprietário inerte. Contudo, caso não seja compreendido que a função social da posse decorre da função social da propriedade, a abrangência indiscriminada poderia gerar problemas de ilegalidade ou alegações de inconstitucionalidades. Ademais, uma vez compreendido que o sistema nacional encampou a teoria de Rudolf von Ihering, seria forçoso concluir que a posse se justifica em razão e para proteger o direito de propriedade, portanto, sua invocação para relativizar o domínio deveria ser sempre objeto de acurada análise.

Malgrado seja fundada a cautela, relevante ressaltar que a concretização da função social da posse se dá justamente pelo exercício de direitos fundamentais no mesmo patamar jurídico que o direito de propriedade, como a moradia, o trabalho e a família. Destarte, se o ordenamento assegura a propriedade e outros direitos fundamentais, mas o proprietário inerte deixa de fomentar a função social daquilo que lhe pertence, uma vez confrontado com os demais direitos fundamentais extraídos da função social da posse, ainda que exercida por outrem, não parece ser o caso de inconstitucionalidade, mas de conflito entre direitos fundamentais.

A propósito, há quem compreenda que a noção de posse antevista por Rudolf von Ihering, muito embora nasça a partir da propriedade, quando interpretada à luz da vanguarda avançada do domínio, precisa encarar bases axiológicas constitucionais e, portanto, ser reconhecida como bem jurídico autônomo.[71]

Há uma série de decisões no Tribunal de Justiça do Estado de São Paulo[72-73-74] em que é possível identificar autonomia da posse e sua função social frente à propriedade mal aproveitada.

---

71. TEPEDINO, 2006, p. 152.

72. Reivindicatória. Ausência de um dos requisitos essenciais da ação reivindicatória, a posse injusta do imóvel pelo réu. Função social da posse. Adquirente de boa-fé. Sentença de improcedência mantida. Provimento negado. BRASIL. Tribunal de Justiça de São Paulo. Apelação Cível 0009700-24.2003.8.26.0348; Rel. Caetano Lagrasta; Órgão Julgador: 8ª Câmara de Direito Privado; Foro de Mauá – 1ª Vara Cível; j. 27-02-2013; Registro: 07.03.2013.

73. Reivindicatória. Inadmissibilidade. Requerida que possui o imóvel, com *animus domini*, por mais de 10 anos (250 m²). Exceção de usucapião admitida e que homenageia a prova e a função social da posse. Não provimento, com determinação (aplicado o artigo 13, da Lei n. 10.257/2011). BRASIL. Tribunal de Justiça de São Paulo. Apelação Cível 1003778-78.2015.8.26.0278; Rel. Enio Zuliani; Órgão Julgador: 30ª Câmara Extraordinária de Direito Privado; Foro de Itaquaquecetuba – 3ª Vara Cível; j. 27.03.2018; Registro: 02.04.2018.

74. Apelação. Ação reivindicatória e indenizatória. Sentença de parcial procedência. Inconformismo da autora. Corretamente afastados os pedidos indenizatórios por fruição e eventual demolição da construção. Posse do réu, ao que tudo indica, foi de boa-fé. Terreno adquirido pela autora em 1988 e, desde então, abandonado. Ausência de demonstração de que o bem estava apto a gerar proveito econômico, senão pela função social a ele dada pelo réu, sem que a autora tenha demonstrado, ao menos até o ingresso com a presente ação, ter

Para além da análise jurisprudencial, o artigo 1.228, § 4º, do Código Civil guarda importante exemplo na aplicação da função social da posse. Do dispositivo, reconhecido na doutrina por instituto da desapropriação judicial privada ou usucapião posse-trabalho[75], extrai-se a filosofia por detrás da funcionalização, seja da propriedade, seja da posse. De um lado, pune o proprietário inerte, de outro, valoriza o possuidor que dá à coisa utilidade, de maneira a prestigiar os preceitos constitucionais.

Pela desapropriação judicial privada, será reconhecida a propriedade em favor de um considerável número de pessoas que tenham se estabelecido de boa-fé em extensa área, por pelo menos 5 anos, no local desempenhando obras e serviços de interesse econômico e social relevantes. Não se confunde com a usucapião coletiva porque prevê pagamento de indenização ao proprietário da área.

A análise crua da norma desperta atenção para alguns detalhes. Primeiro, embora esteja no capítulo da propriedade, é expressão clara da função social da posse. Segundo, ao inserir o requisito da boa-fé subjetiva o legislador buscou restringir os possuidores aptos a pleitear a desapropriação judicial privada, afastando, assim, grupos de baixa renda, sem tetos e ocupantes de áreas em movimentos sociais, que em regra, têm conhecimento da titularidade do imóvel. Terceiro ponto, o dispositivo traz consigo termos vagos, como "desempenho de obras e serviços de interesse social e econômico relevante", oferecendo maior grau de subjetividade na interpretação.

Por se tratar de um instituto inovador, a posse-trabalho é um conceito que engloba, basicamente, a ideia de uma posse qualificada ou aquela que exacerba o simples exercício de uma das faculdades do domínio e que, portanto, dá vida a uma concepção civil constitucional da propriedade. A figura vem muito associada ao drama das pessoas sem teto, sem terra ou em condições de extrema pobreza, o que acrescenta tintas fortes ao instituto.

Portanto, muito embora esteja alocada no capítulo que traduz os efeitos da propriedade, sua consequência prática é a sobreposição da função social da posse em detrimento do direito do proprietário.

No tocante à exigência de boa-fé e o problema das moradias irregulares, como, de fato, o instituto vem sendo utilizado pela jurisprudência na grande maioria das vezes, a interpretação rígida da letra da lei pode levar à sua absoluta inaplicabilidade,

---

tomado qualquer medida no sentido de proteção e conservação de sua propriedade. Construção realizada pelo réu que não gera dano à autora, pelo contrário. Recurso não provido. BRASIL. Tribunal de Justiça de São Paulo. Apelação Cível 0011865-45.2012.8.26.0278; Rel. Piva Rodrigues; Órgão Julgador: 9ª Câmara de Direito Privado; Foro de Itaquaquecetuba – 2ª. Vara Cível; j. 08.04.2020; Registro: 08.04.2020.

75. Maria Helena Diniz (2015, p. 231), Nelson Nery e Rosa Maria Andrade Nery (2009, p. 941), assim como Flávio Tartuce (2013, p. 132) e Marcelo Benacchio (2019, p. 1610) preferem utilizar-se da expressão desapropriação. Por outro lado, Arruda Alvim (2014, *e-book*) opta por usucapião.

na medida em que seja difícil tal prova na modalidade subjetiva, quando é conhecimento notório que, em grande maioria, o vício é conhecido pelos ocupantes[76].

De particular relevância a leitura de Miguel Reale[77] sobre a desapropriação judicial privada sopesando dois valores constitucionais, a propriedade e o trabalho:

> O conceito de "posse-trabalho" vem a dar mais amplitude a uma ideia que já consta do art. 171 da Constituição. Partindo do princípio constitucional, procura-se dar solução a um problema, mais comum do que se pensa, em todas as Unidades da Federação. Refiro-me à questão social que se configura quando centenas e até mesmo milhares de pessoas se estabelecem, com boa-fé, numa determinada gleba, nela integrando valores de seu trabalho e de suas economias para, depois, quando a terra já se acha fecunda pelo esforço criador dos possuidores, serem estes surpreendidos com uma ação reivindicatória proposta pelos legítimos donos. A situação é extremamente difícil, pois, se de um lado há o direito de propriedade, que a Constituição assegura, de outro, há o fruto do trabalho que a mesma Constituição proclama ser um dever social.

É sintomático que Miguel Reale não tenha contraposto posse e propriedade, mas trabalho e propriedade, isto é, valores constitucionais de estatura similar. Ou seja, se de um lado a função social da posse não está albergada expressamente; de outro, a sua compreensão como expressão da posse-trabalho, ou usucapião nas modalidades de usucapião especial urbana, rural e coletiva consideram não apenas o exercício fático, mas a posse qualificada, isto é, aquela que guarda consigo um valor constitucional tão caro quanto o direito de propriedade como a moradia, o trabalho e a família.

São figuras de direito privado que se alinham aos direitos fundamentais e cuja interpretação deve ocorrer à luz da norma constitucional, na medida em que referidos direitos têm para grande parte da doutrina, aplicação imediata. A propósito, um dos grandes pensadores do tema, Claus-Wilhelm Canaris,[78] compreende que os direitos fundamentais vigoram imediatamente sobre as normas de direito privado.

Em todas as hipóteses elencadas como vias claras de função social da posse, o legislador ordinário cria instrumentos interpretativos à luz dos direitos fundamentais. Portanto, não se trata de uma aplicação genérica pela qual a propriedade poderia estar sendo colocada abaixo da função social da posse, mas compreender que há uma norma vigente e constitucional autorizativa da perda do domínio a partir da concreta projeção humana para o centro das relações.

Não seria adequado o raciocínio que outorgasse à função social da posse poderes para desconstituir o direito de propriedade para além das hipóteses previstas em lei, quando a propriedade for direito subjetivo exercido com ânimo ativo e socializante do titular frente a ocupações ilícitas, ou de má-fé.

---

76. Gustavo Tepedino (2005, p. 160) sugere uma leitura ampliada da boa-fé subjetiva no caso do artigo 1.228, § 4º, sob pena de tornar inaplicável o instituto na prática.
77. REALE, 1972, p. 18.
78. CANARIS, 2016, p. 36.

Contraposto com a posse qualificada, o direito de propriedade sobre o qual não se verifica o exercício da função social. Neste caso, a posse deve se sobrepor, sem que isso descambe para uma instabilidade proprietária, desde que, frise-se, nas hipóteses de acesso à titularidade pelas vias legais.

Assim, o acesso promovido pela função social da posse é aquele que consagra o direito fundamental à propriedade, mas este mesmo termo (acesso) tem sido utilizado para justificar mais do que uma forma de funcionalizar a posse. Ele tem sido utilizado também para fundamentar o estudo dos chamados bens comuns, conforme se verá a seguir.

4.4 BENS COMUNS: O PRÓXIMO PASSO APÓS A FUNÇÃO SOCIAL DA PROPRIEDADE

Os bens comuns, também conhecidos por *commons* na doutrina estrangeira, surgem como uma nova categoria que, para além da propriedade privada e pública, buscam fundamentar o acesso a determinados tipos de bens tidos por fundamentais para a coletividade, porém, em sentido tão amplo, que invocam fundamentos transgeracionais, isto é, a teoria dos bens comuns tem por conclusão que há bens (materiais e imateriais) que merecem ser especialmente tutelados, porque fundamentais ao desenvolvimento e à proteção das futuras gerações.

Chegar aos fundamentos dos *commons* exige a compreensão da função social da propriedade, assim como a da posse, responsáveis por progressivas e importantes alterações no mundo das titularidades e no direito das coisas. Ao mesmo tempo, implica em importante desafio, porque se a corporeidade integra o conteúdo da propriedade como direito real, os bens comuns rompem essa barreira conceitual para incorporar patrimônio histórico, cultural e ecológico, por exemplo.

Historicamente, o verbo ter (no sentido de propriedade) esteve conectado a poder no jogo político e econômico, fundamentalmente em torno das coisas corpóreas e de forma individualizada. Mesmo no clássico modelo medieval, sempre lembrado pelo caráter comunitarista, o domínio efetivo da coisa estava nas mãos da igreja, dos imperadores e dos senhores feudais; o compartilhamento às demais camadas da população restringia-se, no mais das vezes, ao domínio útil.

O liberalismo se emancipa das amarras feudais, se sustenta no conceito de propriedade absoluta e individual, agora para justificar novas formas de poder, até emergir a função social da propriedade como elemento transformador, centralizando o debate dos interesses metaindividuais.

O estado social, ademais, aparou arestas de dois radicalismos políticos, seja de um lado os excessos liberais, seja de outro a filosofia socialista.[79-80] Com esta teoria,

---

79. ORRUTEA, 1998, p. 107.
80. "Não há aqui uma preocupação dirigida apenas e tão somente ao direito individual, ou em contraposto, uma preocupação dirigida a prevalecer apenas o interesse coletivo, social. Há sim uma conjunção em que

4 • A CONSTITUCIONALIZAÇÃO DO DIREITO DAS COISAS

encabeçada por Léon Duguit, tornou-se possível a convivência entre capitalismo sem descuidar da coletividade, estabelecendo freios ao uso opressor do poder econômico, ao mesmo tempo em que estimulada a iniciativa privada.

Nesta senda, Léon Duguit[81] prepara o terreno para alterar o paradigma do individualismo e elevar os holofotes à solidariedade social. O homem, como um componente de um grupo, deve trabalhar sua individualidade também em prol do equilíbrio geral como técnica de fortalecimento do grupo: "a sociedade apresenta-se tanto mais forte, quanto mais estreitos forem os laços de solidariedade entre seus integrantes".

A teoria de Léon Duguit[82] é fundamental para compreender como se chegou ao pensamento que sustenta os bens comuns, porque desconecta da propriedade o seu traço mais absoluto e propõe uma guinada na leitura coletiva. Segundo o autor, o proprietário, porque tem direito de sê-lo, deve uma retribuição à sociedade, mantendo seu patrimônio, cuidando para que as riquezas sejam adequadamente empregadas:

> [...] el propietario, es decir, el poseedor de una riqueza tiene, por el hecho de poseer esta riqueza, una función social que cumplir; mientras cumple esta misión sus actos de propietario están protegidos. Si no la cumple o la cumple mal, si por ejemplo no cultiva la tierra o deja arruinarse su casa, la intervención de los gobernantes es legítima para obligarse a cumplir su función social de propietario que consiste en asegurar el empleo de la riqueza conforme a su destino[83].

Garantir o emprego adequado das riquezas, este seria o propósito elementar da função social da propriedade. Ocorre que, com a evolução tecnológica, o proprietário e o possuidor não se restringem às coisas corpóreas. Sabe-se que bens imateriais hoje formam boa parte do patrimônio das empresas mais valiosas do mundo. Seriam suficientes os paradigmas firmados por Léon Duguit frente aos novos dilemas da humanidade? Dentre eles, a escassez dos recursos naturais, o surgimento de novas doenças (inclusive pandêmicas), as complicações relacionadas a patentes sobre vacinas e medicamentos e o direito ao acesso à água potável e ao saneamento básico. A busca por algumas respostas envolve também a busca pela categoria jurídica capaz de incorporar o sentido de riqueza para o mundo atual. Quem são os titulares do direito à proteção da humanidade no longo prazo? Como garantir que determina-

---

se possibilita a convivência de ambos juntos. Visa-se, então, a preservação do direito individual, não se lhe aplicando extinção, porém com olhos voltados para o social. É a partir dessa premissa que se funda o compromisso assumido pelo direito de propriedade no Constitucionalismo Social, o qual tem como mérito a gênese de um princípio basilar que acompanha grande parte do constitucionalismo que lhe vem na esteira. É a inauguração do princípio da função social da propriedade" (ORRUTEA, 1998, p. 108).

81. DUGUIT, 2009, p. 41.

82. Idem, p. 238.

83. Tradução livre: "[...] o proprietário, ou melhor, o possuidor de uma riqueza tem, pelo fato de possuir esta riqueza, uma função social para cumprir; uma vez cumprida a função social, seus atos de proprietário estão protegidos. Se não a cumpre ou a cumpre mal, se, por exemplo, não cultiva a terra ou deixa que se arruíne sua casa, a intervenção dos governantes é legítima para obrigar-se a cumprir sua função social de proprietário que consiste em assegurar o emprego da riqueza conforme o seu destino".

dos bens atendam à coletividade em sentido ainda mais profundo do que a função social propõe?

Justamente a estas respostas que Everilda Brandão Guilhermino (2018), em trabalho intitulado "A tutela das multititularidades" pretende buscar um aprofundamento conceitual nos limites do direito de propriedade. Em outras palavras, admitida a tese da função social como uma especial ruptura do sistema proprietário até então vigente e, portanto, a quebra da antiga dicotomia público-privado, também dever-se-ia concluir que há bens e coisas que não podem mais pertencer a um único titular (seja público ou privado), porque representam interesses coletivos, possuem titulares múltiplos e assim devem ser reconhecidas e reguladas: em prol da humanidade.

Portanto, a função social vai aos poucos sedimentando o terreno para uma crescente consciência coletiva e despertando debates transindividuais relacionados ao acesso a bens de titularidade compartilhada e que cuidam de "um interesse que, não obstante estabelecido pelo Estado, não lhe pertence".[84]

Estes são chamados bens comuns, que para uma parcela importante da doutrina referem-se a um ponto avançado da função social da propriedade. Um degrau a mais que se permite o sistema jurídico para que o desenvolvimento econômico e tecnológico não se faça em desfavor da capacidade das riquezas naturais, hoje em estado crescente de privação. Segundo Everilda Brandão Guilhermino,[85] a percepção destes valores coletivos provoca uma "revolução larga e difusa proporcionada pelos bens comuns fundada numa conexão intensa entre pessoa e o mundo externo".

Conceituar bem comum para a finalidade que se propõe tem suas dificuldades, porque é um conceito demasiadamente amplo, cujos riscos de esvaziar-se por falta de concretude remetem a preocupações já levantadas quanto à própria função social da propriedade. Ligado essencialmente a traços solidaristas e difusos, o bem comum envolve a proteção do patrimônio cultural, ambiental, intelectual e de bens que fogem à esfera do conceito de propriedade[86].

Stefano Rodotà[87] não propõe uma definição, mas uma reflexão sobre como identificar um potencial bem comum:

> I beni comuni possono essere definiti partendo dalla considerazione che essi si caratterizzano per l'appartenenza collettiva e la sottrazione alla logica totalizzante del mercato e della concorrenza, riguardando propriamente i beni materiali e immateriali indispensabili per l'effettività

---

84. PIVA, 2000, p. 27.
85. GUILHERMINO, 2018, p. 63.
86. "Há uma tendência natural de manter afastadas do Código toda propriedade que não seja corpórea e que não seja dotada de valor econômico, tal como se deu com a propriedade intelectual e com o direito ambiental que ainda são regulados em legislação extravagante [...]" (GUILHERMINO, 2018, p. 81).
87. RODOTÀ, 2018, p. 36-37.

dei diritti fondamentali, per il libero sviluppo della personalità e perché siano conservati anche nell'interesse delle generazioni future[88].

Os bens comuns, também chamados *commons* na doutrina anglo-saxã, são por esta definidos "um recurso compartilhado por um grupo de pessoas e que frequentemente é vulnerável a dilemas sociais".[89] Note a utilização da palavra "recursos" e não "coisas" justamente como medida de incorporação das coisas materiais e imateriais alcançadas pelos *commons*.

É preciso atentar para o fato de que o conceito de bens comuns não se confunde com a ideia de copropriedade, isto é, a noção de bem comum relacionada aos chamados *commons* é apartada da noção de condomínio para a linguagem jurídica, conforme observa Miguel Said Vieira (2014, p. 4), uma vez que o conceito de bens comuns aproxima-se da figura romana de *res communes*, ou seja, aquela propriedade por todos exercida sobre as quais estava impedida a apropriação privada, a exemplo dos mares e do ar.

Sob o ponto de vista terminológico, Miguel Said Vieira (2014, p. 5) verifica aspectos importantes, porque não existe tradução equivalente para o português. Já no idioma inglês, socorrem-se da expressão *commons* para designar práticas de compartilhamento, decorrente, inclusive, de expressões medievais britânicas para o compartilhamento de terras[90]. A expressão, com o transcorrer do tempo, foi sendo associada na língua inglesa a espaços públicos como praças e parques. É usada ainda hoje mesmo nas hipóteses em que designa compartilhamentos no âmbito dos meios digitais.

Por outro lado, no idioma português, não se verifica a mesma origem etimológica. Miguel Said Vieira chega a apontar o termo *baldio*, que no francês é *communal* e no espanhol é *procomún*, como uma possível tradução dos *commons*, todavia, adverte para a conotação pejorativa de local abandonado sugerida pela expressão. Ademais, não há nas experiências de compartilhamento da antiguidade palavras em português que tenham envelhecido com o significado tão conservado como ocorreu na hipótese dos *commons* para o inglês[91].

---

88. Tradução livre: "Os bens comuns podem ser definidos partindo da consideração que se caracterizam pela apropriação coletiva e a redução da lógica totalizante do mercado e da concorrência, relacionando propriamente os bens materiais e imateriais indispensáveis para a efetividade dos direitos fundamentais, para o livre desenvolvimento da personalidade e porque são conservados em interesse das futuras gerações".

89. Ostrom Workshop, HESS & OSTROM apud VIEIRA, 2014, p. 2.

90. Miguel Said Vieira (2014, p. 6) ainda faz uma interessante conexão com o termo plebeu em inglês, que nada mais era do que *commoner*: "Ora, no medievo britânico, quem fazia uso destas práticas de compartilhamento eram justamente os plebeus; *commoner*, aí, assume o duplo sentido de 'pessoa sem título de nobreza', e de 'membro da comunidade dos bens comuns'. Isso não é mera coincidência: a condição dos plebeus impunha, por um lado, a necessidade de compartilhar entre seus pares os parcos meios de reprodução disponíveis (por conta da pobreza material em que viviam); e, por outro lado, de fazer certos usos de coisas que, nominalmente eram propriedades dos senhores feudais".

91. Miguel Said Vieira (2014, p. 66) busca na história do idioma termos como faxinal, rossio, compáscuo, terras libertas, entre outras expressões, hoje em total desuso, o que dificulta sobremaneira a utilização como tradução de *commons* no português.

Diante da dificuldade da tradução perfeitamente aplicável, a doutrina brasileira tem optado pela expressão bem comum, tal qual será utilizada neste trabalho, muito embora não esteja isenta de críticas uma vez que a expressão colocaria ênfase na palavra bens em detrimento do aspecto do compartilhamento. Neste sentido, Ulrich Brand[92] alinhava pontos pertinentes: "la traducción de la palabra inglesa commons como bienes comunes muestra la propensión a concebir el mundo en función de los bienes útiles y por lo tanto económicamente utilizables y negociables"[93].

A despeito das críticas, a expressão parece ter ganhado aceitação relevante, uma vez que é utilizada por diversos pesquisadores como Gustavo Tepedino (2019), Pablo Renteria e Marcus Dantas (2016), Everilda Brandão Guilhermino (2018) e, mesmo na Itália, por Stefano Rodotà (2013) na expressão *beni comuni*.

Se a propriedade que importa essencialmente ao direito das coisas é aquela corpórea, materializada, os bens comuns questionam estas fronteiras em um mundo cujos patrimônios têm migrado para o virtual, mas que também incorporam a cultura, o meio ambiente equilibrado, o mundo digital, os aspectos sociais e organizacionais em uma comunidade[94]. Segundo informações divulgadas pela *BrandFinance* em um infógrafo do *HowMuch*, as três marcas mais valiosas do mundo em 2020 são respectivamente Amazon, Google e Apple[95] – as três trabalham basicamente no mundo dos dados e da tecnologia.

A ampliação das categorias de pertencimento seria uma necessidade diante das múltiplas e distintas formas oferecidas pelo mundo contemporâneo. Talvez, a própria concepção de direito das coisas no lugar de direitos reais abra margem para esta possibilidade, já que admitiu o enquadramento paralelo da posse.[96]

---

92. BRAND, 2008, p. 307, apud VIEIRA, p. 9.
93. Tradução livre: "a tradução da palavra em inglês *commons* como bens comuns mostra a propensão a conceber o mundo em termos de bens úteis e, portanto, economicamente utilizáveis e negociáveis".
94. A pesquisadora Silke Helfrich adverte que não há como limitar o conteúdo dos bens comuns e que, por infelicidade, eles são muito mais notados na ausência do que na presença, isto é, nota-se a falta na organização social e progresso dos indivíduos quando, muitas vezes, parece tarde demais. Para a autora, os bens comuns estão em toda parte e disso se extrai a dificuldade de categorização: "Mesmo sem uma definição prática e universal do termo, podemos nos perguntar sobre o que todos os *commons* têm em comum. A resposta nos revela o que a defesa da diversidade biológica tem em comum com a luta pelo *software* e *hardware* livres. Mostra que a luta em torno do acesso ao conhecimento e à cultura na essência é igual à luta pelo acesso à água ou contra as mudanças climáticas. Resumindo, a ideia dos bens comuns nos permite ligar todos os elementos que formam o conjunto". HELFRICH, Silke. *Bens comuns*: o novo conto do século XXI. O presente texto corresponde a um discurso proferido em língua inglesa pela autora em 29 de setembro de 2009, por ocasião da abertura do World Commons Forum em Salzburg, na Áustria. Disponível em: https://commonsblog.files.wordpress.com/2009/12/bens-comuns-novo-conto.pdf. Acesso em: 13 ago. 2020.
95. INFOMONEY. *Este gráfico mostra as 100 marcas mais valiosas do mundo em 2020*. No topo do ranking estão marcas bastante conhecidas, como a Amazon (US$ 221 bilhões), o Google (US$ 160 bilhões) e a Apple (US$ 141 bilhões). Por: Anderson Figo. Publicado em 23 fev. 2020. Disponível em: https://www.infomoney.com.br/consumo/este-grafico-mostra-as-100-marcas-mais-valiosas-do-mundo-em-2020/ Acesso em: 14 jun. 2020.
96. GUILHERMINO, 2018, p. 81.

4 • A CONSTITUCIONALIZAÇÃO DO DIREITO DAS COISAS

Para além das coisas corpóreas, um dos emblemáticos exemplos de bem comum é o desenvolvido através das chamadas *Creative Commons*, licenças públicas gerais concedidas para facilitar a divulgação de obras por seus autores sem que tenham que se preocupar com as dificuldades legislativas e até mesmo o conflito de normas eventualmente existente em um país e outro. Por este tipo de licença, o autor da obra cultural prescinde de documentação complexa ou da obrigatoriedade de reiteradas autorizações, abrindo mão de direitos sobre as obras que assim desejar e viabilizando a disseminação gratuita de seu material ao redor do mundo, que se tornam automaticamente passíveis de cópia, redistribuição e modificação, desde que sem fins lucrativos.

O Brasil foi pioneiro no assunto em 2002 e, ao final da primeira década de projeto, mais de 50 países já haviam aderido ao sistema. Foram 500 milhões de obras licenciadas,[97] tudo com o intuito de democratizar o conhecimento e dar destaque à noção de que a propriedade intelectual pode se expandir para além do que sua indústria propõe. Não se trata de quebra de patentes ou de uma obrigatoriedade aos produtores de marcas e patentes, conteúdo artístico, educacional e cultural, mas uma opção que entrega um acesso maior a referido conteúdo.

Sob o ponto de vista do direito público, a noção acaba concretizando deveres do Estado previstos na Constituição visando promover a cidadania e reiterando que o Poder Público deve garantir o acesso à educação e à cultura. No caso particular das licenças gerais dos *Creative Commons*, um dos enfoques do anunciado direito de acesso e, portanto, dos bens comuns.

Deste contexto é possível extrair a ideia de que os bens comuns são um passo para além da função social, atribuindo uma noção de solidariedade como um princípio constitutivo da convivência. Os bens comuns, portanto, conectam as relações proprietárias em todos os seus enfoques, seja no direito das coisas, seja para além dos bens corpóreos à luz dos direitos fundamentais:[98]

> Proiettata su scala globale, come ormai accade, la relazione tra diritti fondamentali e beni comuni si presenta come una decisiva opportunità per affrontare la questione essenziale di uno 'human divide', di una diseguaglianza radicale che incide sulla stessa umanità delle persone, mettendo in discussione la dignità e la vita stessa[99].

Não se trata de ignorar, ou "voltar a página", como diria Stefano Rodotà[100] em tudo que se tem sobre o direito de propriedade e sua evolução até aqui, mas de

---

97. BRANCO; BRITO, 2013, p. 19.
98. RODOTÀ, 2013, p. 498.
99. Tradução livre: "Projetada sob escala global, como acontece agora, a relação entre direitos fundamentais e bens comuns se apresenta como uma oportunidade decisiva para enfrentar a questão essencial de um *human divide*, de uma desigualdade radical que incide sobre toda a humanidade, colocando em foco a dignidade e a própria vida".
100. "è indubbio che oggi dobbiamo fronteggiare problemi tipici di una fase in cui le due diverse dimensioni quella unitaria e quella della molteplicità, visivilmente convivono" (RODOTÀ, 2013, p. 54). Tradução livre:

reconhecer a autonomia da propriedade comum como merecedora de uma ou mais regras próprias.[101]

Assim, a concepção de bem comum como uma categoria independente visa proteger um patrimônio às gerações atuais e futuras sob a batuta de valores constitucionais, principalmente porque os sujeitos, embora protegidos em sua individualidade, não são concebidos individualmente.[102]

Outrossim, há o entendimento de que sozinha, a noção de propriedade pública, segundo parâmetros de solidariedade e igualdade, não tem alcançado suficientemente a tutela dos direitos fundamentais, provocando a necessária construção de uma categoria jurídica própria, reconhecida pelos *commons*.[103]

Para Ugo Mattei,[104] o reconhecimento deste *status* permite a construção de um imaginário em que o individual consiste no direito de que todos acessem e gozem dos bens tidos por comuns e das relações sociais comunitárias. Neste contexto, a liberdade não se confunde com o apetite insaciável da acumulação de patrimônio e propriedade, que refuta em colocar esta última como centro do sistema.

Nesta esteira, comumente relacionados à tutela do meio ambiente, os bens comuns fogem ao estrito olhar público ou privado, uma vez que não pertenceriam exclusivamente nem ao Estado e nem ao particular. Paulo Lôbo[105] acrescenta:

> A Constituição alude a "bem de uso comum do povo". Qual o significado dessa expressão? Não é certamente coisa material, ou mesmo de coisa imaterial. Tampouco é de objeto de direito subjetivo. Significa bem jurídico de natureza não econômica e não patrimonial, que está acima das pessoas, das coletividades e das coisas, para manutenção das condições essenciais de vida em cada parte da Terra. Não se confunde, por outro lado, com o sentido estrito de uso comum, que se inclui no domínio do ente federativo (praça, praia, rua, via pública etc.), segundo classificação adotada pelo Código Civil (art. 99). O meio ambiente não integra o domínio público estatal. Não é, portanto, "bem público". Nem bem particular.

O argentino Ricardo Lorenzetti também defende a categorização especial de coisas comuns dentro da disciplina do direito de propriedade, sobre cuja proteção recairiam ações difusas e não petitórias.[106] Em seu trabalho em direito ambiental, aponta algumas características de bens tido por coletivos, cuja titularidade escapa aos entes estatais ou privados.

A primeira característica destas coisas comuns (coletivas) mencionadas por Ricardo Lorenzetti envolve a indivisibilidade entre os titulares. Segunda, devem ser desenvolvi-

---

"não há dúvida de que hoje temos que enfrentar problemas típicos de uma fase em que as duas dimensões diferentes se unem, a do unitário e a da multiplicidade, ambas coexistem visualmente".

101. RODOTÀ, 2013, p. 54.
102. MATTEI, 2011, p. 49.
103. LUCARELLI, 2018, p. 62-63.
104. MATTEI, 2011, p. 49-50.
105. LÔBO, 2020, e-book.
106. LORENZETTi, 1998a, p. 565.

dos mecanismos de promoção do uso comum e sustentável. Terceira, seria admitida a exclusão de determinados grupos, portanto, direitos subjetivos oponíveis *erga omnes*. Quarta, deve receber *status* normativo com qualificação objetiva. Quinta, deve haver ampla legitimação para ações coletivas e difusas com prioridade para ações de prevenção e precaução. Ricardo Lorenzetti[107] ainda afirma que as indenizações decorrentes de danos aos bens pertencentes à coletividade deverão sempre se dar por patrimônio de afetação.

Duas características despertam particular atenção (a quarta e a última). Na noção de bens coletivos, para Ricardo Lorenzetti, é fundamental o reconhecimento de uma categoria normativa própria. A conclusão vai ao encontro das posições de Stefano Rodotà e Ugo Mattei anteriormente colocadas. Dada a tipicidade dos direitos reais, o argentino defende que este bem coletivo seja reconhecido por lei para que a eficácia da tutela não se esvazie. Por fim, a compreensão de que não pertencem nem à esfera pública, nem à privada, mas à social, "una relación entre los bienes transindividuales y los sujectos"[108], uma posição jurídica própria e *sui generis*[109].

A teoria dos bens comuns é de extrema vanguarda, concebendo a possibilidade de uma autonomia global, um pacto social na proteção da humanidade, mas é inovadora também porque tira do lugar comum bens imateriais como o ecossistema, a cultura, a história e a ciência normalmente protegidos pelo poder público, portanto, pertencentes ao Estado. Existe, por isso, uma base filosófica que atribui verdadeiro sentido coletivo a determinados recursos de maneira que a função social da propriedade não é suficiente, tampouco a proteção conferida aos bens públicos[110].

A propriedade torna-se uma via de exercício da cidadania, atingindo um degrau ainda mais elevado, para além da função social. Assim, os bens comuns seriam aqueles que, por vocação natural e econômica, além da propriedade que tendencialmente era do Estado ou das instituições públicas, passam a pertencer à coletividade, isto é, a todos os cidadãos.

Por esta razão, Alberto Locarelli[111] entende que, a despeito da absoluta falta de regulamentação da figura, não há dúvidas de que os bens comuns identificam-se através da "percezione diffusa che quel bene debba soddisfare esigenze collective" e isso extrapola a lógica do regime proprietário por si só[112].

---

107. LORENZETTI, 1998b, p. 8-12.
108. Idem, p. 9-11.
109. Tradução livre: "uma relação entre os bens transindividuais e os sujeitos".
110. Indo além, o conceito de bens comuns pode até mesmo interferir em políticas de privatização, por exemplo, sobre parques públicos, reservas ambientais e museus, por respeito à coesão econômico-social, à sustentabilidade ambiental, à justiça social, sem romper com as pressões do mercado financeiro e multinacionais (LOCARELLI, 2018, p. 64).
111. LOCARELLI, 2018, p. 66.
112. Tradução livre: "percepção difusa de que o bem deve satisfazer as exigências coletivas". O autor ainda menciona: "Non si è in presenza, di fato, di un bene demaniale o patrimoniale dello Stato, o comunque di un bene riconducibile all'instituzione pubblica, mas, si, à in presenza, invece, di uma res communis omnium, che, al di là del título di proprietà, è caracterizzata da una destinazione a fini di utilità generale; si è in presenza di um bene orientato al raggiungimento dela coesione econômico-sociale e territoriale

Uma vez identificada na propriedade a vocação de bem comum, seria necessário desenvolver políticas públicas capazes de estimular uma cidadania ativa fundada não no título proprietário, mas no conceito de interesse público, renunciando à lógica exclusivista para uma lógica de acesso e fruição. Neste contexto, o poder público ora deverá agir na condição de gestor, ora na condição de ente regulatório, ora de controlador.

Portanto, os bens comuns surgem na literatura jurídica como o próximo degrau após a função social, recaindo sobre bens em que for reconhecida a insuficiência da teoria de Léon Duguit. Ou seja, os *commons* propõem uma perspectiva universalista pela qual a propriedade transfere-se de algum modo do sujeito individual para o sujeito coletivo: se antes o proprietário deveria zelar pela coisa, nos bens comuns este dever é de todos[113].

Regulamentar e reconhecer os bens comuns como uma categoria jurídica própria e complementar à função social da propriedade significa um reforço à linguagem civil-constitucional, uma vez que acaba por expandir os efeitos da titularidade em tutelas como a da saúde, do meio ambiente, do trabalho, da ciência, das artes, sob a égide da dignidade humana e consolidação dos desígnios de justiça social e solidariedade expressos pela Constituição da República.

A teoria dos bens comuns, por implicar em importante quebra de paradigma, merece um estudo aprofundado, que extrapola os limites desta pesquisa. Todavia, conclui-se que sua regulação e reconhecimento pode consolidar mais uma forma de acesso à propriedade como direito fundamental e denota que o conceito proprietário permanece em franca construção.

Novos conflitos sociais exigem novas construções teóricas e, assim como os bens comuns, chamam atenção para a necessária criação de uma consciência coletiva acerca de determinados bens indispensáveis à sobrevivência da espécie humana. As relações negociais também têm apresentado mecanismos e instrumentos a partir da autonomia privada que impactam o rígido sistema das propriedades: o acesso e o compartilhamento serão fruto destes novos modelos de transmissão e de modificação do domínio. Os desafios da aproximação entre os direitos reais e pessoais serão apresentados no próximo capítulo, em busca de um ordenamento jurídico que dê conta das angústias e das necessidades da população contemporânea.

---

e al soddisfacimento di diritti fondamentali" (LOCARELLI 2018, p. 66). Tradução livre: "Não se está na presença, de fato, de um bem público ou de titularidade do Estado, ou qualquer hipótese de um bem atribuível à instituição pública, mas ao contrário, está-se na presença de uma *res communis omnium*, que além do título de propriedade é caracterizada por uma finalidade de utilidade geral; está-se na presença de um bem orientado à realização de uma coesão econômico-social e territorial e à satisfação dos direitos fundamentais".

113. Embora não trate do conceito de bens comuns, Luciano Camargo Penteado (2008, p. 165) critica a ideia de bens de titularidade coletiva, afirmando que há um risco real de bens de todos, ao final, serem bens de ninguém. O autor afirma que a individualização da propriedade estimula a sua melhor exploração econômica.

5
AUTONOMIA PRIVADA: A INCIDÊNCIA DA NEGOCIAÇÃO EM ESPAÇOS DE HISTÓRICA RIGIDEZ

5.1 AUTONOMIA DA VONTADE E AUTONOMIA PRIVADA

Muito se fala no espaço da autonomia dentro da disciplina dos negócios jurídicos, menor, todavia, é o seu contexto na disciplina dos direitos reais. Parte-se da etimologia, antes de qualquer aprofundamento, pelo que autonomia vem do grego, com a junção de *auto* (de si mesmo) com *nomos* (lei), isto é, aquele que estabelece a própria lei.

Portanto, a ideia de autonomia reflete um poder de autorregramento, capacidade de autodeterminação, um espaço outorgado ao sujeito a fim de que ele próprio decida as relações que pretende estabelecer e com quais características pretende que elas se desenvolvam, isto é, "o poder de modelar por si – e não por imposição externa".[1] A ideia, cujas origens marcantes remetem à Revolução Francesa, se espalha por todo o sistema privado.

A autonomia, portanto, reside na liberdade de escolha do cidadão de como pretende seguir sua vida, enquanto o espaço para seu exercício atinge os direitos das relações jurídicas constituídas, por exemplo, pela propriedade e pelo contrato[2], situando-se no exercício da regulação individualizada dos interesses. Um espaço sobre o qual a intervenção estatal não poderia oferecer ingerência.

Nestas circunstâncias, o elemento volitivo ganha tamanha importância que se equipara à lei. Não por um acaso, a expressão "o contrato faz lei entre as partes", decorrente do *pacta sunt servanda*, era, antes de tudo, um apelo liberal pela segurança jurídica, pela certeza de que o juiz, como representante do Estado, não mudaria os termos de um negócio.

É assim que surge a expressão autonomia da vontade, que exprimia um absolutismo da manifestação volitiva no âmbito dos negócios jurídicos e no âmbito da propriedade, nascida antes mesmo da lei e sustentada no ideal de liberdade, por

---

1. ROPPO, 2009, p. 128.
2. Todos os ramos do direito privado trabalham a incidência da autonomia em maior ou menor medida, contudo, esta tese limitar-se-á, ao contexto em que se encontra inserido, portanto, propriedade e contrato.

isso vinculado indissociavelmente à economia de mercado. Por esta interpretação, ao Estado só era dado interferir se fosse na intenção de assegurar a liberdade de concorrência.[3]

A teoria da autonomia da vontade decorre, porém, de duas delicadas situações, absolutamente contrapostas. De um lado, havia a ideia de que sempre predominava a vontade essencial das partes, ainda que distinta da vontade declarada. De outro lado, um sistema diverso, "que faz prevalecer a vontade, mesmo fictícia, que se infere da declaração".[4]

Na doutrina, as teorias foram associadas respectivamente a dois países. Enquanto a teoria da vontade seria nítida na análise francesa, muito em razão do maior apego a nuances de foro íntimo e exaltação das liberdades individuais, os alemães foram associados à teoria da declaração, sob o fundamento de que esta exprime maior segurança jurídica e melhor atenderia aos aspectos sociais[5]. Esta é a visão mais rasa, segundo a análise de Antônio Junqueira de Azevedo,[6] na medida em que o Código Civil francês é anterior à própria teoria da vontade. Portanto, seria equivocado dizer que já se fundava nesta ideologia. Por outro lado, o BGB também não adota completamente a teoria da declaração, tendo feito concessões à teoria da vontade.

Emilio Betti refutou a vontade como elemento essencial na criação de um negócio jurídico, sob o argumento de que se trata de fato psicológico e incontrolável, discurso que fica ainda mais elaborado pelas conclusões de Antônio Junqueira de Azevedo[7] decretando que a vontade não é, de forma alguma, elemento do negócio jurídico.

O brasileiro aduz que o negócio jurídico existe em razão da declaração de vontade, ainda que o elemento volitivo seja aferido posteriormente para fins de validade e eficácia. Portanto, a autonomia é identificada e faz nascer o negócio jurídico após a declaração e não apenas pela manifestação volitiva:

> A declaração, uma vez feita, desprende-se do iter volitivo; adquire autonomia, como a obra se solta de seu autor. É da declaração, e não da vontade, que surgem os efeitos. Tanto é assim que, mesmo quando uma das partes, em um contrato, muda de ideia, persistem os efeitos deste.[8]

---

3. ALPA, 1993, p. 324.
4. AZEVEDO, 2002, p. 74.
5. Em contraposição, Antônio Junqueira de Azevedo (2002, p. 81-82): "Seu preceito imediato é o respeito à palavra dada (*pacta sunt servanda*) e, aí, como diz Julliot de la Morandière, trata-se de regra moral social. Todavia, a palavra dada é a palavra expressa e afirma: os partidários da vontade interna têm (portanto) que reconhecer que a expressão da vontade faz um corpo só com a própria vontade. Por outro lado, não é certo que a tese da declaração da vontade seja mais 'social' que a outra. Sob certos pontos de vista, pode ser, porque ela evita as pesquisas psicológicas delicadas e dá mais estabilidade ao contrato, já que nos limitamos, para sua interpretação e seus efeitos, ao que foi declarado. Mas o mesmo não ocorre sob outros pontos de vista, principalmente do ponto de vista do controle do contrato pelo juiz ou outra autoridade".
6. AZEVEDO, 2002, p. 77.
7. Idem, p. 84.
8. Idem, p. 85.

5 • AUTONOMIA PRIVADA: A INCIDÊNCIA DA NEGOCIAÇÃO EM ESPAÇOS DE HISTÓRICA RIGIDEZ

Partindo destas premissas, afasta-se das relações negociais o conceito de autonomia da vontade para adoção do conceito de autonomia privada, uma vez que se projetam em eixos distintos. Enquanto a autonomia da vontade revela-se na ideia, no elemento volitivo, que é subjetivo, a autonomia privada conecta-se à autorregulamentação de interesses privados, constituindo fundamento da ação jurídico-privada e fonte de poder normativo.[9]

Relevante salientar que no tocante à nomenclatura, Pietro Perlingieri sustenta a adoção do termo autonomia negocial em vez de autonomia privada[10]. O autor justifica sua tese notadamente a partir de dois argumentos. O primeiro é o de que a autonomia na autorregulação de interesses também afeta os entes públicos, isto é, não é exercício sujeito apenas aos particulares. Segundo, porque há um movimento de forte aproximação e quebra da dicotomia público-privada, de forma que o autor sustenta que na adoção de atos de não autoridade, o poder público utiliza-se do direito comum e, portanto, submete-se ao campo de regulação privada.[11]

No universo amplo que a autonomia privada pode englobar, não há dúvidas de que a conceituação do instituto é tarefa árdua, uma vez que primeiro deve ser diferenciada da autonomia da vontade, como proposto por Antônio Junqueira de Azevedo, segundo, da liberdade contratual, como se verá à frente. Por esta razão, Luigi Ferri[12] afirma que não há propriamente uma atividade humana que não possa ser incluída na ideia de autonomia privada, com exceção da atividade estatal ou de pessoas públicas.

O autor italiano elabora conceito, numa tentativa complexa de restringir a compreensão de autonomia privada e, assim, construir um instrumento jurídico útil, concluindo: "La autonomía privada no es expresión de uma mera licitud o faculdad, sino manifestación de poder y precisamente del poder de crear, dentro de los limites establecidos por la ley, normas jurídicas".[13-14]

Sendo, portanto, um espaço no qual a atividade estatal pode isentar-se da atividade normativa, cumpre entender detalhadamente como ela se estabelece no âmbito do direito das coisas e do direito dos contratos, uma vez que atua de formas distintas e com espaços mais ou menos restritos.

---

9. MARTINS-COSTA, 2018, p. 248.
10. "Querendo, pois, propor um conceito de autonomia (não privada ou contratual), porém negocial mais aderente à dinâmica das hodiernas relações jurídicas, pode-se descrever o referido conceito como o poder reconhecido ou atribuído pelo ordenamento ao sujeito de direito público ou privado de regular com próprias manifestações de vontade, interesses privados ou públicos, ainda que não necessariamente próprios" (PERLINGIERI, 2008, p. 338).
11. PERLINGIERI, 2008, p. 336-337.
12. FERRI, 1969, p. 8.
13. Tradução livre: "A autonomia não é expressão de uma mera licitude ou faculdade, mas manifestação do poder e precisamente do poder de criar, dentro dos limites estabelecidos pela lei, normas jurídicas".
14. FERRI, 1969, p. 8.

Consta do trabalho de Luigi Ferri[15] que a autonomia privada por si não é um simples poder-função, um poder que a lei outorga para uma finalidade específica, assim fosse, haveria uma clara confusão entre os direitos público e privado. Luigi Ferri é quem afirma que, para além de reconhecer que a atividade negocial represente um fim social, é preciso compreender que o interesse público é limite.

Em outras palavras, a autonomia privada exerce um papel fundamental no que diz respeito à tutela dos interesses privados, no que diz respeito à tutela dos interesses sobre os quais o estado entende que é possível outorgar liberdade aos sujeitos de direito. Por isso, ainda que se fale em socialidade como um pilar de sustentação também das relações privadas, incorporado notadamente pela leitura civil constitucional, reduzir o papel da autonomia a esta função é retirar-lhe a característica privatista para entregar-lhe função estatal.

Se Luigi Ferri entende que a autonomia privada é poder e não um poder-função, assim justifica porque entende que não há por ofício de seu conteúdo um objeto necessário, típico do direito público. O autor esclarece que a grande diferença está na natureza dos fins propostos pelo tal poder, isto é, se os interesses são superiormente protegidos – critério substantivo –, não se trata de autonomia privada, porque se sobrepõem à vontade individual, aliás, o que também ocorre porque o poder-função é heterônomo e se desenvolve entre sujeitos com poderes distintos entre si.

O autor também não distingue se o titular do poder o exerce em benefício próprio ou de outrem. O poder-função, típico do direito público, é aquele que, embora exercido pelo Estado em prol da coletividade, também satisfaz seus próprios fins institucionais, portanto, nem sempre em favor de terceiros.

De fato, não se pode negar que a evolução das relações sociais e a crescente relevância dos contratos fomenta no legislador a preocupação na criação de normas jurídicas que propiciem aos sujeitos de direitos o poder de autorregulamentação sem perder de vista os fundamentos constitucionais, de modo a desenvolver negócios mais sustentáveis e colaborativos para o conceito de bem comum.

Esta preocupação passa a recair sobre contratos que incidem sobre transmissão, modificação, cessão temporária de coisas imóveis e assim, impactar no direito de propriedade.

Ao longo deste e dos próximos capítulos, será possível identificar algumas modalidades contratuais que têm provocado mudanças de paradigma no direito das coisas, de um lado, por pressionar uma ressignificação dos limites relativos à tipicidade dos direitos reais[16] e de outro lado, por se transformarem em instrumentos concretizadores da função social da propriedade.

---

15. Idem, p. 12-13.
16. Ver capítulos 2 e seção 5.3.

5 • AUTONOMIA PRIVADA: A INCIDÊNCIA DA NEGOCIAÇÃO EM ESPAÇOS DE HISTÓRICA RIGIDEZ

Neste contexto, é preciso delimitar a autonomia privada no âmbito da propriedade e no contexto da liberdade contratual uma vez que distintas, embora complementares no tráfego negocial e na circulação de riquezas.

5.2 PROPRIEDADE E LIBERDADE CONTRATUAL

Se a autonomia privada é, pois, um dos grandes pilares do direito privado, expressando o exercício da liberdade, torna-se fundamental analisá-la para além do lugar comum das relações contratuais, mas no sistema proprietário, com o qual existe uma inequívoca ligação originária.

O conceito de autonomia privada firma-se notadamente após o liberalismo até mesmo como um reflexo da ascensão burguesa e a necessidade de apropriar-se de um poder econômico e político[17] que estivesse desamarrado do esquema feudal. Havia, como já estudado no início desta pesquisa, dois instrumentos fundamentais para isso, o contrato e a propriedade[18].

A propósito, a autonomia privada contém em si mesma um evidente valor político, afirmando-se progressivamente conforme os eventos históricos que sobre ela incidiram.[19] Parte do absolutismo especialmente marcante entres os séculos XII e XIII e ganha corpo e resistência com a revolução burguesa e liberal dos séculos XVIII e XIX, que reivindicava, em apertada síntese, liberdade na iniciativa econômico-financeira.

Neste contexto, a certeza de que as decisões e os acertos feitos pelo sujeito privado estariam a salvo de qualquer intervenção estatal despontavam como essenciais, unindo a história da autonomia privada à da propriedade certamente porque a liberdade negocial foi e ainda é o grande veículo de disposição e cessão da propriedade.[20]

Por ser corolário da liberdade e do livre processo produtivo, a propriedade vem como um direito dos homens e o contrato, como um instrumento de disposição, por isso tamanha ligação entre os dois institutos[21]. A conexão se faz pelo liame da soberania. De um lado, a sensação de poder absoluto que a propriedade liberalista

---

17. "O carácter coessencial da propriedade à personalidade humana e a consequente identificação entre propriedade e liberdade encontram-se numa relação de recíproca confirmação com a concepção do sufrágio censitário, isto é, com a relevância atribuída à ligação entre a propriedade e a titularidade de direitos políticos" (PRATA, 2017, p. 139).
18. Ver seção 3.1.
19. ROPPO, 2016, p. 68.
20. PRATA, 2017, p. 9.
21. "[...] recordávamos então, mais precisamente, que nas sociedades do capitalismo nascente, a propriedade (entendida prevalentemente como senhorio e poder de uso e abuso sobre bens materiais) era considerada a categoria-chave de todo o processo econômico, a verdadeira e única fonte de produção e fruição das utilidades econômicas, enquanto ao contrato se assinalava o papel – complementar – de simples meio para a sua circulação [...]" (ROPPO, 2009, p. 63).

exalava e, do outro, a plenitude da autorregulação dos interesses contemplada pela chamada liberdade contratual.

Existia, pois, no modelo original, uma posição de complementaridade entre propriedade e contrato, na qual a primeira figura era o poder e, a segunda, um instrumento de transferência e realocação de patrimônio. Era um reflexo de uma economia ambientada notadamente na agricultura e, posteriormente, na indústria como atividades predominantes, o que não se confirmou na evolução do capitalismo, na própria lógica das tecnologias, e no chamado período pós-industrial, afastando a riqueza apenas dos bens materiais e ampliando a sua incidência para os negócios que englobam, por exemplo, o campo dos bens imateriais, não contemplados no contexto dos direitos reais.

Embasado nesta perspectiva é que Enzo Roppo[22] afirma: "dentro de um sistema capitalista avançado parece ser o contrato, e já não a propriedade, o instrumento fundamental de gestão de recursos e de propulsão da economia". Ocorre que, se de um lado os contratos propiciam a circulação de riquezas e, por esta via, torna-se possível a disposição e a cessão da propriedade, estes mesmos negócios jurídicos não podem criar direito real ou dar elasticidade aos já elencados. Em alguma medida, as relações pessoais e reais se aproximam, mas os nem sempre claros limites de distinção – novas tecnologias e formas de relacionar-se ao entorno dos bens – provocam debates relativamente frequentes sobre as suas naturezas.

Este fluxo de riquezas proporcionado pelo contrato é fundado especialmente na ideia de autonomia e, por sua vez, na liberdade dos sujeitos de entabular contratos com quem quiserem, sobre o que quiserem e quando bem entenderem. Esta é a chamada liberdade contratual que viabiliza o fomento das atividades proprietárias.

Em origem, a liberdade para contratação fazia presumir a igualdade das partes contratantes: se são livres para negociar, são iguais. Ocorre que a sociedade, o poder econômico, o conhecimento necessário em cada ramo de atividade e os fatores incidentes sobre as relações econômicas tornam os sujeitos, muitas vezes, profundamente desiguais.

Isto é, lidar abstratamente com a autonomia privada e, por sua vez, com a liberdade contratual e a propriedade como direitos absolutos, pode conferir a algumas das partes excessivo poder sobre a outra, isto é, transformar o contrato e o patrimônio em instrumentos de opressão[23], notadamente em circunstâncias nas quais de um

---

22. ROPPO, 2009, p. 66.
23. "O poder econômico, no plano sociológico, altera sensivelmente, ou até mesmo anula, a faculdade de uma das partes estabelecer cláusulas ao negócio jurídico, influindo, não apenas nos contratos celebrados entre empresas e indivíduos, mas também entre sociedades, pelos efeitos da sua concentração. A liberdade absoluta de contratar, sem legislação marginal ao mercado, que harmonizasse as forças econômicas em litígio, ocasionou, nos países altamente industrializados, profundas restrições ao princípio da autonomia da vontade. Os particulares se viam não só forçados a não poder escolher com quem contratar – *Organisa-*

lado tem-se o poder econômico negociando com aqueles que não detém nada senão a sua força de trabalho.[24]

Vista sob o enfoque liberalista burguês, a liberdade contratual seria uma utopia, um modelo imaginário, que não considerava o conceito de justiça contratual,[25-26] isto é, uma abordagem com limites à autonomia que, conforme trazido em discussão anterior, passa a se impor às relações privadas, contratuais e proprietárias através de filtros como a função social e a boa-fé objetiva.

Importante, inicialmente, compreender que a autonomia existente na liberdade contratual não se confunde, portanto, com a autonomia extraída da propriedade como um direito real. Isso significa que para promover uma maior circulação de riquezas foi dada ao direito dos contratos a margem das negociações atípicas. Assim, as partes podem não apenas desenvolver regramentos em cláusulas contratuais de contratos típicos, como também criar uma espécie contratual que as atenda, diferente de qualquer outra regulada pelo sistema jurídico, conforme o artigo 425 do Código Civil brasileiro[27].

Pelo regramento pátrio, são lícitos os contratos atípicos, desde que atendam às normas gerais de direito contratual e não ofendam demais disposições legais. Portanto, a liberdade contratual, inclusive para criar contratos não regulados, limita-se basicamente às cláusulas gerais de função social e de boa-fé objetiva, assim como demais disposições aplicáveis aos contratos em geral.

Referidas cláusulas gerais atendem a uma demanda de ajuste aos negócios privados, portanto, admitindo uma intervenção estatal nas relações orientadas pela autonomia, notadamente porque o tráfego econômico exige contratações em massa desempenhadas pelos chamados contratos de adesão. Especialmente relações desta natureza é que se submetem a filtros mais rígidos de interpretação à luz da sistemática legislativa vigente e da interpretação dos tribunais.

Assim, no direito contratual, a autonomia privada reflete no que se compreende por liberdade contratual. Isso engloba basicamente a liberdade de conclusão do contrato, a liberdade de determinação do seu conteúdo e a liberdade de escolha do tipo contratual. Esta liberdade encontrará limites a que se chama dirigismo contratual e que se apresenta pela via legislativa, judicial e administrativa (dirigismo contratual público), segundo pontua Paulo Lôbo[28].

---

tionzwang –, como igualmente se lhes impossibilitava o diálogo a respeito do contrato" (COUTO E SILVA, 2006, p. 30).

24. ROPPO, 2009, p. 37.
25. Guido Alpa (1993, p. 326) faz alusão à posição de Wilhelm Canaris no sentido de que a liberdade contratual é um valor em si, e deve ser respeitada porque é sinônimo de liberdade e não porque seria sinônimo de justiça.
26. ALPA, 1993, p. 325.
27. BRASIL. Código Civil (2002). "Art. 425. É lícito às partes estipular contratos atípicos, observadas as normas gerais fixadas neste Código".
28. LÔBO, 2011, p. 392.

O dirigismo contratual, embora normalmente delimite a liberdade contratual na sua chamada "tríplice função", isto é, de conclusão, de conteúdo e de tipo[29], pode chegar até à proibição de contratar, como comumente se verifica em contratos tipicamente de direito público e no exemplo clássico da compra e venda, artigo 497 e incisos do Código Civil[30], que torna nula a aquisição de bens por determinadas figuras, quando isso representar um desvio ético e moral dada a posição jurídica que exercem, como é o caso dos tutores e curadores quanto aos bens dos tutelados e curatelados.

A intervenção do Estado via dirigismo contratual visa não apenas interferir nas formas de contratação e no conteúdo, mas também desenvolver normas promocionais, indicativas do modelo de sociedade projetado pela norma constitucional. São inúmeros os exemplos de limitações de natureza cogente espalhadas pela legislação brasileira, seja por delimitar o conteúdo essencial do negócio e seu objeto, seja para restringir os sujeitos aptos à contratação.

As limitações de ordem impositiva normalmente constam da própria disciplina do tipo contratual, somadas àquelas já presentes na parte geral – esta aplicável também aos contratos atípicos – que podem compreender a fusão, a ampliação e a redução de tipos preexistentes ou a criação de novos programas contratuais.

Em qualquer hipótese ainda incidem as cláusulas gerais da função social dos contratos e da boa-fé objetiva como filtros importantes da liberdade contratual, o que fica bastante claro na leitura da atual redação do artigo 421, 421-A e 422 do Código Civil[31].

---

29. Paulo Lôbo (2011, p. 393) opta por distinguir o dirigismo em três frente, que são adotadas neste estudo: liberdade de conclusão, liberdade de determinação do conteúdo e liberdade de tipo. O autor ao justificar sua posição assevera que Francisco Cavalcanti Pontes de Miranda e Karl Larenz optaram por adotar apenas a liberdade de conclusão e de determinação do conteúdo, incluindo nesta última a escolha do tipo contratual.
30. BRASIL. Código Civil (2002). "Art. 497. Sob pena de nulidade, não podem ser comprados, ainda que em hasta pública: I – pelos tutores, curadores, testamenteiros e administradores, os bens confiados à sua guarda ou administração; II – pelos servidores públicos, em geral, os bens ou direitos da pessoa jurídica a que servirem, ou que estejam sob sua administração direta ou indireta; III – pelos juízes, secretários de tribunais, arbitradores, peritos e outros serventuários ou auxiliares da justiça, os bens ou direitos sobre que se litigar em tribunal, juízo ou conselho, no lugar onde servirem, ou a que se estender a sua autoridade; IV – pelos leiloeiros e seus prepostos, os bens de cuja venda estejam encarregados. Parágrafo único. As proibições deste artigo estendem-se à cessão de crédito".
31. BRASIL. Código Civil (2002). "Art. 421. A liberdade contratual será exercida nos limites da função social do contrato. (Redação dada pela Lei n. 13.874, de 2019) Parágrafo único. Nas relações contratuais privadas, prevalecerão o princípio da intervenção mínima e a excepcionalidade da revisão contratual. (Incluído pela Lei n. 13.874, de 2019). Art. 421-A. Os contratos civis e empresariais presumem-se paritários e simétricos até a presença de elementos concretos que justifiquem o afastamento dessa presunção, ressalvados os regimes jurídicos previstos em leis especiais, garantido também que: (Incluído pela Lei n. 13.874, de 2019) I – as partes negociantes poderão estabelecer parâmetros objetivos para a interpretação das cláusulas negociais e de seus pressupostos de revisão ou de resolução; (Incluído pela Lei n. 13.874, de 2019) II – a alocação de riscos definida pelas partes deve ser respeitada e observada; e (Incluído pela Lei n. 13.874, de 2019) III – a revisão contratual somente ocorrerá de maneira excepcional e limitada (Incluído pela Lei n. 13.874, de 2019). Art. 422. Os contratantes são obrigados a guardar, assim na conclusão do contrato, como em sua execução, os princípios de probidade e boa-fé".

A técnica da redação de cláusulas gerais como a função social dos contratos e a boa-fé objetiva incluídas no Código Reale tem como objetivo primordial dar maior capacidade de acolher e disciplinar situações socialmente relevantes e que dificilmente poderiam ser reguladas à exaustão, uma vez que em constante construção e consequentes das relações sociais em permanente transição.

É certo que ao mesmo tempo em que houve maior tolerância e incentivo ao dirigismo contratual, não se pode dizer que a autonomia privada foi relegada ou desacreditada, mas permaneceu como alicerce fundamental para as relações jurídicas, notadamente no âmbito da liberdade contratual, conforme observa Clóvis V. do Couto e Silva:[32]

> É manifesto, assim, que a autonomia da vontade e a teoria das fontes das obrigações, que com ela se vincula, se encontram em período de transformação e de reelaboração dogmática. De um lado, a intervenção estatal, os atos de planificação e os formativos de direitos privados e, de outro, a tipificação social, e sobretudo os atos jurídicos de caráter existencial, forçaram a revisão dos conceitos.
>
> Não se conclua, porém, que a vontade foi relegada a segundo plano.
>
> Ela continua a ocupar lugar de relevo dentro da ordem jurídica privada, mas, a seu lado, a dogmática moderna admite a jurisdicização de certos interesses, em cujo núcleo não se manifesta o aspecto volitivo. Da vontade e desses interesses juridicamente valorizados dever-se-ão deduzir as regras que formam a dogmática atual.

Pois bem, a autonomia privada vem se moldando à modernidade, numa tentativa de atender às reais necessidades econômico-sociais, mantendo assim uma inquestionável importância para a disciplina do direito privado.

Num estudo elaborado acerca da análise econômica do contrato, Rodrigo Fernandes Rebouças[33] atenta para o fato de que a ruptura nos padrões de comunicação e transações negociais que viabilizam desde contratos simples até cirurgias médicas pela condução de robôs e aviões não tripulados forçou uma mudança real e visível quanto ao papel da declaração de vontade.

Esta avaliação ganha ares particularmente inovadores com a premissa de Enzo Roppo[34] de que a autonomia privada deve ser interpretada não conforme a situação de vulnerabilidade decorrente das relações de consumo, mas de acordo com o caso concreto. Isso significa que a ingerência estatal sobre a atuação das partes deve ocorrer sempre que se identificar posição de superioridade de poder contratual de um dos sujeitos frente a outro, independentemente da natureza do contrato celebrado[35].

---

32. COUTO E SILVA, 2006, p. 31.
33. REBOUÇAS, 2017, p. 143.
34. ROPPO, 2011, p. 87.
35. "C'è asimmetria di potere contrattuale fra consumatori e professionisti, ma non solo: anche relazioni non riconducibili a tale coppia – come quele fra subfornitori e committenti, fra agenti e preponente, fra banche e clienti, fra intermediari finanziari e investitori, fra conduttori e locatori – contrappongono una parte dotata di superiore potere contrattuale a una parte con potere contrattuale inferiore. E in ragione di tale

Vale aqui dizer que o Código Civil de 2002, em virtude das recentes mudanças projetadas pela Lei da Liberdade Econômica, insere em sua disciplina de interpretação dos negócios jurídicos mudanças expressivas. O artigo 113 do diploma privatista brasileiro[36], por exemplo, passa a contar com o § 1º pelo qual, entre outras disposições, prevê no inciso V uma interpretação segundo a racionalidade econômica do negócio.

Já o § 2º, também incluído após a Lei n. 13.874/2019, admite a plena autonomia às partes para inserirem as regras interpretativas do negócio em seu próprio conteúdo de maneira a subordinar eventual discussão judicial ao contexto previamente estabelecido pelos contratantes.

Assim, resta evidente que a liberdade contratual carrega em seu conteúdo um amplo espectro interpretativo de autonomia privada, que caminha conforme as designações políticas e admite uma flexibilidade não conhecida pelos direitos reais. Na liberdade contratual, é definitivamente dado às partes o poder de organizar o conteúdo sobre o qual pretendem convergir num rol aberto de possibilidades marcado pela admissível atipicidade.

Essa construção não se reproduz entre os direitos reais. Ao contrário, a doutrina repete de forma recorrente a ideia de que somente os direitos elencados no rol do artigo 167 da Lei de Registros Públicos (Lei n. 6.015/1973) são registráveis, tudo em consonância com a técnica *numerus clausus*, já mencionada nesta pesquisa, e que será enfrentada criticamente mais adiante. Alguns autores, como Pablo Renteria e Marcelo Terra analisam com ressalvas a rigidez da posição alinhavada, uma vez que é justamente da autonomia negocial que surgem as mais ricas formas de disposição, cessão ou inserção de gravames relativos a direitos reais[37].

---

asimmetria – ovunque si manifesti – il legislatore introduce, a protezione della parte che la patisce, quelle regole che si sono indicate come constitutive del nuovo paradigma contrattuale" (ROPPO, 2011, p. 87). Tradução livre: "é uma assimetria de poderes contratuais entre os consumidores e profissionais, mas não apenas isso: também a relações não atribuíveis a este par – como aqueles entre terceirizados e clientes, entre agentes e agenciados, entre bancos e clientes, entre intermediários financeiros e investidores, entre inquilinos e locadores – contrapondo uma parte dotada de poderes contratuais superiores e uma parte com poderes contratuais inferiores. E, em razão de tal assimetria – onde quer que ocorra – o legislador introduz, para proteção da parte que a sofre, aquelas regras que são constitutivas de um novo paradigma contratual".

36. BRASIL. Código Civil (2002). "Art. 113. Os negócios jurídicos devem ser interpretados conforme a boa-fé e os usos do lugar de sua celebração. § 1º. A interpretação do negócio jurídico deve lhe atribuir o sentido que: (Incluído pela Lei n. 13.874, de 2019) I – for confirmado pelo comportamento das partes posterior à celebração do negócio; (Incluído pela Lei n. 13.874, de 2019) II – corresponder aos usos, costumes e práticas do mercado relativas ao tipo de negócio; (Incluído pela Lei n. 13.874, de 2019) III – corresponder à boa-fé; (Incluído pela Lei n. 13.874, de 2019) IV – for mais benéfico à parte que não redigiu o dispositivo, se identificável; e (Incluído pela Lei n. 13.874, de 2019) V – corresponder a qual seria a razoável negociação das partes sobre a questão discutida, inferida das demais disposições do negócio e da racionalidade econômica das partes, consideradas as informações disponíveis no momento de sua celebração (Incluído pela Lei n. 13.874, de 2019), § 2º As partes poderão livremente pactuar regras de interpretação, de preenchimento de lacunas e de integração dos negócios jurídicos diversas daquelas previstas em lei (Incluído pela Lei n. 13.874, de 2019)".

37. Marcelo Terra (2013, p. 509) entende que admitida a adoção de *numerus clausus* ao se tratar de direitos reais inscritíveis impedir-se-ia a adequada clareza e publicidade necessárias em contratos imobiliários,

Considerações neste sentido foram tecidas com menção à posição de José de Oliveira Ascensão e devem ser somadas à conclusão de que a ideia de tipicidade não poderia estar vinculada ao negócio jurídico entabulado para a constituição de direitos reais, autorizando, por sua vez, que contratos típicos não elencados no artigo 167 da Lei n. 6.015/1973 ou atípicos, sempre que aptos a transmissão, modificação ou constituição de direitos reais constem de registro à margem da matrícula.[38]

A noção desperta interesse relativamente a esta tese uma vez que é pela via contratual que se multiplicam as formas proprietárias, notadamente as múltiplas ou aquelas temporárias, seja pela fração ideal de área, seja pela fração de tempo, como a multipropriedade imobiliária. A propósito, por anos a fio, a multipropriedade imobiliária, também chamada *time-sharing*, foi renegada nos cartórios de registros imobiliários enquanto centenas de contratos eram entabulados por toda a extensão territorial do país[39].

Até a aprovação e vigência da Lei n. 13.777/2018, que definitivamente incorporou a multipropriedade ao Código Civil brasileiro, viveu-se um período de insegurança jurídica que impactou, inclusive, o fomento da negociação. Embora promissora em muitos países da Europa e nos Estados Unidos, a situação não se reproduziu no Brasil, haja vista que os contratos não registráveis à margem da matrícula imobiliária davam aos pretensos adquirentes uma sensação de instabilidade e de insegurança.

Neste ponto fica bastante evidenciada a discrepância entre a velocidade que a autonomia privada imprime às relações negociais e a obstrução que o conteúdo jurídico dos direitos reais pode impor na prática. Se a autonomia privada existe para os contratos e para a propriedade, como seria possível uma limitar o exercício da outra? Ou seja, permitir a criação de contratos atípicos e com a mesma mão inviabilizar o registro daqueles que vierem a tocar direitos reais configura uma espécie de contradição. Não se trata de autorizar contratos para criar direitos reais, mas, uma vez admitido que contratos atípicos podem circular direitos já previstos em lei, seu registro também deveria ser acatado.

A autonomia privada, no particular da propriedade, diz respeito ao exercício de um direito que não encontra, senão em algumas disposições legais bastante pontuais, limites. Conforme mencionado à exaustão, o direito de propriedade é mais sentido do que explicado e, nesse contexto de sensações, carrega o âmago da exclusividade e o direito de repelir quem quer que busque violar o poder do sujeito sobre a coisa.

A maneira como será utilizada a propriedade é o âmago da autonomia privada, pois ao sistema não interessa se o proprietário empobrece ou enriquece em virtude

---

defendendo, portanto, um rol exemplificativo, desde que preservados os limites ínsitos ao direito das coisas, como conteúdo, duração e titularidade.

38. RENTERIA, 2016, p. 79.
39. Ver capítulo 6. A multipropriedade imobiliária será estudada com maior ênfase em seção própria, momento em que aprofundar-se-á o conhecimento quanto a sua natureza e regime jurídico.

da forma como explora a coisa, a ele é dada a possibilidade de usá-la na conformidade de seu livre arbítrio, segundo o conceito moderno[40].

É sabido, porém, que a noção de uso irrestrito não deve ser interpretada na literalidade. Mesmo os romanos contavam com regras atinentes, por exemplo, ao direito de vizinhança. Viu-se ainda nesta tese que a função social da propriedade também foi inserida no sistema como uma régua limitadora do exercício da propriedade, atribuindo-lhe uma posição ativa.

Contudo, antes mesmo da função social, surge a figura do abuso de direito, que no âmbito proprietário funciona como um instrumento de coexistência dos poderes emanados do direito de propriedade, que no sentir de Pietro Barcellona[41] nada mais significa do que "a coexistência, podemos dizer, dos vários absolutismos".

Há entre as limitações próprias do direito real, que envolvem o gozo e a fruição do bem, aquelas que podem vir das servidões, por exemplo; por regras relativas ao uso em condomínio; usufruto e mesmo as disposições da multipropriedade imobiliária e do direito de laje, que ressoam notas de condomínio e superfície, respectivamente. São restrições à autonomia dentro da própria temática do direito das coisas.

Em qualquer caso, verifica-se que as implicações diretas da autonomia ocorrem muito mais no âmbito das relações contratuais que disciplinam e criam obrigações entre os sujeitos, do que propriamente na esfera dos direitos reais. Nestes últimos a autonomia verifica-se pelo exercício, mas não no conteúdo; enquanto nos primeiros (contratos), parece mais clara no desenvolvimento de seu conteúdo[42].

Desta forma, compreendendo que a autonomia privada exercida no âmbito do direito de propriedade ou dos direitos reais em geral não se confunde com a autonomia típica da liberdade contratual, é preciso verificar um dos campos de conexão entre ambas hoje representado por uma figura contratual crescente, a da locação por temporada via plataformas digitais, como o Airbnb.

Nesta modalidade, a amplitude do direito de propriedade e a liberdade contratual entram em atrito com regras de direito de vizinhança, tudo provocado por novas

---

40. "No essencial, ela identifica-se por três características: constituir um atributo humano pressuposto irremovível da liberdade do homem; possuir, externamente, um carácter absoluto, no sentido de ser um poder detido pelo titular no seu exclusivo interesse, comportando, consequentemente, por um lado, o direito de repelir qualquer ingerência alheia perturbadora e, por outro lado, o direito do proprietário a fazer seus benefícios económicos obtidos pelo exercício do seu direito por outrem, independentemente de esse exercício se ter repercutido negativamente no seu patrimônio, isto é, independentemente de um empobrecimento seu; ter, internamente, uma estrutura de poder sobre a coisa, no sentido de que à pessoa é atribuída uma ilimitada liberdade de utilização dessa coisa" (PRATA, 2017, p. 136-137).

41. BARCELLONA, apud PRATA, 2017, p. 145.

42. "[...] só na medida em que o proprietário dos meios de produção exerce seu direito, inserindo os bens no processo produtivo, isto é, na medida em que o exercício do seu direito tem implicações contratuais, é que ele é sujeito a restrições, que, aliás, se operam, por via de regra, diretamente no domínio negocial e só indiretamente no âmbito de exercício e no conteúdo da propriedade" (PRATA, 2017, p. 148).

5 • AUTONOMIA PRIVADA: A INCIDÊNCIA DA NEGOCIAÇÃO EM ESPAÇOS DE HISTÓRICA RIGIDEZ

formas de utilização e de exploração imobiliária comuns em tempos de crescente compartilhamento e busca por acesso, como se verá a seguir.

5.2.1 Airbnb: autonomia privada e as limitações ao exercício da propriedade

No exercício da liberdade contratual, um modelo que tem despertado discussões é o articulado pelo Airbnb[43]. A empresa ganhou espaço ao redor do mundo no mercado de acesso a bens imóveis, viabilizando a cessão temporária e onerosa de imóveis[44] residenciais, para um novo conceito de hospedagem[45], podendo ser um cômodo ou a unidade habitacional inteira.

A plataforma, em princípio, visa dar maior circulação a bens subaproveitados ao mesmo tempo que oferece experiências únicas aos seus usuários. Plataformas como a Airbnb tem por fundamento reunir sujeitos com interesses em comum, oferecendo-lhes benefícios como redução de custos, facilidades de deslocamento por incluir imóveis nos mais diversos bairros e até despesas concentradas em um único pagamento ao locatário, proporcionando opções de hospedagem em todos os lugares do mundo.

Para isso, disponibiliza um espaço digital aos proprietários de imóveis – chamados anfitriões – para a inscrição. De outra parte, permite que interessados na locação – denominados hóspedes – tenham acesso às informações sobre o imóvel, depoimentos e avaliações de hóspedes pretéritos, valores e disponibilidade nas datas propostas.

As tratativas acontecem entre as partes sem qualquer interferência da plataforma, que apenas cede o espaço para a intermediação de sujeitos interessados no mesmo negócio. Todos os cadastros e comunicações são formalizadas diretamente entre as partes. Com este modelo, a Airbnb entende conciliar uma série de valores: empoderamento econômico dos proprietários, que obtém renda extra; viagens personalizadas que atendam interesses bastante peculiares de cada hóspede; experiências próximas às vividas por um morador local do destino visitado; queda nos preços por aumento da oferta e por conseguinte, democratização das viagens ao redor do mundo.

---

43. Há uma série de plataformas similares no mercado, contudo, o trabalho cinge-se à Airbnb em razão de sua amplitude no cenário mundial, o que não afasta a aplicação dos fundamentos para plataformas que desempenhem serviços similares.

44. A empresa Airbnb tem disponível até mesmo barracas de *camping* e *trailers* para experiências de hospedagem personalizadas em pontos turísticos que não possuam infraestrutura imobiliária ou proíbam a construção civil, o que não será analisado, uma vez que esta tese se limita à discussão do ponto de vista imobiliário urbano.

45. Optou-se aqui pela expressão hospedagem por coincidir com a escolhida pela empresa Airbnb na divulgação de seus serviços. Todavia, como se observará, não necessariamente tratar-se-á de um contrato de hospedagem.

Se a empresa Airbnb presta serviços de intermediação aos seus usuários[46], as questões permanecem em terreno arenoso quando analisada a relação jurídica estabelecida entre anfitrião e hóspede, isto é, se se trata de locação por temporada, locação residencial ou contrato de hospedagem. A definição ganha ares de importância com o confronto entre os direitos do proprietário e os regulamentos condominiais.

5.2.1.1 Natureza jurídica do contrato celebrado entre os usuários da Airbnb

O primeiro motivo para controvérsia quanto à natureza contratual surge justamente da nomenclatura utilizada pela plataforma para designar seus usuários: anfitrião e hóspede. As palavras não passam de tradução literal dos termos *host* e *guest* em seu país de origem, Estados Unidos e, de fato, sugerem uma relação contratual de hospedagem. Contudo, para realmente identificar a natureza das declarações extraídas do negócio, será preciso interpretá-las sob o ponto de vista do conteúdo objetivo das declarações de vontade, nos termos da disciplina do artigo 112 do Código Civil[47], isto é, maior atenção à "intenção nelas consubstanciada do que ao sentido literal da linguagem".

Fato é que os titulares da coisa locada, sentindo-se cerceados em seu direito de exploração econômica do imóvel, passaram a acionar o Poder Judiciário para questionar alterações de regulamentos de condomínio no sentido de vetar a espécie contratual. Os fundamentos arvorados em sede de assembleias extraordinárias

---

46. A plataforma não possui qualquer contato com o imóvel disponibilizado, tampouco se compromete com a inserção de seus dados na rede, as suas condições estruturais ou prestação de serviços outros (limpeza, assistência técnica etc.), que não sejam a simples abertura de local na rede para aproximação das partes. Em outras palavras, trazendo para uma realidade analógica, seria como as companhias telefônicas estão para as pessoas que oferecem produtos por telefone, meras prestadoras de serviços que aproximam aos usuários das linhas.

47. É digna de nota a análise crítica e sempre vanguardista de Antônio Junqueira de Azevedo (2002, p. 102-103) sobre o dispositivo, ainda segundo o Código Civil de 1916, que adotava uma percepção subjetiva da declaração de vontade, o que acabou por ser alterado com o Código de 2002: "A forma mais adequada para se solucionar o problema da interpretação do negócio jurídico, especialmente no direito brasileiro, onde, por lei, é inegável a primazia da vontade, é, simplesmente, alargar-se aquele primeiro momento da operação interpretativa, em que se parte da declaração. Deve-se entender por declaração, como temos insistido, não apenas o "texto" do negócio, mas tudo aquilo que, pelas suas circunstâncias (pelo "contexto"), surge aos olhos de uma pessoa normal, em virtude principalmente da boa-fé e dos usos e costumes, como sendo a declaração. A essência da declaração é dada por essas circunstâncias. Depois, então, pode-se passar a investigar a vontade real do declarante. A solução consiste, portanto, em primeiramente se interpretar a declaração, objetivamente, com base em critério abstrato, e, somente num segundo momento, investigar a intenção do declarante (critério concreto); parte-se, assim, do objetivo (a declaração como um todo) para o subjetivo (a vontade real do declarante). Com essas duas operações, uma boa parte das dúvidas estarão afastadas (especialmente se se tratar de atos unilaterais não receptícios). Entretanto, se ainda houver possibilidade (e isso em geral ocorrerá nos atos bilaterais e em atos unilaterais receptícios, já que, particularmente nos contratos, as questões que normalmente dependem de interpretação são justamente aquelas que as partes não previram e sobre as quais, portanto, rigorosamente falando, não há intenção a procurar), deve-se utilizar, para completar o processo interpretativo, da vontade presumida, já, então, atendendo ao que *in concreto* se passou entre as partes e, principalmente, ao que razoavelmente se poderia supor que entre elas se passaria (interpretação integrativa)".

e alterações em convenções de condomínio cingiam-se basicamente a quatro pontos: vedação à disponibilidade do imóvel para fins comerciais em edifícios residenciais; circulação de número exacerbado de estranhos colocando, por fim, em risco a segurança dos demais condôminos; perturbação do sossego e desgaste de áreas comuns.

De outro lado, proprietários alegam direito de explorar livremente o imóvel, inclusive com locações por temporada, o que, *de per si*, não altera a destinação da coisa e implica ausência de prejuízos reais que não extrapolam a mera ilação, sem fundamento em hipóteses concretas. Diante deste impasse, o Poder Judiciário[48] passou a deparar-se com a análise da natureza contratual dos negócios jurídicos celebrados e os limites impostos ao exercício proprietário por meio das convenções e assembleias de condomínio, considerando a tutela constitucional da propriedade.

A natureza dos contratos de locação via plataformas *online*, como é o caso da Airbnb, encontra-se hoje sob análise da 4ª Turma do Superior Tribunal de Justiça, relatoria do Ministro Luis Felipe Salomão, que também analisará a possibilidade de restrições à locação do gênero[49].

A adequada análise da questão demanda a busca pelos elementos essenciais das contratações e da vontade manifestada pelos sujeitos contratantes: locação imobiliária urbana ou hospedagem. Para tanto, a pesquisa se debruçou sobre o conteúdo das contratações, isto é, prestações, prazos e legislações aplicáveis.

A polêmica da hospedagem circunda justamente o fato de que os edifícios nos quais os proprietários pretendem disponibilizar apartamentos não têm natureza hoteleira, tampouco admitem uso comercial em suas convenções, destarte, dispor de unidade autônoma em aplicativos como Airbnb infringiria as normas condominiais pela alteração da destinação da coisa, tornando-a comercial.

---

48. O Tribunal de Justiça de São Paulo tem assentado entendimento de que a proibição via assembleia geral extraordinária é lícita, vez que considera os interesses dos demais proprietários. Na decisão colacionada, a 31ª Câmara de Direito Privado entendeu que o contrato tem natureza de hospedagem e não de locação, desviando a finalidade do imóvel. "APELAÇÃO – CONDOMÍNIO – Pretensão autoral voltada à declaração de nulidade de Assembleia Geral Extraordinária que decidiu, por maioria dos votos, pela vedação quanto à locação por curtos períodos – Sentença de procedência – Como é cediço, um dos direitos basilares dos condôminos é o de usufruir livremente de suas unidades, desde que o façam de acordo com a destinação do bem e sem excluir o direito dos demais compossuidores (artigo 1.335, I e II, do Código Civil) – É certo, todavia, que o direito de propriedade do condômino tem que se harmonizar com o direito da coletividade, fato que viabiliza a imposição de restrições ao direito de propriedade, desde que tendentes à preservação dos interesses dos demais proprietários – Locação do imóvel por curtos períodos através de *site* "airbnb" que implica no desvio da finalidade do condomínio e na maior rotatividade de pessoas e consequente fragilização da segurança – Sentença reformada– Recurso do réu provido e do autor não provido". BRASIL. Tribunal de Justiça de São Paulo; Apelação Cível 1012800-49.2019.8.26.0011; Rel. Carlos Nunes; Órgão Julgador: 31ª Câmara de Direito Privado; Foro Regional XI – Pinheiros – 1ª Vara Cível; j. 04.09.2020; Registro: 04.09.2020.

49. Recurso Especial n. 1819075/RS.

Analisando a natureza dos contratos de hospedagem, verifica-se que não possuem regulamentação própria, portanto, são atípicos[50], mas representativos de uma prestação de serviços que varia com maior ou menor sofisticação.[51] Para melhor compreensão, é fundamental voltar os olhos para a lei da Política Nacional de Turismo (Lei n. 11.771/2008), delimitativa do conteúdo, conforme se depreende do artigo 23 e parágrafos[52].

Inicia-se a distinção, portanto, pela noção do objeto da prestação nos contratos de hospedagem e locação imobiliária urbana. Pela descrição contida na Lei n. 11.771/2008, os contratos de hospedagem guardam, para além da cessão temporária do uso da coisa, conteúdos outros que contemplam serviços como limpeza e arrumação, alimentação, carregamento e depósito de bagagem, *transfer* para aeroportos, atividades recreativas, tudo a depender das singularidades buscadas pelo hóspede. Nestas hipóteses, aliás, aplicam-se as regras do Código de Defesa do Consumidor.

Justamente por esse complexo de serviços oferecidos extravagantes ao uso e gozo de unidade autônoma é que a Lei n. 8.245/1991 exclui, já em seu artigo inaugural[53], a locação de espaços em apart-hotéis, hotéis residência ou equiparados.

De outro lado, o contrato entabulado pelos usuários de Airbnb não oferece quaisquer dos serviços acima estipulados como essenciais. Isto significa que se eventualmente há proprietários que, no intuito de dar maior visibilidade para seus imóveis, oferecem comodidades, não é este o elemento central do negócio, tampouco uma exigência para integrar a plataforma.

---

50. Maria Helena Diniz (2002, p. 3) conceitua os contratos de hospedagem por aquele em que alguém (hoteleiro) se compromete perante outrem (hóspede) a prestar serviços de hotelaria, a alugar salão para eventos culturais, quarto ou apartamento mobiliado, a fornecer alimentos, a guardar bagagem ou bens, mediante pagamento de remuneração.

51. VENOSA, 2010, p. 16-17.

52. BRASIL. Lei n. 11.771/2008. "Art. 23. Consideram-se meios de hospedagem os empreendimentos ou estabelecimentos, independentemente de sua forma de constituição, destinados a prestar serviços de alojamento temporário, ofertados em unidades de frequência individual e de uso exclusivo do hóspede, bem como outros serviços necessários aos usuários, denominados de serviços de hospedagem, mediante adoção de instrumento contratual, tácito ou expresso, e cobrança de diária. § 1º. Os empreendimentos ou estabelecimentos de hospedagem que explorem ou administrem, em condomínios residenciais, a prestação de serviços de hospedagem em unidades mobiliadas e equipadas, bem como outros serviços oferecidos a hóspedes, estão sujeitos ao cadastro de que trata esta Lei e ao seu regulamento. § 2º. Considera-se prestação de serviços de hospedagem em tempo compartilhado a administração de intercâmbio, entendida como organização e permuta de períodos de ocupação entre cessionários de unidades habitacionais de distintos meios de hospedagem. § 3º. Não descaracteriza a prestação de serviços de hospedagem a divisão do empreendimento em unidades hoteleiras, assim entendida a atribuição de natureza jurídica autônoma às unidades habitacionais que o compõem, sob titularidade de diversas pessoas, desde que sua destinação funcional seja apenas e exclusivamente a de meio de hospedagem. § 4º. Entende-se por diária o preço de hospedagem correspondente à utilização da unidade habitacional e dos serviços incluídos, no período de 24 (vinte e quatro) horas, compreendido nos horários fixados para entrada e saída de hóspedes".

53. BRASIL. Lei n. 8.245/1991. "Art. 1º. A locação de imóvel urbano regula-se pelo disposto nesta lei: Parágrafo único. Continuam regulados pelo Código Civil e pelas leis especiais: a) as locações: [...] 4. em apart-hotéis, hotéis-residência ou equiparados, assim considerados aqueles que prestam serviços regulares a seus usuários e como tais sejam autorizados a funcionar; [...]".

Diversamente do contrato de hospedagem, a locação imobiliária urbana é regida pela Lei n. 8.245/1991 e consiste em contrato típico, bilateral, oneroso, comutativo e consensual pelo qual uma das partes (o locador) cede ao locatário o uso ou gozo de coisa imóvel residencial ou comercial, temporariamente, mediante remuneração, denominada aluguel.[54]

Assim, pela ótica do conteúdo das prestações, o contrato entabulado entre os usuários do Airbnb atende melhor aos critérios da locação imobiliária urbana, vez que a prestação central consiste na cessão do uso e gozo da coisa pelo período determinado ou determinável, sem qualquer obrigação que possa incluir serviços de natureza similar aos destacados na hotelaria.

Não se olvide o fato de que nas relações locatícias, o locador não tem liberdade para entrar sem aviso prévio do locatário na unidade locada[55], diferente da hospedagem, em que os quartos podem ser abertos para a limpeza e o acesso de camareiras no decorrer da estadia.

Outro ponto a ser destacado envolve a remuneração e sua periodicidade. Os contratos celebrados via plataforma Airbnb normalmente possuem valores calculados em diárias cobradas antecipadamente, o que é praxe nos contratos de hospedagem. Contudo, este detalhe também não tem o condão de descaracterizar uma locação imobiliária ao considerar o que consta no artigo 17 da Lei de Locações[56], autorizativo de livre convenção no ajuste do aluguel, portanto, não há vedações quanto à fixação considerando diárias, tampouco elemento apto a afastar a aplicação das normas da Lei n. 8.245/1991. A propósito, a cobrança antecipada de aluguel também é possível nas locações imobiliárias urbanas, nos casos em que não há garantia ou nas locações para temporada[57].

Por fim, é preciso identificar no contrato de locação imobiliária urbana se as relações estabelecidas pela aproximação do Airbnb seriam locações residenciais ou por temporada. E tudo leva à segunda modalidade. Decorre da própria natureza da experiência proposta pela plataforma a conclusão de que se trata de locação para temporada, realizando-se na maioria absoluta das vezes por curtos prazos de tempo, o que, aliás, viabiliza a cobrança por diárias, conforme mencionado.

Reconhecer a locação por temporada não torna imediatamente a locação um empreendimento comercial, até mesmo pelo teor da legislação que impõe aplicação

---

54. CAPANEMA, 2017, p. 12-13.
55. BRASIL. Lei n. 8.245/1991, Arts. 22, II e 23, IX.
56. BRASIL. Lei n. 8.245/1991. "Art. 17. É livre a convenção do aluguel, vedada a sua estipulação em moeda estrangeira e a sua vinculação à variação cambial ou ao salário mínimo".
57. BRASIL. Lei n. 8.245/1991. "Art. 42. Não estando a locação garantida por qualquer das modalidades, o locador poderá exigir do locatário o pagamento do aluguel e encargos até o sexto dia útil do mês vincendo; Art. 49. O locador poderá receber de uma só vez e antecipadamente os aluguéis e encargos, bem como exigir qualquer das modalidades de garantia previstas no artigo 37 para atender às demais obrigações do contrato".

subsidiária das regras relativas à locação residencial[58] e também porque o que se considera é justamente a posição do locatário de estabelecer estadia similar à residência, inclusive com a possibilidade de locar imóveis mobiliados, sem com isso desnaturar a relação e torná-la comercial.

O *caput* do artigo 48 estabelece o modelo contratual perfeitamente aplicável aos contratos facilitados pela empresa sob discussão: relações de curto prazo (até 90 dias), em razão de passeios, cursos, reformas, tratamentos de saúde, entre outras demandas passageiras, estando o imóvel mobiliado ou não.

Ainda que as locações se estendam por prazos maiores que os 90 dias típicos das locações por temporada, a tônica é residencial, isto significa que o elemento central cinge-se ao conteúdo, uma vez que nos demais elementos a legislação locatícia (residencial) aplica-se de forma íntegra e à perfeição. Diz-se da tônica no conteúdo, porque é esta tênue linha do objeto da contratação que afastará a incidência na natureza comercial típica da hospedagem: pelos contratos de Airbnb, o destaque está na busca de um imóvel e não nos serviços, que não passam de atividade circunstancial[59].

A despeito desses argumentos, a questão está distante da pacificação. Em abril de 2021, o julgamento do Recurso Especial n. 1.819.075/RS foi concluído, restando vencido o voto do Relator Ministro Luis Felipe Salomão pela ilegalidade da proibição da disponibilização de imóvel para locação para temporada em condomínio residencial, cabendo nestas hipóteses a fixação de regras de convivência que venham a dar maior segurança e regularidade ao uso dos apartamentos.

O voto vencedor foi proferido pelo Ministro Raul Araújo, acompanhado pela Ministra Maria Isabel Gallotti e pelo Ministro Antonio Carlos Ferreira, negou provimento ao recurso. No bojo do voto, o Ministro Raul Araújo compreendeu pela natureza comercial da disponibilização de imóveis na forma como apresentava-se o caso (Airbnb), inclusive por incorporar certos serviços que extrapolavam os limites da locação, tal qual lavanderia, atribuindo-lhe a natureza de um contrato de hospedagem atípico, o que culminaria no necessário afastamento da natureza meramente residencial[60].

---

58. BRASIL. Lei n. 8.245/1991. "Art. 50. Findo o prazo ajustado, se o locatário permanecer no imóvel sem oposição do locador por mais de trinta dias, presumir-se-á prorrogada a locação por tempo indeterminado, não mais sendo exigível o pagamento antecipado do aluguel e dos encargos".

59. Este é um dos argumentos apresentados pelo Ministro Luis Felipe Salomão em seu voto como relator do Recurso Especial 1819075/RS. BRASIL. Superior Tribunal de Justiça. *Relator vota pela impossibilidade de que condomínios proíbam locações de curta temporada via Airbnb*. Disponível em: http://www.stj.jus.br/sites/portalp/Paginas/Comunicacao/Noticias/Relator-vota-pela-impossibilidade-de-que-condominios-proibam-locacoes-de-curta-temporada-via-Airbnb.aspx. Acesso em: 30 set. 2020.

60. Em sua fundamentação o relator para voto, Ministro Raul Araújo, assim posiciona-se: "No caso dos autos, tem-se um contrato atípico de hospedagem, expressando uma nova modalidade, singela e inovadora de hospedagem de pessoas, sem vínculo entre si, em ambientes físicos de padrão residencial e de precário fracionamento para utilização privativa, de limitado conforto, exercida sem inerente profissionalismo por proprietário ou possuidor do imóvel, sendo a atividade comumente anunciada e contratada por meio de plataformas digitais variadas". BRASIL. Superior Tribunal de Justiça.

Para a maioria do Superior Tribunal de Justiça, portanto, havendo destinação residencial constante da Convenção do Condomínio, a proibição da disponibilização do imóvel para hospedagens temporárias é legítima, por implicar em desvirtuamento da finalidade do imóvel e torná-lo comercial. Sem prejuízo, semelhante proibição, ou até autorização, poderá advir da deliberação em assembleia, desde que por maioria qualificada.

O tema, como dito, segue controvertido, a exemplo da ressalva feita pelo Ministro Antonio Carlos Ferreira, que no bojo de sua manifestação advertiu não ser este o precedente adequado para tratar das limitações ou autorizações relacionadas às locações para temporada dadas as peculiaridades constantes no processo então sob exame.

É certo, todavia, que as relações contratuais movimentadas pela estrutura do compartilhamento e filosofia do acesso guardam consigo, entre outras características, as de ampliação aos serviços prestados, de modo que cada vez mais empreendimentos são inaugurados sob a publicidade de confortos relacionados a minimercados, espaços para *home office* e serviços de lavanderia, tudo nas dependências do condomínio, cuja natureza é eminentemente residencial.

Sendo assim, com o máximo respeito à recente posição do Superior Tribunal de Justiça, vincular a espécie contratual às facilidades oferecidas pelo locador não parece suficiente para afastar a condição residencial, uma vez que consistem em meras liberalidades nem sempre conclusivas para a celebração do negócio. Neste ponto é fundamental conciliar a interpretação aos ditames do artigo 112 do Código Civil, isto é, o reconhecimento do que pretendiam as partes para além do sentido literal da linguagem (*hostess* e *guest*).

Criar uma presunção de que há hospedagem atípica e, portanto, natureza comercial, desloca da relação contratual o efetivo estado anímico dos contratantes, que pode ser justamente aquele contido no artigo 48 da Lei n. 8.245 de 1991, ou seja, permanência temporária em imóvel mobiliado ou não para fins de lazer, saúde, trabalho, estudos ou quaisquer outros motivos que permitam contratos de curta temporada[61], sobre o qual há inequívoca natureza residencial.

Parece, portanto, ser o caso de compreender que há nas relações contratuais estimuladas pela plataforma Airbnb, via de regra, um típico contrato de locação imobiliária por temporada, com regulamento específico tratado na Lei n. 8.245/1991, o que, por sua vez, afasta a argumentação de relação comercial, ressalvado o respeito pelas respaldadas opiniões divergentes.

---

61. A este respeito, esta autora manifestou-se, antes da veiculação do inteiro teor do acórdão do REsp n. 1.819.075. MIGALHAS. *O dilema dos contratos via Airbnb: análise a partir do artigo 112 do Código Civil no mundo das locações on demand*. Disponível em: https://www.migalhas.com.br/depeso/346004/o-dilema--dos-contratos-via-airbnb. Acesso em: 28 jul. 2021.

5.2.1.2 Locação para temporada: uma tentativa de burlar as regras nas relações de hospedagem

Malgrado seja essencialmente locação sem fins comerciais, não se pode fechar os olhos para usuários – pessoas físicas e jurídicas – que vislumbraram neste ramo a possibilidade de desenvolver atividades comerciais sobre as quais, não há dúvidas, deve ser feita a devida distinção, principalmente no sentido de evitar a propagação de uma exploração hoteleira paralela, ou seja, sem incidência de tributos, sem fiscalização das agências sanitárias e demais ônus que contratos de hospedagem implicam.

O risco de transgressão de uma simples locação para temporada para uma especulação hoteleira à margem da regulamentação, como se verá, é objeto de inúmeros debates ao redor do mundo e deve ser analisado com cautela também no Brasil, notadamente ao se verificar os números envolvidos, como os obtidos pelo jornal Folha de S. Paulo, em 2019, revelando que os maiores anunciantes do Airbnb são profissionais[62].

Os dados obtidos pelo periódico paulistano demonstram que, embora os usuários comerciais sejam em número reduzido, concentram cota expressiva de imóveis cadastrados nos *sites* Airbnb. Verificada a exploração comercial, de fato, ganham força as crescentes restrições condominiais ao modelo de negócio, muito embora a questão seja frequentemente levada aos Tribunais e demande a análise pormenorizada da atividade no caso concreto[63].

Todavia, para além destas hipóteses, resta analisar as vedações oriundas da locação por temporada efetuadas por pessoas físicas, dentro dos mais elementares princípios do compartilhamento propostos pelo Airbnb. O debate envolve a exploração econômica da coisa, sua função social e os usos normais em relação ao direito de vizinhança.

---

62. FOLHA DE S. PAULO. *Maiores anunciantes no Airbnb são empresas com até 157 imóveis*. Levantamento da Folha analisou 26 mil anúncios no Rio de Janeiro e em São Paulo. Por: Leonardo Diegues, Marina Gama Cubas e Fábio Takahashi. Disponível em: https://www1.folha.uol.com.br/mercado/2019/05/maiores-anunciantes-no-airbnb-sao-empresas-com-ate-157-imoveis.shtml. Acesso em: 05 out. 2020.

63. O Tribunal de Justiça do Estado de São Paulo tem analisado a questão sob o prisma casuístico, conforme se depreende do seguinte julgado: "APELAÇÃO CÍVEL – Mandado de Segurança – Proprietários de imóvel localizado em área estritamente residencial que pretendem a obtenção de provimento jurisdicional que impeça a Administração Pública de proibir a locação de curto prazo do bem por meio das plataformas Airbnb e Booking – Particularidades do caso concreto que demonstram o desvirtuamento do modelo de negócios de economia compartilhada, a afastar entendimento jurisprudencial que equipara os serviços prestados por tais plataformas a contratos de locação por curta duração – Serviços prestados pelos impetrantes que não se limitam ao oferecimento de quartos, mas incluem café da manhã, transfer e lavagem e passagem de roupas – Ausência de demonstração da liquidez e certeza do direito invocado – Recurso provido. BRASIL. Tribunal de Justiça de São Paulo. Apelação/Remessa Necessária 1001196-84.2020.8.26.0099; Rel. Aliende Ribeiro; Órgão Julgador: 1ª Câmara de Direito Público; Foro de Bragança Paulista – 4ª Vara Cível; j. 21.07.2020; Registro: 21.07.2020".

5.2.1.3 Restrições ao direito de propriedade e o direito de vizinhança nas locações Airbnb

Em assembleias gerais de condomínios edilícios têm crescido as deliberações pela proibição da locação nos modelos fornecidos por plataformas do gênero Airbnb, sob os fundamentos de que isso provoca um aumento exponencial da circulação de estranhos no interior do condomínio, expõe os moradores a riscos e aumenta o desgaste das áreas comuns, implicando em afronta nos três parâmetros básicos da relação de vizinhança: saúde, sossego e segurança.

Portanto, embora o imbróglio apresente-se em casos de condomínio edilício, tata-se no fundo de questão afeta ao direito de vizinhança e suas balizas frente ao exercício proprietário. Sem prejuízo, também é preciso sopesar em que ponto a função social da propriedade reside com maior potencialidade: no acatamento ao suposto bem comum provocado pela maioria dos condôminos ou no exercício do potencial de exploração econômica da coisa ociosa.

Sob o ponto de vista das decisões coletivas obtidas por assembleias gerais de condomínio, é de bom tom lembrar que o direito de propriedade, mesmo em seus primórdios romanos, recebeu limites decorrentes do direito de vizinhança[64]. No Brasil, encontra-se regulado entre os artigos 1.277 a 1.313 do Código Civil, aplicando-se às relações horizontais e verticais, conjugadas às normas relativas ao condomínio edilício, no caso de prédios de andares.

Das principais teorias que tratam a causa do direito de vizinhança, entende-se que o Código Civil de 2002 encampou a mista de San Tiago Dantas[65], uma vez que uniu argumentos da teoria do uso normal proposta por Rudolf von Jhering e a teoria da necessariedade, proposta por Pietro Bonfante[66]:

---

64. Ver capítulo 3.
65. "Encarando as relações de vizinhança e pretendendo discipliná-las, o legislador se inspirou em um duplo critério legislativo: quis estabelecer a lei de convivência entre os prédios demarcando aos proprietários suas esferas de ação e, criando, por uma rede de encargos recíprocos, as condições de exercício pleno e pacífico dos seus direitos; era um critério da 'coexistência dos direitos'. Algumas vezes, entretanto, ao lançar os encargos, não hesitou em chegar mais longe: compreendendo que é de interesse público estimular, desobstruir, defender certas iniciativas privadas, foi ao ponto de sacrificar a elas o caráter exclusivista do domínio; esse sacrifício importava, porém, na expropriação de uma servential [...]". (SAN TIAGO DANTAS, 1972, p. 264). Para Paulo Lôbo (2014, p. 62), o Código Civil brasileiro perfilhou a teoria do uso normal de Rudolf von Ihering; de outro lado, para Gustavo Tepedino, Carlos Edison do Rêgo Monteiro Filho e Pablo Renteria, houve adoção à teoria mista de San Tiago Dantas (2020, p. 208).
66. Para justificar a sua teoria mista, San Tiago Dantas (1972, p. 145-150) traz acurada análise das principais teses de fundamento do direito de vizinhança, entre elas a de Spangenberg (imissões corpóreas) que não prosperou por desconsiderar os conflitos de vizinhança típicos da sociedade industrial (sons, fumaça, poluentes etc.) e criticada por Rudolf von Ihering, este contraposto por Bonfante (1972, p. 146): "A Alemanha, país onde cedo a industrialização fêz sentir os seus efeitos, e onde vigorava como direito comum o romano, foi o campo de elaboração doutrinária em que se formou, através de Rudolf von Ihering e dos seus antecessores, a teoria adequada às novas condições de vida, – a do uso normal. Nela, com razão, se viu uma arma de defesa da propriedade contra a absorvente expansão das indústrias. E não será exagerado dizer que a mais considerável reação surgida contra esta doutrina, – a teoria de Bonfante sôbre o uso necessário, – é por sua vez uma valorização da indústria perante as demais destinações da propriedade".

> Aos dois grandes princípios ora enunciados, reconduzem-se as normas materiais contidas no Código Civil para composição dos conflitos entre vizinhos. Há casos em que o conflito se compõe pela atribuição de um dever e de um direito fundados no princípio da coexistência. Há outros em que se compõe pela atribuição de um dever e um direito fundados no princípio da supremacia do interêsse público.[67]

A incorporação da teoria mista parece bastante clara a partir da análise dos artigos 1.277 e 1.278 do Código Reale[68]. O primeiro pela ideia da teoria do uso normal, o segundo, pela teoria da necessariedade. A teoria do uso normal da coisa própria verificará as interferências no imóvel contíguo sob o prisma das necessidades normais da vida cotidiana, portanto, aqueles toleráveis para a média das pessoas; de outro lado, a fim de complementar a teoria de Rudolf von Ihering, Pietro Bonfante entendeu que, embora houvesse indiscutível valor teórico na ideia do uso normal, ela carecia de um princípio geral; também substituiu a expressão uso normal por uso necessário. No último caso, isto é, na teoria da necessariedade, Pietro Bonfante procurou distinguir entre a lesão a um direito e a lesão a um interesse. A segunda hipótese, no entanto, não estaria contida na chamada esfera interna do proprietário e, portanto, não geraria repercussões jurídicas no âmbito da vizinhança.[69]

Situada na esfera do uso normal ou anormal da propriedade, portanto, notadamente no contexto do artigo 1.277 do Código Civil, cabe, neste particular da locação por temporada via plataforma Airbnb, compreender o limite de extensão dado aos demais condôminos para deliberar em assembleia geral a proibição da atividade. Trata-se de uma circunstância de restrição ao direito de propriedade atinente à intensidade deste exercício[70] e, portanto, recai sobre a discussão entre bom e mau uso da coisa.

Inicialmente, é necessário analisar se os riscos à saúde, sossego e segurança, a partir da noção de uso normal, são presumíveis. Paulo Lôbo[71] observa que bastaria a ameaça de prejuízo aos três referidos pilares para que estivesse justificada a interferência, não havendo necessidade de prova do prejuízo. De outro lado, Maria Helena Diniz[72] tratando dos fundamentos do direito de vizinhança, faz alerta no sentido de que a invocação de restrições deve guardar certa razoabilidade: "[...] se

---

67. SAN TIAGO DANTAS, 1972, p. 265.
68. BRASIL. Código Civil (2002). "Art. 1.277. O proprietário ou o possuidor de um prédio tem o direito de fazer cessar as interferências prejudiciais à segurança, ao sossego e à saúde dos que o habitam, provocadas pela utilização de propriedade vizinha. Parágrafo único. Proíbem-se as interferências considerando-se a natureza da utilização, a localização do prédio, atendidas as normas que distribuem as edificações em zonas, e os limites ordinários de tolerância dos moradores da vizinhança; Art. 1.278. O direito a que se refere o artigo antecedente não prevalece quando as interferências forem justificadas por interesse público, caso em que o proprietário ou o possuidor, causador delas, pagará ao vizinho indenização cabal".
69. GOMES, 1998, p. 194-195.
70. As assembleias não questionam a possibilidade de locação residencial, mas a viabilidade da locação por temporada com alta rotatividade de inquilinos.
71. LÔBO, 2014, p. 64.
72. DINIZ, 2017, p. 314.

os proprietários pudessem invocar uns contra os outros o seu direito absoluto e ilimitado, impossibilitados estariam de exercer qualquer direito [...]".

Embora as noções de direito de vizinhança guardem conteúdo limitador ao direito de propriedade em caráter também preventivo – desde que atual ou iminente – a presunção de que a simples disponibilização do imóvel em plataformas digitais acarreta prejuízos aos demais condôminos, que não deve ser absoluta, acaba por analisar apenas parte do problema.

A tomada de decisões e a avaliação do conteúdo das proibições merece ser sistemática à luz de dois parâmetros básicos: primeiro, as deliberações no âmbito das relações de vizinhança devem ocorrer a partir de uma comunhão de decisões e nunca sob o prisma da unilateralidade[73]; segundo, ao tratar da função social da propriedade, no capítulo três deste trabalho, verificou-se que para além de uma noção de exercício que não cause prejuízos à comunidade, o proprietário deve ter um comportamento ativo na promoção dos valores constitucionais.

Neste sentido, o argumento de que a disponibilização compartilhada do imóvel via plataformas promove a função social da propriedade decorre muito da noção de que social não é apenas o comportamento não individualístico, mas aquele que "aplaude o emprego, para defini-lo, como critério de avaliação de situações jurídicas ligadas ao desenvolvimento de determinadas atividades econômicas, para maior integração do indivíduo na coletividade".[74]

Parte deste comportamento ativo exigível vai ao encontro do esforço contra o subaproveitamento dos bens, pilar na economia colaborativa[75]. Assim, imóveis que estão desocupados passam a ter espaço no mercado, uma vez que oferecem contratos de menor duração em ambientes residenciais. Há um diferencial decorrente da circulação de riquezas que outorga às locações por plataforma um instrumento hábil justamente na concretização da função social da propriedade por evitar a ociosidade da coisa.

Averiguar os eventuais prejuízos de admissão das locações por temporada em edifícios residenciais implica na análise do critério da razoabilidade, ou na noção do que seria o uso anormal. Entende-se que o uso normal corresponde ao padrão de conduta averiguado naquela espécie de imóvel, bairro, cidade. Nota-se que é um conceito absolutamente aberto e variável, que considerará uma conduta *standard* a depender da comunidade em questão[76].

---

73. PEREIRA, 1994, p. 142.
74. GOMES, 2012, p. 120.
75. Ver capítulo 5.
76. "Qual o critério pelo qual se diferencia o que é tolerável do que é intolerável? Não poderíamos responder que tolerável é o que decorre do 'bom uso' e intolerável o que decorre do 'mau', porque com isso apenas autorizaríamos a indagação do que entendemos designar tais palavras. Temos, portanto, de investigar os critérios de tolerabilidade; ele nos fornecerá o meio de distinguir o mau uso do bom, e fixará, por conseguinte, o limite do direito de propriedade" (SAN TIAGO DANTAS, 1972, p. 64).

Diante deste panorama, é preciso compreender que as deliberações em assembleia geral, embora exigências de constituição e boa convivência em condomínio, não podem se sobrepor ao direito de propriedade sem razão bastante, com base em presunções sem fundamento concreto, notadamente quando este exercício mostra-se funcionalizado. Em outras palavras, se o uso da propriedade é bom, os prejuízos alegados pelos vizinhos devem ser tolerados:

> Se o imóvel, de onde as imissões partem, é destinado pelo proprietário ao exercício de uma indústria, ou de outra atividade cujo fomento seja de interesse comum a composição do conflito se baseará num princípio; se porém a destinação que lhe dá o dono é dessas que se confinam no seu exclusivo interesse, em outro princípio se fundará a composição [...] Não nos precisamos socorrer de outros senão daqueles que informam, como vimos, tôda a sistemática dos direitos de vizinhança no nosso Código Civil: 1º – o princípio da coexistência dos direitos; 2º – o princípio da supremacia do interesse público.[77]

É preciso cautela, contudo, ao analisar as hipóteses de proibições oriundas de convenções de condomínio, isto porque, estas têm ampla publicidade com registro no Cartório de Registro de Imóveis e força vinculante aos participantes e futuros adquirentes, independentemente de participação na sua constituição[78]. Destarte, um novo proprietário de unidade autônoma, que passa a integrar aquela coletividade, não pode alegar desconhecimento da proibição. Neste caso, não parece uma questão de ofensa ao direito de propriedade, mas de observância ao exercício da autonomia dos condôminos em um pacto coletivo de convivência pacífica instituído antes mesmo da chegada do novo titular da coisa.

As discussões normalmente decorrem das alterações promovidas pela assembleia após o início da utilização do modelo por moradores, que ali se instalaram antes de haver qualquer proibição, notadamente quanto ao exercício abusivo do direito.

Como já ressaltado, nas restrições condominiais não são apenas os direitos dos demais condôminos os colocados em questão. Há uma legítima preocupação na instituição de hotéis clandestinos, fomentados pelo alto número de circulação de pessoas sem qualquer fiscalização estatal ou incidência tributária, ensejando uma concorrência desleal com o ramo da hotelaria. Com relação a este ponto, cidades como Paris e Amsterdam[79] foram as primeiras a cravar um marco regulatório para as locações via Airbnb, seguidas por Nova York, San Francisco, Berlim e Barcelona.

---

77. SAN TIAGO DANTAS, 1972, p. 274.
78. Há discussão acerca da natureza jurídica da convenção de condomínio. Caio Mário da Silva Pereira (1996, p. 130) compreende tratar-se de ato-regra. No mesmo sentido, Maria Helena Diniz (2017, p. 265), Gustavo Tepedino, Carlos Edison do Rêgo Monteiro Filho e Pablo Renteria (2020, p. 250). Em sentido oposto, Arnaldo Rizzardo (2011, p. 617) se manifesta: "Considera-se a convenção um contrato, pois representa a manifestação de vontade da maioria determinada por um padrão legal, com força de lei entre as partes e terceiros, em suas relações jurídicas com o condomínio", o que parece encontrar limitações, por exemplo, na noção de relatividade dos efeitos dos contratos frente aos moradores que não participaram de sua constituição".
79. STONE, 2017, *e-book*.

5 • AUTONOMIA PRIVADA: A INCIDÊNCIA DA NEGOCIAÇÃO EM ESPAÇOS DE HISTÓRICA RIGIDEZ

Em todas as grandes cidades citadas houve a implementação de regras que limitaram os prazos de locação por temporada e o número de diárias oferecidas por ano; obrigaram os proprietários a cadastrarem seus imóveis nas prefeituras, os sujeitaram à fiscalização e à tributação. Há uma batalha para evitar a exploração comercial do negócio.

5.2.1.4 Limitações aos contratos de locação via Airbnb e a função social da propriedade

Cidades turísticas como Paris e Barcelona verificaram que a alta disponibilidade para locações de curto prazo provocou uma elevação excessiva nos preços de locações residenciais duradouras justamente em razão da redução de ofertas. Portanto, para muito além das noções de direito de vizinhança, a questão deve evitar o desequilíbrio econômico de certos setores, causando prejuízos à população como um todo[80]. Trata-se da tutela externa do crédito[81], isto é, quando os contratos celebrados passam a produzir efeitos prejudiciais à coletividade, implicando em uma exceção ao princípio da relatividade dos seus efeitos[82]. Nestas hipóteses, é preciso relembrar que a função social dos contratos também faz morada e, justamente na chamada eficácia externa, colocaria em questão a celebração de contratos que provoquem desestabilização no sistema habitacional de uma determinada comunidade.

No Brasil, o senador Ricardo Ferraço apresentou o Projeto de Lei n. 748/2015 pretendendo alterar a Lei de Locações (Lei n. 8.245/1991) para incluir em seu artigo 48 a variação correspondente à locação por temporada em plataforma *online*, numa tentativa de regular o Airbnb e aplicativos similares. O projeto acabou sendo arquivado e, atualmente, não há nenhum outro a respeito, muito embora haja leis

---

80. O Laboratório Espaço Público e Direito à Cidade, coordenado pela Faculdade de Arquitetura e Urbanismo da Universidade de São Paulo (USP) compartilhou pesquisa a respeito dos efeitos da locação por Airbnb e consequências nocivas experimentadas ao redor do mundo, mesmo em locais nos quais já existe regulamentação: "Muitas cidades turísticas já estão diante de graves problemas de moradia. Como os incentivos para alugar pela plataforma são muito altos, principalmente em bairros bem localizados, com equipamentos culturais e infraestrutura consolidada, há uma diminuição da oferta de unidades de locação de longo prazo nestes lugares. Diversos estudos e denúncias de movimentos sociais indicam que esta substituição também provoca um aumento generalizado nos preços dos aluguéis, expulsando os moradores indiretamente". LABCIDADE. *AirBnB:* do compartilhamento do quarto vazio à exploração por empresas. Por Bianca Tavolari. Publicado em 30 jul. 2019. Disponível em: http://www.labcidade.fau.usp.br/airbnb-do-compartilhamento-do-quarto-vazio-a-exploracao-por-empresas/. Acesso em: 05 out. 2020.

81. O tema da tutela externa do crédito foi abordado no capítulo 2 desta tese, ao distinguir os direitos pessoais dos direitos reais e uma eventual aproximação entre ambos em razão da função social dos contratos sob a eficácia externa.

82. Marcos Catalan (2013, p. 205) defende um novo sentido à relatividade dos efeitos dos contratos: "A relatividade dos efeitos do contrato é outro vetor a adquirir novo sentido no Estado Democrático de Direito. A noção segundo a qual os contratos vinculam e produzem efeitos apenas entre as partes – alcançando, é verdade, seus sucessores e cessionários – deixa de ser a única realidade em uma sociedade marcada pela contratação em massa e pelo entrelaçamento desses contratos, bem como pela inspiração buscada no vetor constitucional da solidariedade social".

municipais em vigência na cidade de Caldas Novas (Lei n. 4050/2017) e Ubatuba (Lei Complementar n. 99/2017).

De todo o exposto, as relações negociais provocadas por plataformas como o Airbnb fomentam um debate jurídico complexo. Muito embora por essência o contrato tenha atributos de locação por temporada[83], tem crescido a exploração comercial da plataforma por "proprietários profissionais" alimentando uma burla aos ônus típicos da hotelaria e até mesmo ao mercado dos corretores de imóveis. Verificada a noção comercial, parece difícil sustentar a manutenção da finalidade residencial. De outro lado, para anfitriões que cedem o imóvel com baixa frequência, o argumento de alteração de destinação do imóvel não pode prosperar.

A noção de que o compartilhamento do bem estaria justificado porque promove a função social também deve ser vista com ressalvas, principalmente se observadas as experiências estrangeiras que demonstram aumento nos preços da locação, encarecendo e tornando menos viável o acesso aos imóveis aos moradores da comunidade.

O uso anormal da propriedade, portanto, deverá observar a finalidade do imóvel e os limites toleráveis de circulação de estranhos dentro da realidade comunitária, podendo os moradores se reunirem em assembleia para vetar a disponibilização e alterar a convenção de condomínio, pelo que o proprietário estará subordinado, sem que isso compreenda ofensa ao direito de propriedade. Proibições sem previsão em convenção devem ser consideradas abusivas, uma vez que não observado o critério do consenso geral.

Tem-se, nos contextos analisados, alguns dos imbróglios criados pelas noções de acesso e de compartilhamento na atualidade, que demandam desde uma reflexão sobre os limites do exercício proprietário até o fomento da função social também pela exploração econômica da coisa pela via contratual.

A maior disponibilização de acesso a bens e titularidades promove valores constitucionalmente protegidos, mas a proteção daqueles que dela se utilizam ainda se encontra em suspenso, visto que o regime do direito das coisas não possui um espaço definido para as novas modalidades de acesso aos bens, cada vez mais ricos em negócios jurídicos contratuais. Portanto, para além das limitações ao direito de vizinhança, o enriquecimento da via do compartilhamento tem aproximado as

---

83. Há entendimento no sentido de que o contrato entabulado nas relações Airbnb sequer configuraria locação por temporada, mas sim, simples direito de acesso, nova modalidade de fruição dos bens. "No tocante ao caso trazido, e pelo que até aqui foi aduzido com o presente artigo, opõem-se basicamente os seguintes argumentos: (i) a disposição pelo proprietário do bem imóvel através da plataforma Airbnb configura acesso, o que se distingue das noções de posse e também seus efeitos, ou seja, um hóspede que procura um imóvel compartilhado encontra seu comportamento regido por atos de mera permissão ou tolerância, conforme preleciona o artigo 1.208 do Código Civil, não induzindo a posse; (ii) como o acesso não forma posse, dessa forma, não se está diante de um caso de locação por temporada, nos termos da Lei n. 8.245/91, artigos 48 a 50, mas de um instituto novo decorrente do poder de disposição dos bens [...]" (KOLLER; RIBEIRO, 2000, p. 170).

5 • AUTONOMIA PRIVADA: A INCIDÊNCIA DA NEGOCIAÇÃO EM ESPAÇOS DE HISTÓRICA RIGIDEZ

relações reais das relações pessoais, tornando pertinente o debate sobre a tipicidade dos direitos reais, pelo que se retoma o tema.

5.3 TAXATIVIDADE, TIPICIDADE E AUTONOMIA PRIVADA

Estabelecidas as premissas que demonstram a diferença entre a autonomia verificada no âmbito dos negócios jurídicos, notadamente a liberdade contratual e a autonomia proprietária e seu expressivo diálogo, é preciso retomar alguns conceitos. Enquanto a autonomia no âmbito dos contratos oferece a liberdade para que o sujeito crie e modifique suas relações conforme melhor atenda os seus interesses, no direito real esta possibilidade é bastante restrita.

O contexto da autonomia no direito real se dá sob a perspectiva de liberdade para exercer com exclusividade poderes sobre a coisa, tudo isso limitado por um rol *numerus clausus* de direitos reais e um regramento próprio sobre como podem ser exercidos.

Já o contexto desta tese implica notadamente em alcançar os novos padrões desempenhados especialmente pela propriedade numa era em que o acesso e a relação do sujeito com os bens, corpóreos ou não, tem mudado radicalmente. Assim, é preciso compreender como a dinâmica legal pode estar defasada ante um mundo de acesso e de compartilhamento.

Com o crescimento e o fomento das relações contratuais na base do sistema jurídico, inclusive com Enzo Roppo apontando para o fato de que não mais a propriedade, mas o contrato é o centro do ordenamento, seria ainda interessante a manutenção da rigidez no direito das coisas? Este questionamento também é feito em outro contexto, por José de Oliveira Ascensão, cujos argumentos já foram expostos no início desta pesquisa. Primeiramente, rememorando institutos já ambientados, é preciso diferenciar a taxatividade (*numerus clausus*) da tipicidade. A taxatividade é princípio pelo qual os direitos reais são apenas e tão somente aqueles indicados pelo legislador como tais. Não se admite a criação de outros pelo exercício da autonomia privada, com o que se concorda sem ressalvas. Já a tipicidade tem relação com o conteúdo do exercício dentro dos direitos elencados no rol taxativo. Este conteúdo, por sua vez, encontra-se descrito na regulação de cada direito real, estabelecendo limites para o seu exercício[84]. A tipicidade é o espaço de alguma liberdade, é uma forma de trabalhar o direito real.

Embora parecesse que a temática não encontraria espaço para divagações, esta já não era a opinião de alguns juristas desde muito tempo, entre eles, José de Oliveira Ascensão,[85] que justifica a abordagem da autonomia privada em um sistema *numerus clausus* e típico informando que nem todos os pontos estavam resolvidos,

---

84. Neste sentido: TEPEDINO, 1993, p. 82-83 e GONDINHO, 2001, p. 16.
85. ASCENSÃO, 1968, p. 259.

até pelo próprio desenvolvimento das relações negociais. Neste contexto, o jurista português aponta três premissas a serem exploradas:

a) Se não haverá setores da ordem jurídica em que leis especiais, em concorrência com o art. 1306°, consagram o princípio do *numerus apertus*;

b) Se, mesmo no domínio que é coberto pelo art. 1306°, o preenchimento das lacunas rebeldes à analogia não poderá equivaler a uma criação autónoma de direitos reais;

c) Se as partes não podem modificar os direitos reais normativamente admitidos.[86]

No primeiro caso, José de Oliveira Ascensão indica a propriedade sobre bens intelectuais afirmando, em apertada síntese, que se tratam de direitos sobre os quais pairam inquestionável domínio sobre os direitos de gozo da obra intelectual, assim como a concepção de direito absoluto, embora ele venha a concluir que estes não são direitos reais.

No segundo e terceiro pontos abordados pelo autor, as premissas encontram-se na realidade taxativa e, por isso, a abordagem é distinta. O primeiro imbróglio enfrentado é se no direito português seria possível admitir, mesmo com a redação do artigo 1306°, a criação de direitos reais autônomos.[87] Para o autor, dentro dos direitos reais prescritos em lei seria ainda possível detectar lacunas, restando como grande dúvida a possibilidade de criação autônoma de direitos reais pelo intérprete da norma.

Trata-se de uma circunstância em que a relação merece ser regida pela sistemática real, mas não encontra guarida nem no rol fornecido pelo legislador, nem nos conteúdos tipificados. Situação bastante semelhante foi encontrada no direito pátrio algumas vezes ao longo da história, seja no compromisso de compra e venda, seja nos recentes contratos de multipropriedade imobiliária e na situação referendada pelo direito de laje.

Estabelecidas estas premissas, parece essencial criar os limites para a incidência da autonomia negocial no âmbito dos direitos reais. Uma vez diferenciada a taxatividade e a tipicidade, é preciso esclarecer que a autonomia reside apenas e tão somente no segundo, ou seja, a criação de direitos reais ainda é pauta exclusiva do legislador, mas a flexibilização de seu conteúdo merece guarida.

Segundo estudo de Pablo Renteria e Milena Oliveira,[88] qualquer relação, seja pessoal ou real, deve desenvolver-se à luz da norma constitucional, com características promotoras de seus valores. Isso significa que:

(i) os princípios da taxatividade e da tipicidade não podem significar aprisionamento formalista dos direitos reais, já que sua finalidade axiológica limita-se a evitar entraves socialmente inúteis ao aproveitamento dos bens; (ii) aludidos princípios não exaurem o controle axiológico dos

---

86. ASCENSÃO, 1968, p. 259-260.
87. Idem, p. 297.
88. RENTERIA e OLIVA, 2016, p. 4.

5 • AUTONOMIA PRIVADA: A INCIDÊNCIA DA NEGOCIAÇÃO EM ESPAÇOS DE HISTÓRICA RIGIDEZ

direitos reais sejam merecedores de tutela, consoante se verificou a exemplo do Enunciado n. 308 da Súmula do STJ; (iii) tampouco a atipicidade contratual (e os direitos pessoais atípicos que porventura dela decorram) pode significar que todos os ajustes formalmente válidos sejam merecedores de tutela, devendo os contratos típicos e atípicos realizarem os valores constitucionais.

A colocação é imprescindível para estabelecer que os direitos reais não exaurem o espaço a negociações, porque, embora criados em rol taxativo, a tipificação admite flexibilidade em seu conteúdo. A afirmação também rechaça a ideia de que isso traria insegurança, uma vez que as regras gerais atinentes à modalidade de direito real sob negócio e os ditames relacionados à norma constitucional, assim como à boa-fé objetiva também devem ser vetores de controle e de promoção, sob pena de a situação real tornar-se não merecedora de tutela.

Em uma análise mais acurada, é possível identificar, no caso dos direitos reais, uma série de aberturas do sistema, como na hipótese das servidões, disciplinadas a partir do artigo 1.378 do Código Civil[89], cujo conteúdo apresenta-se altamente versátil, "flexível e plurimórfico".[90] O mesmo se extrai sobre a extensão e o conteúdo do usufruto, que admite pelo artigo 1.390[91], que as partes estabeleçam regras quanto à abrangência, fruição e percepção dos frutos. Tampouco se olvide do poder dado às assembleias condominiais para criar obrigações.[92]

Compreender que a ideia de direitos reais absolutos em seu conteúdo já não cabe ao ordenamento jurídico pátrio é tão fundamental quanto perceber que o direito das coisas não trata apenas da conexão sujeito-bem, mas da conexão sujeito-bem-sujeito ou sujeito-bem-coletividade[93]. Destarte, a limitação taxativa extensiva à tipicidade cria uma rigidez incompatível com as novas formas e múltiplas modalidades a se-

---

89. BRASIL. Código Civil (2002). "Art. 1.378. A servidão proporciona utilidade para o prédio dominante, e grava o prédio serviente, que pertence a diverso dono, e constitui-se mediante declaração expressa dos proprietários, ou por testamento, e subsequente registro no Cartório de Registro de Imóveis".
90. TARTUCE, 2016, p. 401.
91. BRASIL. Código Civil (2002). "Art. 1.390. O usufruto pode recair em um ou mais bens, móveis ou imóveis, em um patrimônio inteiro, ou parte deste, abrangendo-lhe, no todo ou em parte, os frutos e utilidades".
92. OLIVA; RENTERIA, 2016, p. 9.
93. Frederico Henrique Viegas de Lima, em tese aprovada para obtenção da titularidade no cargo de professor da UNB, cujo trecho também se reproduz em artigo publicado pela Revista de Direito Imobiliário (2017, p. 485), assim posiciona-se acerca da tipicidade dos direitos reais: "Seria impossível, e até mesmo equivocado, que o nascimento de um novo direito real se desse pela modalidade de estreitamento de seu conteúdo ou campo de aplicação. Em sentido oposto, este surgimento se dá a partir da modalidade de modificação e ampliação. A ampliação atende perfeitamente aos critérios norteadores da tipicidade, de acordo com a necessidade para a sua inserção no ordenamento jurídico, bem como a sua rentabilidade. Somente assim é possível se falar em justificação causal e praticidade do novo instituto. Sendo típico e, ao mesmo tempo integrante do sistema de *numerus clausus*, pode e deve ter autonomia. Esta entendida como a possibilidade de ser aplicada segundo a sua legítima utilidade e rentabilidade, revelando aí a causalidade e a praticidade indispensável para o seu acolhimento no ordenamento jurídico. Por tudo, podemos concluir que na atualidade, os direitos reais em geral e as propriedades, em particular, cobram um novo formato. As necessidades sociais da pós-modernidade evidenciam a imperiosidade de abertura sistêmica dos *numerus clausus*, permitindo que novos direitos, embora não advindos de uma norma em sentido formal, desde que perfeitamente delineados, possuem a capacidade de serem incorporados à categoria de direitos reais. Sobretudo se pensarmos na superação da categoria de direitos reais como as relações das pessoas e das coi-

rem exploradas pela autonomia negocial. Importa sempre frisar que a proposta dos doutrinadores por uma maior admissibilidade da autonomia no âmbito dos direitos reais não envolve ofensa à taxatividade, mas trata-se da possibilidade de expandir o conteúdo dos direitos reais e, portanto, dar maior vazão à tipicidade, estipulando ajustes que atendam de modo mais amplo e adequado às novas formas de relacionamento entre pessoas e coisas.

Há quem levante que, sendo a publicidade fundamental para a eficácia *erga omnes* dos direitos reais, o fato de o artigo 167 da Lei de Registros Públicos enumerar os títulos passíveis de registro tornaria inviável a incidência de qualquer autonomia para atribuição de conteúdo de direitos reais, confirmando o *numerus clausus*.[94]

De outro lado, Marcelo Terra[95] adverte que tal posição labora contra os princípios registrários, cujo objetivo último consiste em facilitar o ingresso dos títulos, não havendo óbice à publicidade de um direito real para além das hipóteses elencadas na Lei n. 6.015/1973, desde que guardada a delimitação quanto ao seu conteúdo, duração e titularidade.

Ademais, a criação de meios de publicidade adequados atenderia às exigências atinentes a argumentos de segurança e sequela típicas dos direitos reais. Aliás, o italiano Alessandro Natucci[96] observa que havendo previsão expressa para tornar oponível um direito atípico, não se identificaria qualquer ofensa ao sistema dos direitos reais.

Sem prejuízo, também não poderia o oficial negar-se ao registro de contrato para além das hipóteses elencadas no artigo 167 da Lei n. 6.015, porque tal comportamento incidiria em ofensa ao princípio da legalidade, uma vez que tipicidade não se confunde com o dever ao qual está adstrito no sentido de observância à legislação como um todo, inclusive pelo que consta dos artigos 421 e 425 do Código Civil, isto é, a liberdade contratual.[97]

A propósito, a ideia caminha ao encontro de uma interpretação sistemática do direito, isto é, para além de microssistemas que não se comunicam. A interpretação sistemática e até mesmo o diálogo das fontes é que provoca o aplicador e intérprete da norma a não se engessar em conceitos incompatíveis com a dinâmica atual de negócios: rápida, fluida, versátil.

Por esta razão, a fim de evitar insistência em um modelo hermético, padronizado e que não atende às demandas da atualidade, é preciso utilizar regras de equilíbrio[98]

---

sas – relações reais – e formos ao encontro da noção de que estes possuem, em realidade, relações pessoais, desenvolvidas de pessoa a pessoa".

94. CARVALHO, 1976, p. 76.
95. TERRA, 2013, p. 509.
96. NATUCCI, 1988, p. 162.
97. OLIVA; RENTERIA, 2016, p. 13.
98. Os autores chamam atenção para as regras de calibração, conceito criado por Tercio Sampaio Ferraz Junior (2015, p. 4-5) e que atende a conjugação entre regras e princípios na aplicação do direito, através de

normativo, conjugando o interesse pela segurança jurídica e certa mobilidade do sistema.[99]

Não há dúvidas de que o direito das coisas precisa de uma nova leitura, capaz de alcançar as múltiplas e infinitas possibilidades de negociação que se arvoram. A ausência de estudo e posição dos tribunais, somada a uma eventual criação legislativa prorrogam a insegurança e prejudicam a inserção e o reconhecimento de hipóteses potenciais na circulação de riquezas, como é o caso das duas mais recentes mudanças, o direito real de laje e o condomínio em multipropriedade, que serão analisadas no próximo capítulo.

---

instrumentos positivos como os princípios, cláusulas gerais e termos jurídicos indeterminados, bastante utilizados pelo legislador no Código Civil de 2002.

99. CAHALI; RODOVALHO, 2015, p. 3.

6
ACESSO: IMPACTOS NO DIREITO SUBJETIVO DE PROPRIEDADE, REVOLUÇÃO 4.0 E A ECONOMIA DE COMPARTILHAMENTO

6.1 O ACESSO COMO NOVA FORMA DE EXPERIMENTAR A PROPRIEDADE

Em uma de suas obras, Tercio Sampaio Ferraz Júnior[1] menciona: "No mundo que nos é comum, existe sempre o retorno do mesmo: coisas que sempre ocorrem de novo, fenômenos que sempre se realizam novamente". Por esta razão, é possível buscar na história se em algum momento o homem viveu a noção de titularidade de forma similar aos dias atuais, por isso também, o medievo – com os riscos que a aproximação conceitual implica e ciente dos distintos fundamentos – poderia ser apontado como o período em que a propriedade teve alguma identidade ao compartilhamento crescente.

É certo que o sentido de propriedade aponta para conceitos de estabilidade, então, o que varia, o que flui, não é o apropriar-se em si mesmo, mas como deve ser experimentada a apropriação. Assim, a propriedade se transforma, se revisita, se recompõe para afastar ou incorporar noções aptas a dar-lhe o significado mais apropriado ao lapso temporal em que se instala.

De um absolutismo romano, para o comunitarismo germânico e medieval, a propriedade privada alcançou novos traços individualistas com o liberalismo francês e se funcionalizou em meados do século XX. Agora, com a desmaterialização dos bens provocada pelos incontornáveis impactos das tecnologias, a propriedade volta a se revisitar e buscar a leitura que melhor incorpore seu conteúdo em um período de "erosão do real jurídico pelo mundo virtual".[2-3]

---

1. FERRAZ JÚNIOR, 2014, p. 15.
2. "Se o universo corpóreo conhecido (casas, móveis, cadeiras, mesas, cigarros, livros, imagens etc.) constituía até agora o meio ambiente de nossa existência (Daisen), orientar-se no mundo significava mover-se entre coisas, separando-as, isto é, classificando-as nas suas diferentes formas (corpóreas/incorpóreas, móveis/imóveis, sensíveis/intelectivas, materiais/imateriais etc.), projetando-as em espaços regulados: o meu, o teu, o nosso, o deles" (FERRAZ JUNIOR, 2014, p. 34).
3. Idem, p. 29.

Destarte, quando se diz acesso, a noção parece demasiadamente ampla e pode incorporar acesso à informação, à internet, à educação, à justiça, à saúde, ao meio ambiente equilibrado, entre outros, mas não é esse o foco desta tese. Portanto, o acesso sob a ótica desta pesquisa se limita às consequências de um novo padrão de comportamento nos direitos reais e ao estudo de alguns instrumentos negociais existentes para assegurar a inserção deste novo conteúdo ao complexo das titularidades e no exercício do direito subjetivo de propriedade.

Delineadas nos capítulos iniciais as principais fases históricas nas quais o direito de propriedade esteve no centro do debate, mereceram relevo o período romano, a Idade Média e a ascensão burguesa. Sempre e em qualquer das etapas, com diferentes níveis de atuação, este direito subjetivo exerceu influência sobre os modelos econômico-sociais do mundo. Teorias da função social e os direitos fundamentais sociais marcam época e remodelam o direito privado a partir da linguagem civil--constitucional.

Agora, os novos hábitos provocam, para além de social, que a propriedade seja comunicacional e isso afeta o seu condão de direito subjetivo, afeta a concepção de exclusividade. Isto é, não basta obedecer aos padrões exigíveis pelo artigo 1.228 e parágrafos do Código Civil; mais do que desenvolver seu conteúdo sob a luz do disposto na ordem constitucional, o acesso funcionaliza a exclusividade[4] e promove a criação de negócios que modelam o exercício do direito subjetivo sob perspectivas desafiadoras e desconhecidas.

Por isso, as coisas corpóreas precisam, de algum modo, incorporar o intangível que se impõe e parte importante desta noção deve ser extraída da ideia de acesso. Portanto, não há intenção de explorar, para fins desta tese, o acesso em seu sentido mais amplo, que alcança bens imateriais (direitos autorais, propriedade intelectual e até mesmo direitos difusos), mas apenas os seus reflexos no direito de propriedade privada como direito real máximo disciplinado pelo Código Civil brasileiro no seu Livro III, do Direito das Coisas.

Isso implica, por consequência, uma análise filosófica, porque no mundo virtual que se colocou diante da sociedade, o chamado *homo ludens*[5] nem sempre está disposto a lidar com coisas, mas a acessá-las e isso se faz mediante autonomia privada, a partir de negócios jurídicos não raramente atípicos. Nota-se que, para fins de direitos reais, o acesso precisa estar enclausurado em coisas, e este termo (acesso) que antes parecia tocar apenas a ordem da imaterialidade passa a acontecer no plano dos bens corpóreos. Os negócios começam a ser desenvolvidos de modo

---

4. FERRAZ JÚNIOR, 2014, p. 49.
5. "Atualmente, com a revolução tecnológica, nasce uma outra figura, o *homo ludens*, que sucede o *animal laborans*, uma nova relação se estabelece: homem/aparelho eletrônico, e que a pessoa humana se transforma em um *performer*, que vive um espetáculo, que dispensa muitas vezes a ação e privilegia o ato de digitar" (DONNINI, 2017, p. 21).

6 • ACESSO: IMPACTOS NO DIREITO SUBJETIVO DE PROPRIEDADE, REVOLUÇÃO 4.0

que o sujeito apropria-se de bens, por vezes, mais em razão da experiência, do que em razão do domínio por si mesmo. Sobre esta transição é o que se passa a expor.

6.1.1 Revolução 4.0: o acesso como forma de fruição dos bens corpóreos

Os direitos reais e o direito dos contratos, mesmo com os indispensáveis impactos da constitucionalização do direito civil, pautam pela máxima da segurança jurídica. Não há quem pretenda desenvolver negócios sob a sombra da incerteza. Ocorre que os negócios celebrados no século passado partiam de um estilo de vida deliberadamente distinto do pregado na atualidade.

Nesse ponto é pertinente a colocação de Jeremy Rifkin,[6] quando pontua que Henry Ford, ao desenvolver a indústria automobilística, não teria, naquele momento, pensado que seria um ótimo negócio alugar seus carros. Sua intenção era a venda, a transmissão de propriedade: ter era sinônimo de sucesso. O mesmo se extrai de um trecho da literatura ficcional em que a norte-americana Toni Morrison, ganhadora do prêmio Nobel, em sua obra intitulada "O olho mais azul", destaca a importância da propriedade para que o negro pudesse ser identificado como alguém de valor e a luta que isso significava para aquelas pessoas que não tinham nada além da força de trabalho[7].

Não há dúvidas de que propriedade exerce protagonismo, mas o desejo por mobilidade lhe confere um impacto nunca experimentado e, por sua vez, promove o setor de serviços. Locação pode não ter sido o sonho de negócio de Henry Ford, mas é justamente o que coloca um número expressivo de empresas em destaque na atualidade, como foi o exemplo do Airbnb mencionado no capítulo anterior.

Fundadas nesta premissa, que busca conjugar segurança jurídica com realidade social, surgem pesquisas que visam incluir estudos mais profundos ao direito de acesso. Preliminarmente, parece pertinente buscar o conteúdo do termo acesso, que vem do latim *accessus* e significava aproximação, entrada.

No dicionário Aurélio, acesso pode indicar, entre muitos significados, ingresso, entrada, trânsito, passagem, comunicação, significados que em muito se aproximam à explicação oferecida por Paulo Lôbo que busca diferenciar o acesso do direito de

---

6. RIFKIN, 2001, p. 61.
7. O trecho literário que retrata a filosofia contemporânea ao fordismo é justamente o seguinte: "Saber que estar na rua era coisa que existia criava em nós uma fome por propriedade, por posse. A posse firme de um quintal, um alpendre, uma parreira. Os negros que tinham propriedade dedicavam toda a energia, todo o amor, aos seus ninhos. Como pássaros frenéticos e desesperados, decoravam tudo com exagero; mexiam e remexiam nas casas conseguidas a duras penas; enlatavam, faziam geleias e conservas o verão inteiro para encher armários e prateleiras; pintavam e enfeitavam cada canto da casa. E essas casas erguiam-se como girassóis de estufa entre as fileiras de ervas daninhas que eram as casas alugadas. Os negros que alugavam lançavam olhares furtivos para aqueles quintais e alpendres de casas próprias e assumiam com mais firmeza o compromisso de comprar um lugarzinho bonito" (MORRISON, 2019, *Kindle*, posição 174).

propriedade, uma vez que "pode-se aceder e usufruir de sua utilidade, sem adquirir-lhe a propriedade".[8]

Um dos primeiros trabalhos relacionados no Brasil é de Eroulths Cortiano Junior (2006), que destaca o acesso não apenas voltado à dinâmica negocial, mas como um conceito muito mais amplo e concretizador da condição mínima existencial humana. Por isso mesmo, o acesso vem muito relacionado a bens de natureza diversa dos tutelados pelo direito das coisas, como informação, alimentos, medicamentos, mas também contempla a utilidade de bens imóveis, como é o caso da multipropriedade imobiliária.

Eroulths Cortiano Junior explora em seu ensaio um acesso que também seja capaz de entregar ao sujeito saúde básica, educação fundamental, bens e serviços [9]-[10]. Neste sentido, a direção invocada aponta algo muito parecido ou absolutamente relacionado aos ditames do direito civil constitucional e à própria criação da teoria dos chamados bens comuns, aproximando-se do acesso como resultado do direito fundamental à propriedade[11].

Nos bens comuns há uma consciência de que a coletividade, para se realizar por completo em suas potências, isto é, para que se tornem viáveis e concretos os fundamentos constitucionais de dignidade, justiça social e fim das desigualdades, deve ter acesso de forma ampla aos mais diversos bens que possam entregar-lhes, entre outros, um meio ambiente equilibrado e uma noção de pertencimento histórico, cultural e transgeracional. A ideia, como dito, é civil constitucional, uma vez que conjuga propriedade pública e propriedade privada criando uma terceira via, que sequer confunde-se com as primeiras.

Todavia, para além destas características existencialistas, a propriedade pode estar se reconstruindo para atender uma nova dinâmica em que os serviços tomam conta de setores antes tipicamente dominados pelos direitos reais, notadamente verificáveis por alguns aspectos: retração imobiliária (desmaterialização dos bens); fomento dos contratos de cessão temporária (empréstimos e locações); criação de novas modalidades de serviços e redução drástica no interesse pela propriedade ou posse prolongadas.[12]

---

8. LÔBO, 2020, *e-book*.
9. CORTIANO JUNIOR, 2006, p. 102.
10. Paulo Lôbo (2020) remete em sua obra o fato de que, em 2010, a Assembleia Geral da ONU inseriu o acesso à água e saneamento básico como direitos fundamentais. Neste rol, também ressaltou a relativização da titularidade da propriedade industrial de alguns medicamentos, como os dedicados ao tratamento da AIDS. É oportuna a colocação de Paulo Lôbo, uma vez que em 2020 tem-se acompanhado uma guerra dos países pela aquisição de direitos sobre vacinas contra o novo coronavírus, inclusive com aquisições em massa por países desenvolvidos, deixando em dúvida como ficarão os estoques para atender países de menor poder econômico.
11. Em seções mais adiante será apresentada a distinção da leitura do direito à propriedade e do direito de propriedade.
12. RIFKIN, p. 26-37.

6 • ACESSO: IMPACTOS NO DIREITO SUBJETIVO DE PROPRIEDADE, REVOLUÇÃO 4.0 — 117

A retração imobiliária tem relação com o novo desenho das corporações, que vem cada vez mais abolindo a ideia de espaços fechados e categorizados por hierarquias, para permitir salas compartilhadas através das quais os colegas possam interagir o máximo possível e, com isso, tomar decisões coletivas que se revelam mais rápidas e eficazes. Esta nova estrutura relacionada ao acesso quebra o paradigma de posse de espaço privado e ressalta a cultura de missão coletiva.

Uma pesquisa desenvolvida pelo Financial Times ainda na década de 1990, previa a ascensão dos escritórios virtuais, sugerindo que as instalações físicas seriam reduzidas em até 25% nos anos seguintes[13]. Recentemente, o movimento ganhou força e expressão nunca vista, muito mais por uma questão de necessidade, com a explosão do novo coronavírus no ano de 2020[14].

A verdade é que entre a pesquisa do Financial Times e o ano de 2020, muitos setores da economia começaram a se desenvolver num ritmo diferente e a investir em propostas muito mais dedicadas aos dados e ao mundo das tecnologias em geral. Tudo isso vem impulsionado pelo fenômeno da coleta de dados fomentada exponencialmente pela internet. Uma vez conectado, o usuário não tem mais controle sobre quem acessa sua localização, informações pessoais e histórico de navegação.

Dentro deste mesmo conceito, na rede é possível captar a rotina de pesquisa de uma pessoa, seus principais interesses e, assim, provocar o consumo direcionado de bens, serviços e informações. Para além do poder político que a coleta de dados impulsiona, no campo negocial sugere novas formas de propriedade, múltiplas opções de contratos de cessão temporária de uso e o fenômeno da economia de compartilhamento.

Assim, todo o raciocínio de que a propriedade ganha novo valor resvala na revolução social que o avanço tecnológico tem produzido. O historiador Yuval Noah

---

13. A pesquisa mencionada por Jeremy Rifkin (2001, p. 27) foi publicada em 23 de setembro de 1998 pelo jornal britânico *Financial Times* e é intitulada *As the information revolution gathers pace, the virtual office will become de norm in many industries.*

14. Grandes empresas têm anunciado mudanças definitivas em seu esquema de trabalho, migrando para o *home office* com todo o quadro de funcionários. Recentemente, o banco de investimentos XP apresentou uma carta de intenções ao seu corpo de colaboradores informando que a empresa se mobiliza para sair da capital paulista, mantendo apenas um único escritório no interior do estado e com trabalho remoto para 100% de seus funcionários. Folha de S. Paulo. *XP vai ganhar nova sede* e oferece trabalho remoto permanente a seus funcionários. Disponível em: https://www1.folha.uol.com.br/mercado/2020/06/xp-vai-ganhar-nova-sede-e-oferece-trabalho-remoto-permanente-a-seus-funcionarios.shtml. Acesso em: 25 jul. 2020. Recente matéria veiculada pelo jornal o Estado de S. Paulo dá conta de um crescimento exponencial no comércio *online* após a pandemia do coronavírus. Segundo consta, empresas avançaram o equivalente a cinco anos em um período de cinco meses em suas expansões *online*, a exemplo da brasileira Natura, que teve um salto de 248% nas vendas *online* no primeiro semestre, assim como a C&A, que aumentou em 350% suas vendas no mesmo período. A matéria ainda divulgou pesquisa do IDC Brasil, na qual constatou-se que 52% dos consumidores não pretendem recuar nos hábitos de negócios *online*. O Estado de S. Paulo. *Empresas aceleram processo de digitalização de olho nos novos hábitos do consumidor.* Disponível em: https://www.estadao.com.br/infograficos/economia,empresas-aceleram-processo-de-digitalizacao-de-olho-nos-novos--habitos-do-consumidor,1119274. Acesso em: 13 set. 2020.

Harari[15] aponta que o dataísmo[16] acredita no interesse pela mobilidade e assim, o fomento da coleta de dados seria fundamental. O exemplo utilizado por Harari invoca o uso de um carro particular e consiste basicamente no seguinte: um sujeito que pega seu carro particular às 8h da manhã para trabalhar e deixa o veículo parado no estacionamento até as 18h, quando finalmente pode voltar para casa, tem um automóvel útil por 1 hora diária.

Supondo que houvesse a coleta desta informação e que sendo possível utilizar este mesmo veículo, no período ocioso, para transportar pessoas que também se deslocam poucas vezes ao dia em horários não confrontantes, seria viável criar um sistema de compartilhamento a partir do trabalho desenvolvido pelos algoritmos. Em vez do carro particular, um carro autônomo.

O israelense afirma não ter dúvida quanto aos benefícios, menos veículos circulando, menos poluição, menos engarrafamento, redução dos acidentes de trânsito, estradas mais conservadas, redução do número de estacionamentos. Tudo excelente, não fosse o alto preço da renúncia à privacidade.

Referidos mecanismos de contratação vêm sendo desenvolvidos sob formas distintas; nas grandes cidades, não são raras as pessoas que, tendo insatisfatório acesso ao transporte público, optam por aplicativos de transporte e carona. O modelo demonstra que o intercâmbio de informações promovido pela tecnologia oferece experiências personalizadas e fomenta o surgimento de novos negócios.[17]

Há, naturalmente, uma relevante preocupação quanto à segurança jurídica das novas modalidades de relações estabelecidas entre sujeitos e máquinas ou sujeitos através de máquinas, pelo que Patricia Peck Pinheiro[18] adverte que antever possíveis consequências e moldar o curso destas mudanças sob o enfoque jurídico é medida essencial.

Coordenar os institutos e os valores jurídicos como função social ao mesmo tempo que os dados fomentam os novos modelos de negócio, portanto, é o desafio. Ao mesmo tempo em que a mobilidade se apresenta como chave para os novos negócios, o acesso é o caminho encontrado, seja no contexto das coisas corpóreas, seja no contexto dos bens digitais, consolidado por uma ideia de prosperidade compartilhada.

Quanto mais métodos negociais surgem, maiores as possibilidades de exploração econômica e social dos bens e serviços e, por sua vez, diferentes formas de concretizar a função social da propriedade e dos contratos, desde que o sistema jurídico

---

15. HARARI, 2009, p. 387.
16. Linha de pesquisa científica que acredita que o universo é um grande compilado de dados e valores sobre qualquer informação que seja e o valor de uma entidade depende da sua contribuição para o tratamento e o processamento destas informações (HARARI, 2009, p. 370).
17. PINHEIRO, 2017, p. 3.
18. Idem, p. 4.

seja capaz de se preparar para regular as consequências da inteligência artificial e dos bens digitais.

Todas estas questões são oriundas da chamada Revolução 4.0, representada pela intervenção humana mínima, novos meios de produção, tecnologia da informação e a própria noção da chamada internet das coisas. Portanto, surge uma realidade no plano virtual que produz riqueza e fomenta negócios em uma perspectiva potencializada e atraente, uma vez que supera a falibilidade humana para confiar em algoritmos.[19]

Pela chamada internet das coisas, uma pessoa poderá ter toda a sua vida conectada através de equipamentos eletrônicos, criando, por exemplo, casas inteligentes. Neste mundo de equipamentos interligados, a privacidade de uma pessoa estará totalmente armazenada em servidores: gosto pelas artes, preferências gastronômicas, hábitos sociais, trabalho, informações sobre saúde e qualidade de vida, hábitos de consumo, saúde financeira, vícios, rede de pessoas próximas e infinitos outros dados, cuja regulamentação de guarda ganha novo sentido após a Lei Geral de Proteção de Dados (Lei n. 13.709/2018).

Com base nestes elementos será possível incrementar exponencialmente os produtos oferecidos, cujo impacto atinge todas as esferas da vida, mas especialmente no âmbito do direito das coisas e dos contratos, a ideia de que é possível viver de acordo com suas preferências. Ocorre que o estímulo ao consumo vai de encontro à estabilidade fomentada pelo direito real de propriedade.

Se o interesse é pela mobilidade, modelos de acesso mostram-se muito mais atraentes, uma vez que permitem que o usuário alcance bens e serviços que lhe interessem naquele momento, podendo trocá-los com a mesma fluidez para o qual as relações atuais parecem convergir. O impacto é tamanho que é possível admitir que a própria oferta de espaços será sugerida ao interessado com base nos dados coletados em múltiplos equipamentos, como os viabilizados pela internet das coisas.

Questiona-se, na realidade, como o direito civil, notadamente o direito das coisas, vem se adaptando para modelos de fluidez e como este modelo pode ser sustentável, sem criar bolhas de consumo e fomentar desigualdades. Isto é, como a era do acesso e do compartilhamento pode ser desenvolvida de maneira a projetar um sistema que contemple todos os cidadãos.

É fato que a internet das coisas e os bens digitais muito remetem às titularidades móveis, uma vez que são relacionados a utensílios e instrumentos do trato cotidiano (celulares, computadores, automóveis, eletrodomésticos em geral), mas a economia de compartilhamento, quando voltada ao mercado imobiliário, desenvolve modalidades contratuais que já vem ganhando espaço nesse segmento. Não é possível deixar de associar a multipropriedade imobiliária e até o direito real de laje,

---

19. FARIA; DAMASCENO, 2019, p. 239-240.

e outros modelos que serão tratados nesta pesquisa, saídos da autonomia privada para impactar no rígido rol de direitos reais.

Os efeitos desses negócios somente se tornam viáveis porque a propriedade não pode ser concebida como um direito solitário. Remetendo ao conceito usado pelo italiano Stefano Rodotá (2013), a propriedade precisa contemplar a coletividade e o caráter promocional das normas constitucionais, e parte disso consiste da sua adequada exploração.

6.2 ACESSO: PROPRIEDADE-ACESSO E ACESSO-TITULARIDADE

O acesso transformou o exercício proprietário em diferentes frentes. É possível interpretá-lo como um caminho para o direito à propriedade (direito fundamental amplo e que incorpora a propriedade em seu sentido existencial – artigo 5º, *caput*). Neste caso é possível incorporar noções tipicamente sociais de apropriação, como as desenvolvidas a partir da posse ou, ainda, aquelas atinentes aos direitos difusos e aos *commons*. Porém, não é disso que o direito das coisas trata especificamente. Esta é a chamada propriedade-acesso e envolve a criação de instrumentos de acesso aos bens (materiais ou imateriais) para o cumprimento dos objetivos da república na construção de uma sociedade justa e solidária.

De outro lado, o acesso também se relaciona ao direito de propriedade, este sim orbitando no campo da titularidade real. Neste caso, o acesso será chamado acesso-titularidade e pode ser entendido como uma das faculdades decorrentes do poder de disposição (em outras palavras, acesso-titularidade seria espécie do gênero "poder de disposição"). Por esta faculdade o proprietário tem também a possibilidade de promover uma utilização consciente da coisa, torná-la útil para a coletividade nos modelos de exploração econômica como a economia de compartilhamento. Todavia, isso se faz por meio de uma especial aproximação entre direitos pessoais e reais, isto é, pela autonomia privada na criação de regimes proprietários inovadores. Para que este raciocínio prospere, é preciso também reconhecer que, embora taxativos os direitos reais, seus modelos de exercício podem ser atípicos, evitando, por exemplo, entraves registrais ou ausência das garantias esperadas a todo aquele que se reconhece titular de poderes sobre alguma coisa.

Considerando que esta tese se propõe a principiar uma discussão que eleve a posição do acesso e seus impactos no direito de propriedade, pertinente será dar conteúdo ao termo no campo da fruição dos bens corpóreos.

Inicialmente, acesso não é simples sinônimo de propriedade porque, conforme mencionado, poderá ser obtido através de relações pessoais, contratos múltiplos de cessão temporária, principalmente a locação e a prestação de serviços. Neste sentido é que Paulo Lôbo[20] adverte: "o direito de acesso pode ser entendido como

---

20. LÔBO, 2020, *e-book*.

instrumento que consiste em satisfazer o uso do bem, independente de sua apropriação exclusiva".

Paulo Lôbo extrai sua posição de estudos aprofundados por Stefano Rodotà[21] em obra intitulada "Il diritto di avere diritti", na qual esclarece:

> Accesso e proprietà si presentano come categorie autonome e, in diverse situazioni, potenzialmente o attualmente in conflitto. Si può accedere a un bene, e goderne delle utilità, senza assumere la qualità di proprietario. In questo senso, l'accesso costituzionalmente previsto ben può essere inteso come strumento che consente di soddisfare l'interesse all'uso del bene indipendentemente dalla sua appropriazione esclusiva[22].

Considerando esta natureza autônoma do acesso e a própria opção legislativa de categorização da posse no direito das coisas, Everilda Brandão Guilhermino[23] propõe um alargamento do conteúdo da matéria, no sentido de incorporar forma de pertencimento que atenda também as experiências pautadas no compartilhamento. Para a autora,[24] há uma "tímida abertura para as relações jurídicas entre pessoas e coisas que não se limitem ao poder de domínio, uma esperança de que a codificação se permita experimentar um alargamento de sua linguagem".

Nas três visões colacionadas, o acesso surge como uma nova categoria no mundo das titularidades capaz de incorporar bens privados e difusos que, segundo sugestão de Everilda Brandão Guilhermino (2018), caberia em uma reflexão mais ampla do direito das coisas. Todavia, é preciso questionar se acesso é sinônimo de titularidade, ou seja, falar em múltiplas titularidades em razão do acesso a determinados bens (materiais ou imateriais) seria suficiente para incorporar a matéria ao estudo do direito subjetivo real? Parece que a resposta é negativa, isso porque *direito à propriedade* não é a mesma coisa que *direito de propriedade*.

Aparentemente, o acesso como categoria autônoma mencionado pelos autores remete em verdade *ao direito à propriedade* e está representado pelo artigo 5º, *caput*, da Constituição da República[25], cuja expressão máxima significa que ter certos bens é o mesmo que ter liberdade, igualdade, segurança, vida digna. Portanto, o acesso como conceito que compreende bens privados e bens difusos a ser inserido no direito das coisas não é a propriedade-titularidade, porque extrapola em todos os sentidos a noção de domínio, é a propriedade em seu espectro amplíssimo. A propósito, a preposição "à", de direito à propriedade, remete ao direcionamento e não ao poder.

---

21. RODOTÀ, 2012, p. 108.
22. Tradução livre: "Acesso e propriedade se apresentam como categorias autônomas e, em inúmeras situações, potencialmente em conflito. Pode-se acessar a um bem, e dele se utilizar, sem assumir a qualidade de proprietário. Neste sentido, o acesso constitucionalmente previsto bem como ser compreendido como instrumento para a satisfação do interesse ao uso do bem independentemente da sua apropriação exclusiva".
23. GUILHERMINO, 2018, p. 81.
24. Idem, ibidem.
25. BRASIL. Constituição Federal (1988). "Art. 5º. Todos são iguais perante a lei, sem distinção de qualquer natureza, garantindo-se aos brasileiros e aos estrangeiros residentes no País a inviolabilidade do direito à vida, à liberdade, à igualdade, à segurança e à propriedade, nos termos seguintes: [...]"

A este alcance existencial do direito à propriedade, Luciano Camargo Penteado[26] deu o nome de propriedade-acesso, que nesta tese adota-se:

> A propriedade, na CF, 5°, *caput*, está garantida como prerrogativa de inviolabilidade no sentido de um direito de ser sujeito de posições jurídicas patrimoniais e mesmo não patrimoniais. Trata-se do direito de ter direitos, corolário da essência mesma do que seja pessoa e que se projeta, no campo do direito das coisas, em um direito a ter propriedades.

É por esta noção de propriedade-acesso que se protege meios de aquisição da propriedade como a usucapião especial e coletiva, a desapropriação posse-trabalho e assim fomenta-se a função social da posse, questão já explorada no início desta pesquisa. É também pela propriedade- acesso que se garante a vida, a liberdade, a igualdade, a segurança, uma vez que a dimensão existencial não está desconectada da dimensão material imediata.[27] Em outras palavras, a propriedade-acesso se constitui pelos mecanismos criados para um necessário impulso social no alcance dos objetivos fundamentais da República previstos no artigo 3° da Carta Magna: construir uma sociedade livre, justa e solidária; erradicar a pobreza e a marginalização e reduzir as desigualdades sociais e regionais.

O direito à propriedade, portanto, é promocional e cria instrumentos para que o sujeito possa evoluir em sociedade a partir de valores como o trabalho e a moradia. Vale a pena aqui relembrar a noção bem desenhada por Arruda Alvim e descrita no início da pesquisa de que a função social da posse nada mais é do que uma subfunção da função social da propriedade, criando leituras que tornem o acesso à propriedade possível aos que realizam os ditames constitucionais fundamentais sociais, como, por exemplo, trabalho, moradia e constituição familiar.

Por estas razões, a propriedade-acesso atende bem aos conceitos de bem comum, incorporação dos bens difusos e sua proteção, mas não poderá ser incluída no livro do direito das coisas, sob as mesmas premissas que a posse.

O direito *de* propriedade, por outro lado, é parte do direito *à* propriedade, é o que tutela o direito subjetivo real máximo, previsto na Constituição em seu artigo 5°, XXII[28], e se justifica porque individualizar a noção de pertencimento também apura os fundamentos constitucionais, embora por vias diversas. Aqui sim fala-se em titularidade e, segundo a argumentação de Luciano Camargo Penteado, acesso--titularidade, porque o sistema ocupar-se-á de tutelar o patrimônio de forma rígida, de maneira a garantir também o próprio sujeito, regulando a forma de fruição no regime legal estabelecido, conforme o verificado nos direitos reais.

Considerando que esta pesquisa se ocupa de averiguar o acesso e seu impacto na fruição dos bens sob a perspectiva do direito das coisas, uma diretriz possível seria

---

26. PENTEADO, 2008, p. 163.
27. Idem, p. 164.
28. BRASIL. Constituição Federal (1988). "Art. 5° [...], XXII – é garantido o direito de propriedade";

acrescentá-lo como uma das faculdades proprietárias, mantendo a nomenclatura proposta por Luciano Camargo Penteado, ou seja, acesso-titularidade. Destarte, oriundo do poder de disposição, o acesso-titularidade seria a incorporação de conteúdo inclusivo, não apenas exclusivo[29], à propriedade como faculdade do proprietário, protegida pela norma jurídica e estimulante à uma nova base econômica da experiência da titularização, não pela ótica apenas social, mas também patrimonialista.

O acesso-titularidade como fração do direito de disposição incorporaria também o conceito de tipicidade aberta dos direitos reais, promovendo a autonomia privada na criação de conteúdo ao exercício proprietário, ou seja, estimulando negócios que promovam o melhor aproveitamento das coisas.

Pensado desta forma, o acesso-titularidade promove a função social da propriedade em sua perspectiva de rendimento ampliado. Neste contexto, o acesso como fração da faculdade de disposição, fomentaria a criação de regimes proprietários diferenciados, por exemplo, regimes de loteamentos, arranjos coletivos de habitação, objeto de estudo nas próximas páginas.

6.3 ECONOMIA COMPARTILHADA: UMA INTERPRETAÇÃO APLICADA DO ACESSO-TITULARIDADE E DA CONFIANÇA

Uma das faces do acesso, o conceito de economia compartilhada, tem sido objeto de inúmeras pesquisas ao redor do mundo, em princípio limitadas aos economistas, hoje também fundamento para debates tecnológicos, jurídicos e antropológicos, uma vez que o conceito de colaboração impacta mais do que indicadores financeiros nas formas das relações jurídicas intersubjetivas e reais, além de refletir um comportamento humano distinto de tudo já experimentado.

Em uma palestra proferida pela inglesa Rachel Botsman, considerada uma das maiores especialistas mundiais em economia de compartilhamento, a confiança é a palavra-chave para o mundo atual, o que se depreende do título de sua célebre apresentação: "We've stopped trusting institutions and started trusting strangers"[30].

Sinteticamente é possível dizer que Rachel Botsman alerta para uma profunda mudança na maneira como as pessoas se comportam e se comprometem, desapegando-se de um milenar respeito institucional para vincular-se a estranhos. O exem-

---

29. Sobre o conteúdo inclusivo da propriedade: RODOTÀ, 2012, p. 109.

30. Tradução livre: "Paramos de confiar em instituições e passamos a confiar em estranhos". Rachel Botsman formou-se pela Universidade de Oxford e possui diversas obras a respeito da confiança no mundo moderno e o impacto deste fator na economia colaborativa. A palestra mencionada, proferida em 2016, pode ser assistida no canal do TED Talks. TED TALKS. *Paramos de confiar em instituições e passamos a confiar em estranhos*. Tradução de Ana Letícia Rocha. Disponível em: https://www.ted.com/talks/rachel_botsman_we_ve_stopped_trusting_institutions_and_started_trusting_strangers?language=pt-br. Acesso em: 26 dez. 2020.

plo clássico são justamente os contratos de economia colaborativa que permitem o acesso a bens e serviços oferecidos por pessoas completamente desconhecidas, cuja confiança decorre de uma simples pontuação apresentada por um aplicativo de celular ou computador.

Em outros termos, se no passado conhecer o hotel ou as instituições com as quais estabelecer-se-ia uma relação qualquer era fundamental, hoje torna-se dispensável, uma vez que aplicativos como o Airbnb permitem que pessoas abram mão de redes tradicionais para passar noites na casa de um estranho, em um país completamente desconhecido, apenas com base na confiança.

O alerta é para um movimento aparentemente contraditório com toda a história já experimentada pela humanidade, uma vez que se de um lado a confiança em novos empreendimentos como o mencionado aumenta, de outro, a confiança em bancos, instituições governamentais e autoridade religiosas reduz.

Em estudo publicado pelo periódico *Nature Human Behavior*, o britânico Damian Ruck, pesquisador da Universidade do Tennessee, coletou respostas de mais de 470 mil pessoas a respeito de sua confiança em instituições políticas e governamentais, sobre direitos humanos, tolerância religiosa e minorias. A intenção era identificar como a desconfiança institucional andava em cada país e como isso afetava as democracias ao redor do mundo[31].

As conclusões encontradas vão ao encontro da palestra proferida por Rachel Botsman, ou seja, existe uma acentuada queda na confiança em órgãos governamentais e instituições em geral, inclusive sobre a mídia, enquanto sobe a confiança em redes sociais, por exemplo, e aplicativos de aproximação de negócios. No Brasil, confirmando a tese de Damian Ruck, a confiança também se mostra em patamares baixos segundo pesquisas do instituto Datafolha, embora tenha mostrado uma leve recuperação no ano de 2019[32].

Esta mudança comportamental reflete diretamente na tomada de decisões dos sujeitos seja para o futuro de seu país, seja para os contratos que pretendem celebrar, hoje firmados em massa entre indivíduos (*peer-to-peer*), tornando-se altamente pessoalizadas. Por isso o comportamento é tão estudado e a coleta de dados tão importante para o mercado da economia compartilhada (*sharing economy*), com conceito que será agora explicado.

---

31. A pesquisa de Damian Ruck foi publicada em 2019. Entrevista com o pesquisador pode ser encontrada no portal de notícias da DW Brasil. DW MADE FOR MINDS. *Quando a verdade perde valor, a confiança nas instituições diminui*. Disponível em: https://www.dw.com/pt-br/quando-a-verdade-perde-valor-a-confian%-C3%A7a-nas-institui%C3%A7%C3%B5es-diminui/a-51555275. Acesso em: 26 ago. 2020.

32. FOLHA DE S. PAULO. *Cresce confiança dos brasileiros nas Forças Armadas, diz Datafolha*. Disponível em: https://www1.folha.uol.com.br/poder/2019/04/cresce-confianca-dos-brasileiros-nas-forcas-armadas-diz-datafolha.shtml. Acesso em: 26 ago. 2020.

Para sua melhor compreensão, relevantes as colocações de Arun Sundararajan, que utiliza alternativamente a expressão capitalismo de multidão[33] para referir-se ao fenômeno dos negócios colaborativos. Para definir este sistema econômico, Sundararajan[34] opta por descrever suas cinco principais características, assim relacionadas:

1. *Amplamente voltado ao mercado*: a economia compartilhada cria mercados que dão suporte às trocas de bens e ao surgimento de novos serviços, resultando em níveis potencialmente mais altos de atividade econômica.

2. *Capital de alto impacto*: a economia compartilhada abre novas oportunidades para que tudo seja utilizado em níveis mais próximos de sua plena capacidade, desde bens até tempo e dinheiro.

3. *Redes de multidão em vez de instituições ou hierarquias centralizadas*: a oferta de capital e mão de obra surge da multidão descentralizada de indivíduos, em vez de agregados corporativos ou estatais. As trocas futuras podem ser mediadas por mercados distribuídos de multidão, em vez de terceiros centralizados.

4. *Fronteiras pouco definidas entre o profissional e o pessoal*: a oferta de mão de obra e a prestação de serviços frequentemente comercializa e mensura atividade *peer-to-peer* (entre indivíduos), como dar uma carona ou emprestar dinheiro a alguém, atividades que eram anteriormente consideradas pessoais.

5. *Fronteiras pouco definidas entre emprego pleno e casual, entre relação de trabalho com ou sem dependência, entre trabalho e lazer*, muitos dos empregos de tempo integral estão sendo substituídos por contratos de prestação de serviços com variação nos níveis de carga horária, granularidade, dependência econômica e empreendedorismo.

A leitura das características apresentadas pelo professor indiano da Universidade de Nova Iorque aponta para uma série de relações que muito mais revela afinidade com os direitos pessoais do que com os direitos reais. Em sua obra, é possível notar repetidas vezes as noções de troca e de prestação de serviços para identificar os novos padrões socioeconômicos ao redor do mundo.

Embora a expressão economia compartilhada seja relativamente recente, a própria análise histórica trazida nesta pesquisa demonstra que a humanidade diversas vezes organizou-se de maneira a ressaltar a cooperação e o uso compartilhado sobre bens. A Idade Média, ainda que em um sistema de vassalagem já bem delineado, permitia a ampla exploração das propriedades através de conceitos de produtividade e baixa ociosidade fomentada pelo cultivo dos vassalos em favor dos suseranos.

Yochai Benkler,[35] professor da faculdade de Direito da Universidade Yale, ressalta este aspecto de não ineditismo ao compartilhamento, que teria sido marginalizado com a ascensão do capitalismo de massa e, por esta mesma razão, acabou restrito a regiões periféricas nas quais o compartilhamento também era uma forma de sobre-

---

33. Aron Sundararajan (2018, p. 55) adverte que são encontradas ainda expressões como economia colaborativa, economia de pares e economia sob demanda para designar estes novos sistemas econômicos, porém, que economia compartilhada foi utilizada, ao menos cinco vezes mais que os outros termos em estudo realizado pela revista *Fortune*.
34. SUNDARARAJAN, 2018, p. 54-55.
35. BENKLER, 2004, p. 278.

vivência na comunidade. Para Yochai Benkler, o cenário só pôde ser invertido com o desenvolvimento das tecnologias digitais[36].

Dos principais aspectos pertinentes a explorar para o conteúdo desta tese destaca-se, primeiro, o fomento das relações contratuais, especialmente as que não importem em transmissão de domínio (locação e prestação de serviços), mas figuras que se pautam pela troca e pela criação de valor econômico no acesso, em vez de posse e propriedade.

Em segundo lugar, o protagonismo da tutela da confiança, uma vez que a economia compartilhada propõe negócios cada vez mais pessoalizados, fomentando interações sociais[37] como as locações via Airbnb e similares, em que a proposta é, grosso modo, hospedar um completo estranho em um cômodo de sua casa. Terceiro, a possibilidade de dar maior vazão e uso a bens subutilizados reduzindo a sua capacidade ociosa.

Em relação ao primeiro aspecto, as modalidades contratuais típicas da economia compartilhada serão tratadas individualmente na próxima seção. Neste momento, importa observar o elemento confiança, tão exaltado pelos estudiosos deste sistema de circulação de riquezas.

A confiança expressa pelos doutrinadores da economia compartilhada, num primeiro olhar, pode ser relacionada ao conceito de boa-fé objetiva, trabalhado à exaustão no regime dos contratos, remetendo justamente aos deveres de ética e de lealdade esperados entre os sujeitos contratantes. A propósito, há na doutrina jurídica uma elaboração acerca da viabilidade do princípio da confiança, cujo conteúdo integraria parte da boa-fé. Para António Menezes Cordeiro,[38] "a confiança exprime a situação em que uma pessoa adere em termos de atividade ou de crença, a certas representações, passadas, presentes ou futuras, que tenha por efectivas".

Pertinente é o apontamento de António Menezes Cordeiro[39] ao concluir que o princípio da confiança estaria atrelado tanto à boa-fé objetiva quanto à boa-fé

---

36. "My claim is not, of course, that we live in a unique moment of humanistic sharing. It is, rather, hat our own moment in history suggests a more general observation: that the technological tate of a society, particularly the extent to which individual agents can engage in efficacious production activities with material resources under their individual control, affects the opportunities for, and hence the comparative prevalence and salience of, social, market (both price based and managerial), and state production modalities. The capital cost of effective economic action in the industrial economy shunted sharing to its peripheries" (BLENKER, 2004, p. 278). Tradução livre: "Meu argumento não é, por evidente, que estaríamos vivendo um momento único de compartilhamento pela humanidade. Na verdade, é o nosso momento peculiar na história sugerindo uma observação mais ampla: a de que o estado tecnológico de uma sociedade e a extensão pela qual indivíduos podem se envolver em eficazes atividades de produção com o seu próprio controle dos recursos materiais, afetam as oportunidades e, portanto, a prevalência e a relevância da produção social e de mercado, bem como modalidades de produção estatal. O custo de capital para a economia industrial havia deslocado o compartilhamento apenas para as periferias".

37. STEPHANY, 2015, p. 9.

38. CORDEIRO, 2015, p. 1.234.

39. Idem, p. 1238.

subjetiva[40], em outros termos, seja relacionado a deveres de lealdade dentro de um *standard* jurídico de comportamento, seja sob o ponto de vista da intenção e do nível de consciência do sujeito, a confiança poderia ser invocada.

A colocação parece bastante pertinente, uma vez compreendido que a boa-fé objetiva normalmente encontra-se relacionada aos vínculos obrigacionais e a boa-fé subjetiva, em muitas oportunidades, está inserida no âmbito do direito das coisas, como elemento de convicção. Partindo da premissa de que a atual estrutura social tem aproximado as relações pessoais e reais de uma forma inovadora, esta pesquisa vai ao encontro da colocação de António Menezes Cordeiro.

Todavia, o autor reconhece uma tendência a aproximar a confiança à boa-fé objetiva, que se expressa basicamente pela inclusão de cláusulas gerais, que sequer precisam estar expressas no conteúdo da avença, uma vez que são deduzidas daquela espécie de negócio – entre os sujeitos há a tutela da confiança, a expectativa razoável na adoção de determinadas posturas.

Em interpretação à boa-fé no direito privado, Judith Martins-Costa (2018) conclui por três âmbitos básicos de atuação do instituto: uma função interpretativa ou hermenêutica, bastante marcada pelos artigos 112 e 113 do Código Civil brasileiro; a segunda função é a integrativa na colmatação de lacunas e criação de deveres representados pelos chamados deveres laterais ou anexos; por fim, uma função corretora, que veda, em apertada síntese, o abuso de direito.

A economia compartilhada conduz a uma das facetas do acesso ao lado dos bens comuns e pode funcionar como uma espécie de vetor para nova análise e perspectiva das relações reais. Os modelos de contratos de economia compartilhada incidentes sobre imóveis poderão eventualmente impulsionar movimentos assim como os impulsionados pela multipropriedade imobiliária e direito real de laje. Contudo, a manutenção do sistema absorto em regras típicas do Estado Liberal, sem que o legislador tenha se preparado para realizar os interesses dos titulares e, ao mesmo tempo garantir as finalidades da estrutura dos direitos reais, inviabilizará estes mecanismos como opção à circulação de riquezas.

Reconhecido o lugar da autonomia privada no ambiente dos direitos reais, torna-se imprescindível reconhecer também que, sobrevindo constituição ou transmissão de um direito real pelo exercício legítimo da liberdade contratual, esta se submete a filtros como em qualquer seara do direito. O que se pretende dizer é que, estando presente a estrutura de direito real, nada impede que sua causa seja, por exemplo, um contrato atípico oriundo da economia de compartilhamento.

Diante disso, não poderiam os Cartórios de Registro de Imóveis recusar-se ao registro, vez que é justamente da possibilidade de celebrar contratos atípicos – como

---

40. "A confiança constitui, por excelência, uma ponte entre ambas as boas-fés objectiva e subjectiva, devendo se assentar em ambas" (MENEZES CORDEIRO, 2015, p. 1.238).

os decorrentes das relações modernas promovidas pela economia de compartilhamento – que resulta o caráter meramente exemplificativo do artigo 167 da Lei de Registros Públicos.[41]

Ressalte-se que o grande fundamento destas contratações proponentes do mais amplo direito de acesso encontra-se justamente na cláusula geral da boa-fé objetiva e sobre as quais também incide a função social dos contratos. Admitida a tese de que os direitos reais operam sob *numerus apertus*, naturalmente as causas de constituição estariam igualmente submetidas aos filtros que se propõe aos negócios jurídicos.

A propósito, a boa-fé objetiva, pouco relacionada pela doutrina como filtro no âmbito dos direitos reais e altamente trabalhada nos direitos pessoais – vide a importância da confiança no estudo dos contratos de economia compartilhada – também não pode fugir ao exercício dos direitos subjetivos, por exemplo, no sentido de adotar "comportamentos adequados aos parâmetros de lealdade, honestidade e colaboração com vistas a alcançarem os fins perseguidos com a concreta relação jurídica".[42]

Vale a pena destacar que a doutrina, em muitas oportunidades[43], debateu o conteúdo e a nomenclatura do direito das coisas e que a opção feita pelo legislador com o Código de 2002, afastando-se de direitos reais, é também um sinal do conteúdo que pretende integrar, incorporando a posse e sem se fechar expressamente a uma futura abertura para outros institutos que porventura possam surgir da rica e complexa estrutura jurídica e social experienciada. Nesta esteira, cabe relembrar Álvaro Villaça Azevedo,[44] ao tratar da questão, assim conceituando direito das coisas:

> o conjunto de normas reguladoras das relações jurídicas, de caráter econômico, entre as pessoas, relativamente a coisas corpóreas, capazes de satisfazer às suas necessidades e suscetíveis de apropriação, dentro do critério da utilidade e da raridade.

Se o direito das coisas é definido por um esforço de incluir a posse para além dos direitos reais, é forçoso concluir que o legislador estava ciente da riqueza das possibilidades envolvendo a noção de apropriação e, por isso, deve abrir margem para as novas modalidades, que impliquem em noções de acesso e de compartilhamento, ainda que traçando regras gerais, pelos anseios sociais, econômicos e jurídicos que representam, sob pena de se tornar um grande compilado rígido, absoluto e obsoleto.

---

41. RENTERIA, 2016, p. 78.
42. Idem, p. 36.
43. Segundo Washington de Barros Monteiro (2003, p. 2), a nomenclatura adequada consistiria em 'posse e direitos reais', extirpando-se a denominação 'coisas'.
44. AZEVEDO, 2014, p. 4.

6.4 MODELOS CONTRATUAIS DE COMPARTILHAMENTO: CONTRATOS ATÍPICOS E DIREITOS REAIS ATINENTES

Importantes mudanças sociais provocadas, em grande medida, pelo avanço tecnológico e a digitalização da sociedade, impactam as atividades humanas, o comércio, os serviços e as finanças. Estas transformações digitais alteraram substancialmente as estratégias negociais, principalmente a partir das chamadas plataformas bifaces, isto é, plataformas que aproximam sujeitos interessados em celebrar contratos ou se relacionarem de algum modo, como ocorre nos casos da economia compartilhada em plataformas de intermediação.

Antes de analisar os contratos surgidos no contexto do compartilhamento, portanto, vale a pena conhecer como se desenvolvem estes modelos econômicos. Segundo Jean Tirole,[45] o mercado biface é aquele "em que um intermediário (e seu proprietário, Visa, Sony, Google, Facebook, agência imobiliária) permite a vendedores e compradores interagirem". Negócios desta natureza têm o condão de expandir basicamente dois pontos-chave: a aproximação entre pretensos contratantes (que não ocorreria não fosse as facilidades do universo digital) e a criação de uma interface que torna o negócio viável sob os custos da plataforma e não do vendedor.

A lógica da economia de compartilhamento parte destes dois pontos para tentar resolver outro problema: a subutilização de bens (imóveis, automóveis, aviões, mobília etc.). Então, se de um lado a economia de compartilhamento promove a melhor circulação de bens e de riquezas, por outro, ela depende fundamentalmente de um ente intermediador, provocando assim uma confluência de relações negociais. Primeiro, o intermediador presta um serviço àqueles que buscam expandir seu negócio e aumentar a visibilidade. Segundo, surge o contrato entre os sujeitos aproximados pela plataforma, que hoje assumem posições como as de compra e venda, troca, prestação de serviços, locações e figuras atípicas, como se verá adiante.

Considerando ainda as múltiplas plataformas oferecendo serviços similares, os interessados têm ampla margem para pesquisa de preço e acesso aos mais diversos catálogos de oportunidades. O caso do Airbnb é um dos exemplos bem-sucedidos de plataforma biface no ramo imobiliário urbano, porém, envolve apenas a cessão temporária da coisa, portanto, não produz efeitos no que diz respeito à transmissão da propriedade.

Para tanto, negócios inovadores começam a atender às demandas sociais. Partindo desta premissa, não é demais ressaltar essa tendência em enaltecer a figura do acesso a bens e os serviços nas novas modalidades contratuais provocadas pela economia de compartilhamento. Neste cenário, tem-se como possível a ideia de um único proprietário criando oportunidades para diversos não proprietários (locações para temporada fomentadas em aplicativos como Airbnb); ou ainda, conforme se

---

45. TIROLE, 2020, *e-book*.

verá adiante, muitos proprietários que juntos criam regramentos de exploração imobiliária aumentando exponencialmente o aproveitamento da coisa e propagando ideais compatíveis com uma visão mais solidária do domínio.

Assim, embora as plataformas biface sejam hoje um excelente motor da economia de compartilhamento, não são exclusivos instrumentos de promoção à colaboração nas relações privadas. Há uma enorme variação neste contexto de acesso não necessariamente conectado às novas tecnologias.

Conforme se verá adiante, as plataformas criam mercados de aproximação entre sujeitos interessados em contratar, contudo, há modelos hoje em destaque, que promovem a noção de confiança e de colaboração, muito embora sob uma perspectiva de introspecção: retomada de valores passados e fuga para áreas menos atribuladas que os centros urbanos. Exemplos como este são identificados nas chamadas *cohousing* e nas ecovilas.

Em quaisquer das circunstâncias, um ponto em comum é sempre a busca por uma vida com maior significado e aproveitamento. Também se identifica nesses modelos uma preocupação com o esgotamento dos recursos naturais e inserção de uma espécie de autonomia coletiva, isto é, uma tentativa de internalizar a preocupação com o equilíbrio das relações e o bem comum, ao mesmo tempo conjugada ao acesso amplo ao maior catálogo de oportunidades negociais possível ao redor do mundo às mãos de qualquer interessado, o que não seria possível no modelo proprietário individualista liberal.

Merece destaque, portanto, a conclusão do pesquisador da Universidade de Nova Iorque, que enxerga nestas operações colaborativas um potencial para criar um exército de milhares de microempreendedores ao redor do mundo,[46] divididos nas mais diversas formas de categorização: pelos serviços oferecidos, pelo modelo de negócio, pelo tipo de produto.[47]

As mudanças no estilo de vida que impactam conceitos de propriedade são muito percebidas quando o olhar se volta ao passado, especialmente no âmbito da moradia e do local de trabalho, cuja renovação conceitual tem se verificado justamente pela via do acesso, segundo destaca Jeremy Rifkin. Segundo o autor, as mudanças passam despercebidas quando o olhar se volta apenas para o período atual, mas uma abordagem que considere as formas de vida e moradia há 25 anos, seria interessante exemplo da migração das relações de propriedade para as relações de acesso.[48]

Pertinente, portanto, analisar figuras contratuais que revelam impactos na propriedade privada ao mesmo tempo que corroboram para a transição à chamada Era do Acesso. Após 20 anos da publicação do texto de Jeremy Rifkin, é possível verificar

---

46. SUDARARAJAN, 2018, p. 118.
47. Idem, p. 120.
48. RIFKIN, 2001, p. 93.

a crescente metamorfose da economia para uma "contínua desmaterialização dos bens, a relevância cada vez menor do capital físico, a ascendência dos ativos intangíveis", pelo que se passa à análise de alguns modelos interessantes, especialmente no cenário urbano e seus mecanismos de regulação no cenário brasileiro.

6.4.1 Multipropriedade imobiliária: da realidade contratual para o direito das coisas

Até dezembro de 2018, antes da Lei n. 13.777, em solo brasileiro a multipropriedade imobiliária era assunto restrito ao mundo dos negócios jurídicos e objeto de inúmeras controvérsias quanto à sua natureza. Muito embora o tratamento tenha despontado e ganhado relevância e regulação na Europa e nos Estados Unidos da América, o Brasil tardou quanto à alocação do instituto, fosse no mundo das relações pessoais, fosse no contexto dos direitos reais.

Esse tardio tratamento em muito decorre da dificuldade, por parte da doutrina, em atribuir a natureza jurídica à multipropriedade imobiliária, por consequência, criando dificuldades perante os Cartórios de Registro de Imóveis em registrar uma relação que não coubesse no rol do artigo 167 da Lei de Registros Públicos e, por esta razão, ou seja, às avessas da taxatividade dos direitos reais. Destarte, no mais das vezes, a multipropriedade não ultrapassava o caráter contratual e muito forçosamente uma ideia de condomínio *sui generis*.

Por natureza, a multipropriedade envolve a partilha do gozo de coisa móvel ou imóvel considerando o tempo e não frações ideais da coisa em si mesma. Em outras palavras, o multiproprietário é titular perpétuo da coisa como um todo, porém, apenas em um determinado período de tempo em que lhe é outorgado o domínio, que se renova sucessivamente a cada ciclo de prazo.

O conceito foi apresentado ao Brasil com a publicação de Gustavo Tepedino (1993, p. 1) a respeito do tema e assim se delimita:

> [...] relação jurídica de aproveitamento econômico de uma coisa móvel ou imóvel, repartida em unidades fixas de tempo, de modo que diversos titulares possam, cada um a seu turno, utilizar-se da coisa com exclusividade de maneira perpétua[49].

A nomenclatura multipropriedade imobiliária, adotada por Gustavo Tepedino (1993) e consagrada pelo legislador na regulamentação em 2018 (condomínio em multipropriedade) tem origem no direito francês, mas é utilizada também na Espa-

---

49. Ainda na doutrina nacional, Melhim Chalbub (2017, p. 72) descreve a multipropriedade imobiliária como "atribuição de certo bem a um grupo de pessoas para fruição alternada com os demais adquirentes, por períodos determinados".

nha e na Itália. Países de língua inglesa tendem ao termo *time-sharing*, portugueses optam por habitação periódica e gregos por multi-inquilinato[50]-[51].

O grande diferencial da figura está na periodicidade a qual remete, uma vez que a fruição da coisa fica limitada a determinado período de tempo, que se renova a cada retomada de turno do multiproprietário. Esta forma de exercício proprietário expande o uso da coisa e merece particular atenção nas regiões turísticas e de balneário, onde é mais frequente.

Entre as muitas vantagens existentes e verificáveis desde a década de 1960 nos balneários franceses, estão a redução de custos de aquisição e manutenção, assim como o investimento facilmente recuperável com a maior possibilidade de alienação.[52] Assim, foram objeto de inúmeras discussões as tentativas de dar adequada natureza à multipropriedade.

A multipropriedade imobiliária já foi alocada no direito societário, pelo qual a pessoa jurídica adquire a propriedade e o contrato social estabelece o modelo de fruição entre os sócios; também foi inserida no plano meramente obrigacional a partir de um contrato atípico de multipropriedade, que regulamenta seu exercício entre os contratantes; por fim, considerada natureza real, como constitutiva de direitos subjetivos de propriedade sobre um bem, cujo exercício encontra limites temporais.[53]

Nesta senda, Maria Helena Diniz[54] indica 4 modalidades de multipropriedade: a) a acionária ou societária; b) a multipropriedade como direito real de habitação periódica; c) a multipropriedade imobiliária ou de complexo de lazer; d) a multipropriedade hoteleira.

Segundo a civilista, a multipropriedade acionária surge a partir da emissão de ações ordinárias representativas de um imóvel em favor de seus efetivos proprietários e ações privilegiadas a serem vendidas a sócios-usuários com direito de uso em turnos predefinidos. Nestas hipóteses, o compartilhamento espaço-temporal tem um caráter de investimento.

Na segunda modalidade, direito real de habitação periódica (conforme compreendido pelos portugueses), a multipropriedade teria caráter de direito real, devendo ser assentada à margem do registro público através de certificado predial que facilitaria a transmissão dos direitos pelos titulares. Na terceira modalidade – imobiliária ou complexo de lazer – "cada multiproprietário obtém uma quota alusiva ao solo; à

---

50. O português Rogério Manuel R. C. Fernandes Ferreira (1991, p. 20-21) ainda apresenta outros nomes dados ao mesmo instituto: propriedade a tempo parcial, cíclica, temporária, espácio-temporal, periódica, por tempo repartido, por turnos e direito de estância.
51. FERREIRA, 1991, p. 20.
52. FERREIRA, 1991, p. 20.
53. Idem, p. 26.
54. DINIZ, 2017, p. 290.

edificação, ao complexo de lazer comum, aos serviços de apoio e aos móveis", porém, com limitação ao tempo de uso e submissão às regras condominiais.[55]

Por fim, como enuncia Maria Helena Diniz,[56] a multipropriedade poderá se dar na modalidade hoteleira, envolvendo um direito de uso habitacional de uma unidade ou apartamento de um hotel (também em apart-hotéis). Na hipótese, o imóvel pertenceria a um titular (pessoa jurídica prestadora de serviços de hotelaria) ou a uma sociedade administradora da qual participam multiproprietários, incorporador, rede hoteleira, que juntos criam um regramento para explorar a coisa, dada em arrendamento à empresa hoteleira para fazer a gestão dos apartamentos e garantia de uso aos multiproprietários nos termos estabelecidos em contrato. Nestes casos, a utilização da coisa pelo multiproprietário poderá ocorrer em relação a uma unidade não discriminada do imóvel, portanto, qualquer um dos quartos, desde que no período de tempo que lhe é outorgado, desde que haja disponibilidade e com vantagens como a redução em taxas de administração e descontos em diárias.

No Brasil, a ausência de regulação legislativa até 2018 provocou críticas, uma vez que a falta de uma adequada qualificação legal gerava incerteza e insegurança jurídica. Não reconhecida como direito real, segundo Arruda Alvim, não teria condições de cumprir com o requisito da publicidade,[57] não sendo registrável[58].

A aproximação da multipropriedade ao regime dos direitos reais, portanto, encontraria óbice nos princípios da taxatividade e da tipicidade. De outra ponta, havia uma percepção de que a ausência de regulamentação legal, a despeito das críticas, não tornava inviável a constituição de multipropriedades imobiliárias na órbita dos direitos reais, dentro do espaço de autonomia negocial[59].

Neste contexto, Gustavo Tepedino tratou de atribuir as devidas limitações e excluir eventual natureza obrigacional da multipropriedade imobiliária. Para o autor,[60] o contrato de multipropriedade tem por objetivo disciplinar a relação entre os multiproprietários, mas não para definir a natureza jurídica do instituto, uma

---

55. Idem, ibidem.
56. Idem, p. 290-291.
57. ARRUDA ALVIM, 2009, v. XI, t. I, p. 225.
58. "Se uma dada situação tendente a desembocar na formação de um direito real for desconforme a um tipo de direito real, é certo que não poderá vir a ser objeto da publicidade, que, sabe-se, entre nós, é constitutiva de direito real" (ALVIM, 2009, p. 225).
59. "Alguns poderiam insinuar que a legislação é silente neste particular. Porém, sabemos que o atributo da taxatividade dos direitos reais não lhes insere na redoma da tipicidade. Assim, é plenamente possível o exercício de um espaço de autonomia negocial para que os particulares possam ajustar diferentes contornos ao direito de propriedade conforme as variações e a demanda do tráfego jurídico. Ademais, no câmbio do direito de propriedade para os 'direitos de propriedades', veicula-se a noção de que a propriedade é dotada de plasticidade, podendo transitar entre um conteúdo jurídico máximo e um mínimo, traduzindo este como essencial para que o conteúdo do domínio se mantenha com o seu titular" (ROSENVALD; FARIAS, 2015, p. 230).
60. TEPEDINO, 1993, p. 58.

vez que o liame não se faz entre os sujeitos contratantes, mas entre eles e a coisa, de forma direta, imediata, absoluta e *erga omnes*, portanto, de natureza real[61].

No contexto das múltiplas formas que o *time-sharing* poderia se apresentar, Maria Helena Diniz,[62] acompanhando a posição de Gustavo Tepedino, passou a atribuir o estudo da multipropriedade como espécie condominial, portanto, que extrapola as meras relações contratuais.

Nesta esteira, no ano de 2016, em julgamento de Recurso Especial n. 1.546.165-SP, o Superior Tribunal de Justiça abriu importante precedente a partir do entendimento da Terceira Turma, sob a relatoria do Ministro João Otávio de Noronha. A questão envolvia justamente o imbróglio quanto à natureza jurídica das relações multiproprietárias, uma vez que se tratava de embargos de terceiro de uma das titulares da fração ideal, opondo-se à penhora que recaiu sobre a totalidade do imóvel.

Segundo consta do relatório do acórdão, em primeiro grau firmou-se o entendimento de que a promessa de cessão de direitos, posteriormente convertida em escritura de fração ideal correspondente a 1/52 avos, com uso restrito a duas semanas no ano de casa litorânea, tinha natureza obrigacional e, portanto, não poderia produzir efeitos sobre a penhora efetivada. O Tribunal de Justiça de São Paulo manteve o entendimento e o Superior Tribunal de Justiça, por maioria de votos, reverteu a decisão acolhendo a tese de que a multipropriedade estabelecida entre as partes tinha natureza jurídica real, como espécie de condomínio, portanto, incabível a penhora sobre a totalidade do bem imóvel[63].

---

61. "O vínculo jurídico que se instaura adere imediatamente ao bem imóvel sobre o qual incide, servindo o contrato, embora imprescindível, unicamente para definir o objeto do direito e disciplinar a relação entre os multiproprietários, e entre estes e a empresa promotora, à qual é delegada a função de gerir o imóvel. Entretanto, a recíproca limitação (espaço-temporal) de poderes não é fator de intermediação, senão de mera coordenação e demarcação de esferas jurídicas, não retirando, pois, a natureza real do direito multiproprietário, com prevalência *erga omnes*" (TEPEDINO, 1993, p. 59).

62. DINIZ, 2017, p. 289.

63. Processual civil e civil. Recurso especial. Embargos de terceiro. Multipropriedade imobiliária (*time-sharing*). Natureza jurídica de direito real. Unidades fixas de tempo. Uso exclusivo e perpétuo durante certo período anual. Parte ideal do multiproprietário. Penhora. Insubsistência. Recurso especial conhecido e provido. 1. O sistema *time-sharing* ou multipropriedade imobiliária, conforme ensina Gustavo Tepedino, é uma espécie de condomínio relativo a locais de lazer no qual se divide o aproveitamento econômico de bem imóvel (casa, chalé, apartamento) entre os cotitulares em unidades fixas de tempo, assegurando-se a cada um o uso exclusivo e perpétuo durante certo período do ano.

2. Extremamente acobertada por princípios que encerram os direitos reais, a multipropriedade imobiliária, nada obstante ter feição obrigacional aferida por muitos, detém forte liame com o instituto da propriedade, se não for sua própria expressão, como já vem proclamando a doutrina contemporânea, inclusive num contexto de não se reprimir a autonomia da vontade nem a liberdade contratual diante da preponderância da tipicidade dos direitos reais e do sistema de *numerus clausus*. 3. No contexto do Código Civil de 2002, não há óbice a se dotar o instituto da multipropriedade imobiliária de caráter real, especialmente sob a ótica da taxatividade e imutabilidade dos direitos reais inscritos no artigo 1.225. 4. O vigente diploma, seguindo os ditames do estatuto civil anterior, não traz nenhuma vedação nem faz referência à inviabilidade de consagrar novos direitos reais. Além disso, com os atributos dos direitos reais se harmoniza o novel instituto, que, circunscrito a um vínculo jurídico de aproveitamento econômico e de imediata aderência

O Ministro Ricardo Villas Bôas Cueva foi voto vencido e fundamentou sua convicção justamente no princípio da taxatividade dos direitos reais. Para o Ministro, a possibilidade de se criar direitos reais pelo exercício da autonomia geraria insegurança jurídica nos negócios imobiliários, inclusive pela incapacidade de previsão dos efeitos daí advindos. Argumenta que a lei de registros públicos sequer autoriza transcrições, inscrições e averbações de direitos reais não reconhecidos em lei e que, portanto, a multipropriedade imobiliária, embora parta de um direito real de propriedade, não ultrapassa a esfera dos direitos pessoais.

O fundamento arguido pelo Ministro vai de encontro à doutrina mencionada, que tende a compreender que os direitos reais, embora taxativos, têm tipificação elástica, o que admitiria, sim, uma amplidão em seu conteúdo a partir da autonomia da vontade e da celebração de contratos, vide teses já manifestadas neste trabalho como o do brasileiro Paulo Lôbo e do português José de Oliveira Ascensão.

De outro turno, os demais Ministros, acompanhando o voto do relator, deram à multipropriedade natureza real, afastando a penhora sobre a integralidade do imóvel. Em síntese, os Ministros invocaram argumentos de que inexiste proibitivo legal no estatuto civil capaz de desautorizar a consagração de novos exercícios de direitos reais, o que caminha ao encontro de proclamações da doutrina visando dar maior vazão à autorregulação e à liberdade contratual, mesmo em circunstâncias afetas ao direito das coisas pela ideia de que a tipicidade e a taxatividade são princípios que não se confundem.

O entendimento manifestado pelo Superior Tribunal de Justiça foi um grande divisor de águas e trouxe mais calor ao debate da necessidade ou não da regulamentação do *time-sharing* ou multipropriedade imobiliária. Muitas foram as propostas até que se chegasse ao instituído pela Lei n. 13.777/2018.

Entre as possibilidades, houve quem sugerisse uma aplicação híbrida dos regimes de condomínio ordinário e condomínio edilício, com a comercialização de frações tempo-espaciais voltadas para um regime jurídico similar ao das incorporações imobiliárias.[64] Neste mesmo sentido laborou Márcio Ricardo Staffen[65] em trabalho publicado a respeito do tema, afirmando que a saída da multipropriedade

---

ao imóvel, detém as faculdades de uso, gozo e disposição sobre fração ideal do bem, ainda que objeto de compartilhamento pelos multiproprietários de espaço e turnos fixos de tempo.

5. A multipropriedade imobiliária, mesmo não efetivamente codificada, possui natureza jurídica de direito real, harmonizando-se, portanto, com os institutos constantes do rol previsto no artigo 1.225 do Código Civil; e o multiproprietário, no caso de penhora do imóvel objeto de compartilhamento espaço-temporal (*time-sharing*), tem, nos embargos de terceiro, o instrumento judicial protetivo de sua fração ideal do bem objeto de constrição. 6. É insubsistente a penhora sobre a integralidade do imóvel submetido ao regime de multipropriedade na hipótese em que a parte embargante é titular de fração ideal por conta de cessão de direitos em que figurou como cessionária. 7. Recurso especial conhecido e provido. BRASIL. REsp. 1546165/SP, Rel. Min. Ricardo Villas Bôas Cueva, Rel. p/ Acórdão Min. João Otávio de Noronha, Terceira Turma, j. 26.04.2016, DJe 06.09.2016.

64. CHALBUB, 2017, p. 83.

65. STAFFEN, 2011, p. 83.

de um direito pressuposto para um direito posto atentaria não somente para a segurança jurídica esperada quando diz respeito aos bens imóveis, mas também "uma melhor otimização do dever fundamental de conferir à propriedade uma função socioambiental, maiores garantias à Fazenda Pública [...]".

O ponto levantado por Márcio Ricardo Staffen conjuga a perspectiva funcionalizadora da propriedade por trás das situações de compartilhamento espaço-temporal que o *time-sharing* possibilita, reduzindo o subaproveitamento da coisa imóvel e permitindo, por sua vez, que localidades turísticas mantenham um nível satisfatório de movimentação distribuído ao longo dos anos.

A figura, que não remete a um ensaio novidadeiro, visto que tem pretérito alocado ainda na década de 1960, carrega em seu espírito justamente o compartilhar típico das relações atuais e para o qual os direitos reais precisam criar arcabouço de proteção e tutela a fim de acompanhar uma suposta ruptura do discurso jurídico proprietário.[66]

A promulgação da Lei n. 13.777/2018 finalmente encerrou as incertezas que circundavam a natureza da multipropriedade, porque a incluiu como modalidade especial de condomínio e a regulou de forma pormenorizada. Portanto, segundo a posição legislativa, a multipropriedade não é considerada um novo direito real, mas uma modalidade especial de condomínio incidente apenas sobre bens imóveis pela opção legislativa pátria.

Com isso, foram alterados o artigo 1.358 do Código Civil[67] e os artigos 176 e 178 da Lei de Registros Públicos, inserindo definitivamente o *time-sharing* no mundo do direito das coisas, definindo forma salutar e engenhosa de exploração imobiliária e entregando a segurança jurídica reclamada pela doutrina até então.

Entre os inconvenientes da ausência de regulação estava a adaptação do negócio ao modelo de condomínio ordinário, que trazia consigo pesos incompatíveis com a natureza do *time-sharing*, como o direito de preferência nas vendas de frações espaço-tempo; o acréscimo à fração ideal dos demais multiproprietários nas hipóteses de renúncia e inadimplemento de um deles, inclusive possibilitando a divisão do bem em comum[68]-[69].

---

66. CORTIANO, 2002.
67. A alteração legislativa incluiu os artigos 1.358-A ao 1.358-U no Código Civil.
68. TEPEDINO, 2019, p. 12.
69. "De fato, numerosos inconvenientes decorriam da fórmula do condomínio ordinário, que, entre outros problemas, impunha o direito de preferência dos multiproprietários-condôminos no caso de venda por qualquer titular e a divisibilidade do condomínio a qualquer momento, a pedido de um único condômino, após o prazo de cinco anos da indivisibilidade do condomínio ordinário prevista pelo Código Civil (artigo 1.320, § 2º). Outro problema prático relevante dizia respeito a inadimplentes que, perdendo interesse no investimento, renunciavam à propriedade (comum). Em consequência, por força do artigo 1.316 do Código Civil, em decorrência da natureza jurídica do condomínio ordinário, a renúncia do coproprietário gerava o acrescimento da fração ideal dos demais ou a divisão do bem comum (artigo 1.316). Nesses casos, aos demais multiproprietários, cotitulares do apartamento comum, era imposta a ampliação de sua participação e, consequentemente, o ônus decorrente do inadimplemento dos condôminos renunciantes" (TEPEDINO et al., 2020, p. 279).

Reconhecido pelo legislador como uma modalidade especial de condomínio, entregou a autonomia às frações ideais de cada multiproprietário. Assim, os problemas relatados não mais se reproduzem, com matrículas independentes (no regime do condomínio edilício) e individualização das despesas relativas ao imóvel na proporção da fração de cada multiproprietário (IPTU, despesas condominiais, demais tributos), afastando a responsabilidade solidária entre os multiproprietários no tocante às despesas de cada fração espaço-temporal.

Para além destas questões, a alteração legislativa entra em minúcias, como limites para a fração temporal, que não pode ser inferior a sete dias e tem característica indivisível (artigo 1.358-E, *caput*, e § 1º do Código Civil)[70]; autoriza a constituição deste condomínio especial por ato inter vivos ou testamento (artigo 1.358, F); dispõe sobre o conteúdo mínimo da convenção de condomínio, sem prejuízo das demais cláusulas que os multiproprietários houverem por bem estipular (artigo 1.358-G), bem como as normas de administração pelo gestor da multipropriedade (artigo 1.358-M).

Há um otimismo quanto à regulação da multipropriedade no sentido de que finalmente este mercado encontra-se apto à exploração com maior segurança por parte de investidores[71], mas principalmente por contemplar a distribuição e o acesso à titularidade às camadas sociais antes excluídas de referidas transações em razão dos altos custos.

Sua flexibilidade fomenta o mercado de turismo e combate os problemas decorrentes das baixas temporadas, uma vez que, pela distribuição temporal da propriedade, é provável que haja uma ocupação melhor distribuída ao longo do ano, impactando na geração de empregos e fomentando o comércio local, por exemplo. Trata-se da hipótese de acesso-titularidade proposto anteriormente, ou seja, uma forma de consagrar o poder de disposição proprietária dentro da ideia de acesso ao maior número de pessoas, viabilizando o máximo aproveitamento da coisa, o que também traduz função social da propriedade. O máximo aproveitamento típico do conceito de economia compartilhada também é verificado pelos regimes mistos adotados por hotéis, que disponibilizam parte das unidades para alienação em regime de multipropriedade imobiliária. Nestes casos, há até mesmo intercâmbio

---

70. BRASIL. Código Civil (2002). "Art. 1.358-E. Cada fração de tempo é indivisível (Incluído pela Lei n. 13.777, de 2018) (Vigência) § 1º O período correspondente a cada fração de tempo será de, no mínimo, 7 (sete) dias, seguidos ou intercalados, e poderá ser: (Incluído pela Lei n. 13.777, de 2018) (Vigência) I – fixo e determinado, no mesmo período de cada ano; (Incluído pela Lei n. 13.777, de 2018) (Vigência) II – flutuante, caso em que a determinação do período será realizada de forma periódica, mediante procedimento objetivo que respeite, em relação a todos os multiproprietários, o princípio da isonomia, devendo ser previamente divulgado; ou (Incluído pela Lei n. 13.777, de 2018) (Vigência) III – misto, combinando os sistemas fixo e flutuante. (Incluído pela Lei n. 13.777, de 2018) (Vigência)".

71. Segundo estudo divulgado pelo Sindicato da Habitação (SECOVI/SP), as multipropriedades tiveram um crescimento de 15% entre os anos de 2017 e 2018. SECOVI SP. *Multipropriedades crescem 15% em um ano e devem atingir VGV de R$ 22,3 bilhões*. Disponível em: https://www.secovi.com.br/noticias/multipropriedades-crescem-15-em-um-ano-e-devem-atingir-vgv-de-r-22-3-bilhoes/14234. Acesso em: 10 out. 2020.

entre grandes redes ao redor do mundo que permitem ao multiproprietário explorar unidades em hotéis conveniados em diversos países.[72]

Em contraponto, há quem questione a ideia de que a multipropriedade possa efetivamente servir à função social do direito real a que representa. Neste sentido, Eduardo Tomasevicius Filho (2019) afirma que por serem as multipropriedades regulações de caráter bastante rígido, impedem uma fruição e uso absolutamente livres pelo multiproprietário, que além de se limitar ao gozo em apenas determinados dias ou semanas no ano, também não terá liberdade para alterar decoração, móveis ou realizar benfeitorias conforme seu entendimento particular.

Outrossim, sendo negócio celebrado normalmente em locais turísticos, o turista estaria estimulado à aquisição da fração espaço-temporal sem a adequada reflexão e discernimento do que contratou, provocando desistências comuns e reiteradas vendas da cota a terceiros[73]. Essa a razão pela qual também incidem nestas espécies negociais as normas de proteção ao consumidor, muito embora desde 2019 também lhe apliquem as regras da lei do distrato. Por esta razão, a crítica manifestada[74] quanto à multipropriedade argumenta que, desenvolvida para impulsionar o acesso a direitos fundamentais como a propriedade e o lazer, o modelo acaba por ofender a função social da propriedade.[75]

Tende-se à posição dos que veem na multipropriedade um exemplo interessante pelo qual a autonomia privada permitiu dar maior vazão à função social da propriedade, independentemente de reconhecimento posterior como direito real.[76] Em outras palavras, promovendo uma maior utilização da coisa, parece que a multipropriedade contemplaria uma série de vetores funcionalizantes[77], sem que eventuais

---

72. TEPEDINO, 2020, p. 279.
73. Importa salientar que o artigo 1.358-T aduz que o multiproprietário pode renunciar de forma translativa a seu direito em favor do condomínio edilício. Ademais, há entendimento de que se tratando de unidade autônoma, o multiproprietário estaria autorizado a dispor como bem entendesse de seu direito real (TEPEDINO *et al.*, 2020, p. 280).
74. Em artigo publicado logo após a vigência da Lei n. 13.777/2018, Eduardo Tomasevicius tece críticas ao atraso legislativo e à inserção, para o civilista, inoportuna da forma como ocorreu no Brasil: "A consequência é previsível: o multiproprietário acaba por requerer a desistência do contrato ou simplesmente deixa de pagar as prestações relativas ao imóvel. A este se aplicará a Lei n. 13.786: impossibilidade de restituição do valor pago a título de comissão do corretor de imóveis, pagamento das obrigações relacionadas ao imóvel eventualmente inadimplidas e perda de parte dos valores pagos a título de indenização ao incorporador do empreendimento. Ao final, a fração da multipropriedade será comercializada com outra pessoa, que também poderá desistir do contrato pelos mesmos motivos do multiproprietário anterior. Destarte, a função social do contrato, a qual consiste, nesse caso, em proporcionar o acesso ao direito à propriedade ou à concretização do direito ao lazer, é violada reiteradamente". TOMASEVICIUS FILHO, Eduardo. Multipropriedade imobiliária no Brasil: antes nunca do que tarde? *Consultor Jurídico*. Publicado em 28 jan. 2019. Disponível em: https://www.conjur.com.br/2019-jan-28/direito-civil-atual-multipropriedade--imobiliaria-brasil-antes-nunca-tarde. Acesso em: 18 ago. 2020.
75. TOMASEVICIUS FILHO, 2019.
76. ITAGIBA, 2019, p. 269.
77. "Todas essas figuras são desdobramentos de negócios decorrentes do direito real de propriedade que foram criadas pela engenhosidade das mentes jurídicas sem tipificação específica na legislação, e mesmo assim, sem que se ofendesse a propriedade em si. Muito pelo contrário: essas figuras a operacionalizam, geram

desistências ou vendas de frações ideais a desconstituíssem, uma vez que a troca de proprietários e o fluxo mais intenso de negócios promove também a circulação de riquezas e o acesso efetivo ao lazer de um número potencializado de pessoas.

De fato, as propriedades turísticas sempre foram restritas a determinadas camadas da sociedade com maior poder aquisitivo, inconveniente que negócios voltados às multititularidades permitiram reduzir, seja por proporcionar diminuição nos custos de manutenção, seja pela redução nos custos de aquisição.[78]

Não há como negar que, comparado ao contexto internacional, a regulação da multipropriedade no Brasil tardou acima dos limites esperados. Primeiro, por não ter destacado o princípio da taxatividade dos direitos reais, a sua tipicidade não encontra guarida se analisada pelo prisma da tipicidade elástica e notadamente sob o fato de que as multipropriedades como vinham sendo celebradas não afetavam o conceito de propriedade em si, mas ao contrário, permitiam um maior aproveitamento e, por sua vez, maior acesso a bens imóveis, no mais das vezes, subutilizados.

A busca pela regulação e inclusão no rol de direitos reais como requisito *sine qua non* para seu reconhecimento indica que, talvez, ainda exista uma visão liberal da propriedade imóvel com resquícios do seu caráter rígido e absoluto, incompatível com as visões atuais, que dão à autonomia valor capaz de interferir também no direito das coisas para agregar valores constitucionalmente protegidos.

Certo que em tempos de economia compartilhada, insistir na rigidez da propriedade e da tipicidade torna o ramo do direito das coisas apartado da realidade. Decorre disso a crítica de Eduardo Tomasevicius Filho, acima mencionada, arrolando o fato de que com acesso a tantos serviços de locação pela internet, a multipropriedade beira a obsolescência. Respeitado o entendimento, o Brasil, embora tenha tardado na regulação e pacificação do modelo de *time-sharing*, é um dos países com maior potencial turístico do mundo, portanto, parece não haver risco de esgotamento no modelo para o mercado de investimentos, cuja regulação pela Lei n. 13.777/2018 implica em importante estímulo[79].

6.4.2 Direito de laje: arranjos de moradia informais, função social da posse e criação de um novo direito real

As discussões acerca da incidência da autonomia privada influenciando no exercício de poder sobre coisas materiais emergem muitas vezes dos fatos sociais. A

---

circulação de riquezas e conferem à coisa verdadeira função social quando devidamente utilizada, fruída e disposta sob essas modalidades" (ITAGIBA, 2019, p. 269).

78. JARDIM, 2017, p. 359.

79. A exemplo de Portugal, são observáveis e exigíveis deveres anexos típicos da boa-fé objetiva, que desde a alteração legislativa com o Decreto-Lei n. 275/1993, estabeleceu medidas de proteção ao consumidor, incluindo dever de informação e regulações quanto ao direito de arrependimento e publicidade com limites regulados pelo Instituto Português do Turismo (JARDIM, 2017, p. 377-379).

posse, eventualmente marginalizada aos que não tinham posição econômica apta a exercer domínio, camadas mais humildes da sociedade, guarda, em previsões legais expressas, profunda conexão com valores constitucionais relacionados aos direitos sociais, como o trabalho, a moradia e a constituição familiar. Justamente quando contém esses elementos, a posse poderá reunir requisitos para a aquisição de domínio.

Referida natureza foi bastante explorada em capítulos anteriores[80] e merece novamente relevância porque o direito de laje, em gênese foi posse, impulso social promovido pelos grupos economicamente menos favorecidos. Em comunidades, a venda da laje, há muitos anos, é negócio cotidiano, integra a realidade informal constituída por grupos de baixa renda. Mas, justamente por partir da informalidade, carecia de proteção para além do ponto de vista obrigacional. Assim, para além de regularizar a omissão estatal frente à realidade em comunidades carentes, o direito de laje, seja como construção social e doutrinária, seja como direito real, exerce relevante instrumento de regularização fundiária

A propósito, é da riqueza e da complexidade das relações humanas que nascem novas formas de interpretar o direito – não seria diferente no contexto dos direitos reais. O direito de laje, a multipropriedade, e as diversas novas formas de acesso a serem estudadas à frente, demonstram que o universo liberal do direito das coisas construído pela Revolução Francesa e amenizado pela funcionalização não dá conta da demanda de possibilidades e complexos atributos extraíveis para além do uso, gozo, fruição, disposição, reivindicação e sequela.[81]

Reconhecido que o direito de propriedade e a teoria dos direitos reais assentam--se sobremaneira em posições políticas e econômicas, também há que se reconhecer que transações firmadas por classes menos favorecidas ou que permitam o acesso a bens antes restritos, acabam por receber tratamento doutrinário e legislativo incipiente não porque não existam[82], mas porque embora existentes, não são enxergadas dentro das características estabilizadoras do *status quo*.[83]

Neste sentido, Jeremy Waldron[84] aduz que a liberdade é moralmente relevante "I cannot say that liberty is morally important in the case of me and people like me, but not morally important in the case of people like them"[85]. Para o autor, sendo a propriedade uma forma de exercício da liberdade, também será parte da estrutura política, econômica e social, o que torna necessário um conteúdo inclusivo.

---

80. Ver seções 3.3 e 3.4.
81. LIMA, 2017, p. 254.
82. Curiosa situação se estabeleceu na cidade do Rio de Janeiro, Favela Rio das Pedras, antes da regulação do direito de laje. A comunidade criou um cartório paralelo para registro das lajes negociadas, uma vez que suas negociações não encontravam respaldo no Código Civil e na Lei de Registros Públicos, conforme relatam Guilherme Calmon Nogueira da Gama e Filipe José Medon Affonso (2019, p. 3).
83. LIMA, 2017, p. 255.
84. WALDRON, 1989, p. 324.
85. Tradução livre: "Eu não posso dizer que a liberdade é moralmente importante para mim e pessoas como eu, mas não é moralmente importante para os outros".

Neste sentido, Jeremy Waldron[86] destaca que se reconhecida a propriedade privada como necessária à sociedade, sob o fundamento dos benefícios que isso traz ao proprietário, relevante reconhecer que os arranjos desenvolvidos ao seu redor deveriam ser inclusivos e conscientes de seus impactos. No mesmo sentido, Joseph William Singer[87] dá vazão à importância e à complexidade do significado de uma propriedade inclusiva: "The recognition and exercise of property rights affects the interests of others, including other owners and nonowners. When we recognize that is so, it becomes much harder to define what ownership means"[88].

De fato, reconhecer atributos de realização dos preceitos constitucionais em um conceito tipicamente privado torna o debate mais amplo e, por sua vez, mais complexo, porque outorga ao proprietário uma posição de sujeito ativo em prol da sociedade e, com isso, requer do Estado instrumentos aptos a viabilizar e a incentivar a conduta proprietária consciente do interesse geral. Trazendo o raciocínio para o direito real de laje, é de se reconhecer que vindo à luz pela Medida Provisória n. 725, sua prática é pretérita e foi relegada à clandestinidade justamente porque a sistemática proprietária rígida e de custo alto não contemplava a realidade econômico-social em que negociações de laje se inserem, embora fosse manifesta sua prática.

A Medida Provisória, convertida na Lei n. 13.465/2017, com algumas alterações, como dito, consagrou um fato social e construção doutrinária no rol de direitos reais, trazendo a possibilidade de cessão do espaço aéreo de um imóvel ou, literalmente, a sua laje, para venda e construção. Referido espaço torna-se sucessivamente cessível pelo titular da laje, uma construção sobre a outra.

Assim, o direito de laje vem conceituado por Viegas de Lima[89] como "direito de sobrelevação, também conhecido como direito de voo [...] onde se permite, mediante a contratação de um direito de superfície destinado a realização de um ou mais andares sobre a edificação já existente". Por sua vez, Paulo Lôbo[90] destaca que o direito real de laje traduz-se em uma possível convivência entre unidades imobiliárias autônomas de titularidades distintas, capaz de quebrar o princípio de que o titular do solo é dono de tudo que sobre ele se edifica. Por ser permanente, não se confunde com o direito real de superfície, assim como não prescinde de isolamento funcional[91], acesso independente e matrícula própria.

---

86. WALDRON, 1989, p. 328.
87. SINGER, 2000, p. 6.
88. Tradução livre: "O reconhecimento e exercício dos direitos de propriedade afetam os interesses de outrem, incluindo outros proprietários e não proprietários. Quando eu reconheço isso fica muito mais difícil dizer o que significa propriedade".
89. LIMA, 2017, p. 276.
90. LÔBO, 2020, *e-book*.
91. Em artigo a respeito do direito de laje, Marcelo Milagres (2017, p. 86) aponta que muito embora o isolamento funcional seja da essência do direito de laje, é possível que haja "situações comuns envolvendo instalações gerais de água, eletricidade, comunicações e outros".

O legislador pátrio fez uma opção clara ao tratar o direito real de laje como autônomo de demais categorias, isto é, não lhe atribuiu tipicidade elástica vinculada à superfície ou à propriedade, muito embora sua natureza jurídica independente desperte uma série de debates ainda na atualidade.

Nesta senda, mesmo que não se confunda com o direito de superfície, há semelhança entre os institutos, vez que "o direito de laje aproxima-se do direito real de superfícies porquanto tem por efeito seccionar o imóvel, tomado na sua projeção vertical, em bens jurídicos autônomos, que passam a servir de objeto a propriedades separadas".[92]

Há também aqueles que advogaram pela suficiência do direito de superfície para regular a questão logo após a Medida Provisória[93], cuja confirmação resultou na promulgação da Lei n. 13.456/2017.

De outro lado, suscitando a controvérsia, há quem entenda que o direito real é, em verdade, expressão de titularidade sobre coisa própria e, portanto, aproxima-se da propriedade. Sobre o tema, reflete Nelson Rosenvald:[94]

> A laje não é mera projeção laminar de uma propriedade alheia! O legislador enfaticamente disciplinou o novel direito real como uma unidade imobiliária autônoma, construída com matrícula própria, novo fólio distinto daquele que publicizou a construção sobre o solo, com isolamento funcional e acesso independente, individualização de despesas e encargos econômicos e instituição de titularidade sucessiva (art. 1510-A, §§ 1º a 6º, CC). Se nem toda propriedade é perpétua (v.g. a propriedade resolúvel), o certo é que não existem direitos reais em coisa alheia com o atributo da perpetuidade, pois em algum momento o titular terá que restituir os poderes dominiais ao proprietário[95].

Em posição intermediária, a lição de Pablo Stolze e Rodolfo Pamplona Filho[96] atribui um caráter peculiar ao direito real de laje, cujo *animus* é equiparável ao domínio, embora com ele não se confunda, pois que, "derivando de mera cessão de uso, gratuita ou onerosa, da superfície do imóvel que lhe é inferior, resulta na coexistência de unidades autônomas em uma mesma área".

Fato é que, diversamente do direito de superfície, o direito real de laje constitui um fundamento de regularização fundiária que lhe atribui profundo valor social, atendendo justamente ao direito fundamental de acesso à moradia[97] e neste ponto, na concretização deste direito fundamental, é que parece contraditória a posição do

---

92. TEPEDINO et al., 2020, p. 373.
93. "Deve-se, porém, registrar o assombro com a falta de cuidado técnico na elaboração dessa norma, especialmente porque soluções muito mais adequadas poderiam ter sido alcançadas com o já existente direito de superfície". (RODRIGUES JUNIOR, 2016).
94. ROSENVALD, 2017, Blog pessoal.
95. Em análise publicada em seu blog após a promulgação da Lei n. n. 13.456/2017 (ROSENVALD, 2017).
96. STOLZE e PAMPLONA FILHO, 2017, p. 1116.
97. "Sem embargo, tal como na propriedade predial, a laje deve ter uma função socioeconômica, que, no caso, consubstancia-se especialmente no direito à moradia. Seu propósito é o de fomentar a regularização fundiária urbana, especialmente nas favelas instaladas nos morros. Segue daí que ele propicia um título,

legislador ao restringir a laje à sobrelevação ou sublevação de um imóvel-base com título de propriedade[98]. Em outras palavras, a intenção é de regularização fundiária, mas a exigência do título de propriedade na construção-base torna pouco aplicável a norma nas áreas em que ela se prestaria eficaz.

A contradição fez reverberar críticas ao direito de laje quando reconhecido pelo legislador. Neste cenário é que ganham corpo as negociações informais, à margem do alvedrio estatal e cujas tecnologias têm expandido o alcance para setores que, embora tenham capital para figurar dentro da propriedade clássica, cada vez mais optam pelo acesso ao mercado imobiliário pela via estritamente contratual[99].

O direito de laje, portanto, embora muito conectado às realidades socioeconômicas de desigualdade extrema, é apenas uma das múltiplas razões pelas quais o estudo do direito das coisas precisa iniciar uma preocupação que rompa com o padrão absoluto de submissão sujeito-coisa e passe a considerar os indivíduos atingidos neste modelo. A função social deu o primeiro passo, os bens comuns caminham no mesmo sentido.

Muito embora não seja o intuito da pesquisa aprofundar à exaustão a prática do direito real de laje, mas instigar a reflexão de que ele, assim como a multipropriedade (as duas mais recentes alterações no direito das coisas, ambos decorrentes da prática negocial, rechaçados por parte da doutrina), não deixaram de desempenhar suas funções sociais e econômicas no território pátrio.

Enquanto a multipropriedade imobiliária desempenha espaço na condição de condomínio especial e efetivo atributo de titularidade-acesso, o direito real de laje, por premissa e conteúdo tem por fundamentos o direito à propriedade e, portanto, cuida da propriedade-acesso, na medida em que promove a efetivação dos fundamentos do Estado Democrático de Direito. Tendo como princípio os arranjos de comunidade carentes ou marginalizadas, pode colaborar na tutela de um grupo excluído no alcance do direito fundamental à propriedade, ressignificando-o para além da visão liberal oitocentista. Não se pode olvidar, outrossim, que muito embora tenha por essência finalidade de regularização fundiária, desacompanhada das adequadas políticas públicas, o direito real de laje tornar-se-á inócuo, em parte porque pressupõe títulos dominiais no que toca às construções-base, o que não pa-

---

de tal sorte que o respectivo beneficiário, além de tornar legítimo o poder sobre o bem, pode livremente negociá-lo, fazendo circular riquezas" (MARQUESI, 2018, p. 4).

98. BRASIL. Código Civil (2002). "Art. 1.510-A. O proprietário de uma construção-base poderá ceder a superfície superior ou inferior de sua construção a fim de que o titular da laje mantenha unidade distinta daquela originalmente construída sobre o solo".

99. "É de fácil observação que em nosso país convivem cotidianamente as duas espécies de propriedades: a formal e a informal. Esta última vem merecendo especial atenção do Estado, até porque o sistema proprietário informal possui características e sofisticação semelhantes ao sistema proprietário formal, sendo a principal diferença que aquele se move à margem da legalidade e, por conseguinte, do Estado. Mas, mesmo assim, possuem um importante aspecto econômico e de riquezas" (LIMA, 2017, p. 482).

rece refletir a realidade dos grupos habitacionais, como as favelas, em que a cessão da laje ganhou corpo e existência como manifestação negocial.

O direito real de laje visa adequar um sistema altamente consolidado ao seu aspecto promocional com o prestígio dos pactos sociais a partir das suas respectivas realidades, ou seja, dentro de uma formalidade exigida pelo Estado, com a finalidade de reduzir a distância entre o mundo real e o mundo idealizado pelo direito das coisas.

6.4.3 *Cohousing*: arranjos de habitação coletiva; propriedade como acesso a um estilo de vida

6.4.3.1 *Origem e conteúdo*

Para além da multipropriedade e do direito real de laje que passaram a ser considerados no campo do direito das coisas, o avanço das tecnologias e formas de pertencimento tem promovido a consolidação – até o momento no campo obrigacional – de uma interessante figura chamada *cohousing*, situação em que um grupo de pessoas cria uma espécie de comunidade (vertical ou horizontal), conciliando áreas comuns e áreas privativas com intensos níveis de integração e divisão de tarefas, mais severos do que os de um condomínio regular ou edilício, porque para além da execução de um empreendimento em comum, as partes visam criar uma identidade. Em outros termos, pelo arranjo de *cohousing* não é vendido um imóvel, mas um estilo de vida incorporado a frações ideais de um imóvel urbano.

Inicialmente, é preciso diferenciar o modelo *cohousing* daqueles conhecidos por *coliving*. Nos casos de *coliving*, os interessados dividem uma mesma unidade habitacional, como é comum em repúblicas estudantis. Por outro lado, pelo *cohousing*, as partes não dividem residência, vez que o espaço privativo é elemento essencial constituído por pequenas unidades em formatos de casas ou apartamentos compostos apenas do essencial como quarto, banheiro e pequena sala, impulsionando o morador a conviver continuamente e na maior parte do tempo nas áreas comuns, que podem ser constituídas por cozinha, áreas de convivência (tal qual sala de jogos), escritório para trabalhos e reuniões e espaço para hóspedes. Justamente porque são vilas urbanas, sem parcelamento do solo – toda a construção se dá em um único terreno – é que a figura não se confunde com os condomínios fechados.

Para sua viabilização, as partes autorizam fixar regras de convivência oriundas de um rico e aprofundado desenvolvimento da autonomia privada, gerando um compromisso para além das regulações comuns entre vizinhos ou condôminos, porque estabelece premissas para que os sujeitos qualifiquem-se como moradores: estilo de vida, propósitos vislumbrados com o compartilhamento (v.g sustentabilidade, criação de rede de apoio para cuidados com as crianças ou idoso); restrições a faixas etárias (exclusiva para idosos, conhecido por *cohousing senior*); comprometimento na execução de tarefas em prol do bem comum dos moradores; reuniões regulares e tomadas de decisão sempre conjuntas; limites aos atos de disposição e cessão temporária da coisa; proibição ou limites para receber visitas; atividades a serem desempenhadas por todos os moradores, como coleta seletiva de lixo, limpeza das áreas comuns, participação em eventos culturais propostos pelo grupo; proibição de alteração na estrutura arquitetônica das unidades habitacionais.

Portanto, para além das divisões entre áreas comuns e áreas privativas ou noções de fração ideal, o *cohousing* envolve a assunção de compromissos firmados em contratações aptas a impor direitos e deveres relacionados ao comprometimento com a sustentabilidade, compromisso de cuidados mútuos (uma vizinhança colaborativa)[100], exaltando uma cultura de solidarismo entre os moradores.

A ideia de convivência em comunidades não é propriamente uma novidade e representa um gênero conhecido pelos norte-americanos como *intentional communities*, cujas características básicas podem ser assim elencadas:[101] existência de propósito comum entre os participantes; separação do modo regular de convivência da sociedade em que a comunidade está inserida; a lógica de bem-estar do grupo em detrimento do interesse individual; compartilhamento de espaços desprendidos de qualquer laço familiar; um ideal em comum[102].

Surgido na Dinamarca por volta de 1960, a noção de *cohousing* teve seu início na busca por melhores cuidados para crianças e uma forma de compartilhar a preparação das refeições, reduzindo custos e facilitando a rotina e a vida profissional dos pais, com a divisão de tarefas entre várias famílias. Um modelo que rapidamente se expandiu para outros países europeus[103]. No Brasil, o *cohousing* tem sido nomeado

---

100. Convém dar destaque ao chamado *cohousing senior*, destinado justamente para idosos que não se sentem confortáveis vivendo sozinhos, tampouco pretendem viver em asilos ou clínicas especializadas.

101. LOPER; WHITE, 2015, p. 7.

102. Na história recente, para limitar o âmbito de abordagem, são diversos os grupos que se unem intencionalmente a fim de compartilhar a vida, o trabalho, ou apenas certo espaço de convivência com propósitos comuns, o que, aliás, remete às próprias convivências tribais. A documentação destas formas de convivência que transcendem a desempenhada pela sociedade, ou seja, a opção consciente de um grupo de sair do contexto e criar uma própria experiência de vida é documentada na América do Norte desde 1620, com a imigração europeia, seguidas da comunidade Shaker (1790-1805), grupos socialistas utópicos (1824-1848) e as comunidades *hippies* nos idos de 1965 a 1980, conforme exemplificam Charly Loper e Nancy White (2015 p. 8-13). WHITE, Nancy J.; LOPER, Charly. *Cohousing*: an idea for the modern age. Publicado em 18 fev. 2015. Disponível em: https://papers.ssrn.com/sol3/papers.cfm?abstract_id=2559820. Acesso em: 29 set. 2020.

103. Na Suécia, o Färdknäppen é um prédio de 43 apartamentos para pessoas de todas as idades, cuja estrutura promove o uso coletivo da cozinha e partilha das refeições, execução conjunta de trabalhos domésticos, manuais e cuidados com os jardins, além de uma biblioteca para atividades culturais e educativas; também nos Estados Unidos, estado da Califórnia, há um *cohousing* destinado a idosos e em atividade desde 2012. No formato de casas, é possível exemplificar a opção em Vancouver com 19 casas focadas na sustentabilidade desde a construção (materiais utilizados) até os métodos de descarte de lixo e reciclagem, promovendo a interação contínua entre os vizinhos. GIANNINI, Deborah. Nada de asilo. Novos modelos de moradia estimulam a vida em comunidade na terceira idade e dão um chega pra lá na solidão. Viva Bem. *Portal UOL*. Disponível em: https://www.uol.com.br/vivabem/especiais/idoso-velhice-cohousing/index.htm#tres-modelos-de-cohousing-pelo-mundo. Acesso em: 29 set. 2020.

pela arquiteta Lilian Avivia Lubochinski como "colares" (arranjos de habitação colaborativa)[104].

O modelo de *cohousing*, ou colares transcende as *intentional communities*, primeiro porque é projetado – do ponto de vista estrutural e arquitetônico – para encorajar as interações sociais, muito embora continue sendo uma edificação encravada em bairros cujos modos de organização sejam o padrão social e urbanístico. Para além disso, a figura carrega consigo uma noção de confiança e de colaboração mútua efetivamente no sentido de deveres anexos, ou seja, da boa-fé objetiva – conceito pouco trabalhado no âmbito do direito das coisas – de modo bastante evidente desde a fase das negociações preliminares. Trata-se de projeto e propósito, por isso, não se confunde com comunidades *hippies* ou tribais, ao unir conceitos de privacidade e comunidade sob constituição complexa de relação condominial especial.

Podem se desenvolver em formatos de casas ou apartamentos, a depender de decisões conjuntas em um processo que se estende por alguns anos: escolha do terreno, aprovação do projeto arquitetônico, partilha das despesas com o investimento, arranjos contratuais paralelos entre os membros da comunidade que melhor atendam os seus anseios.

Pertinente abordar o caso dos professores da Associação dos Docentes da Universidade Estadual de Campinas (ADunicamp) que, em janeiro de 2020, deram um importante passo para a *cohousing senior* chamada "Vila ConViver", cuja mudança dos moradores está prevista para o ano de 2022.

O grupo optou por um modelo de associação, fundada em 2017, com a aprovação de seu estatuto. Hoje, 66 associados se submetem aos seguintes arranjos fundamentais: 42 casas com 100 metros quadrados e quatro casas com 50 metros quadrados, além da construção da chamada casa comum, onde ficam cozinha, refeitório, salão de jogos e sala de leitura, lavanderia, acomodação para visitantes, espaço para atendimento médico ou profissionais de fisioterapia ou educação física para a terceira idade. Todos os detalhes são decididos em conjunto pelo grupo – a estrutura de gestão é não hierárquica.

Sob o ponto de vista geral, a ideia de contratos de *cohousing*, ou colares, atende paradigmas constitucionais de solidariedade social, preservação do meio ambiente, função social da propriedade com atenção ao desenvolvimento equilibrado dos ambientes urbanos. Não bastasse, incentiva a valoração máxima do dever de colaboração entre os membros. Contudo, a despeito das múltiplas vantagens que o sistema parece oferecer aos seus membros, para que possa efetivamente funcionar

---

104. A arquiteta é frequentemente acionada para falar acerca do tema em eventos do mercado imobiliário com foco no compartilhamento. As informações aqui utilizadas decorrem de palestra promovida junto ao Sindicato da Habitação (SECOVI). SECOVI TALKS. Co-housing e novos formatos de moradia. Palestra de Lilian Avivia Lubochinski. Disponível em: https://www.youtube.com/watch?v=NjuGjH0OJWo&t=268s. Acesso em: 29 set. 2020.

demandará restrições ao exercício proprietário que exacerbam os limites típicos de uma relação condominial, formando um condomínio especial.

6.4.3.2 *Cohousing: afastamento da natureza meramente obrigacional*

Passa-se, assim, à primeira etapa da análise da natureza jurídica e dos efeitos desta modalidade de convivência. É preciso destacar que a comunidade de *cohousing* serve apenas e tão somente para a finalidade residencial e ocorre especialmente em áreas urbanas (para as áreas rurais há atualmente grupos criando ecovilas). O contrato entabulado entre os interessados fixa a destinação do imóvel como exclusivamente residencial.

Embora dependente do contrato para sua constituição e organização, o *cohousing* parece pertencer mais ao mundo dos direitos reais, guardar características de condomínio especial, cuja origem remete a debates muito semelhantes aos que envolveram a multipropriedade imobiliária até a sua regulamentação no território pátrio com a Lei n. 13.777/2018.

Quanto à sua natureza pela gênese do instituto na via negocial, é preciso dar destaque à fase de negociações preliminares, uma vez que os interessados na instituição do arranjo coletivo imobiliário reúnem os primeiros esforços, inclusive financeiros para contratar estudos de viabilidade do negócio. O elemento peculiar do *cohousing* é que a comunhão dos moradores nasce antes do empreendimento.

Saliente-se que pela interpretação do artigo 422 do Código Civil[105], as partes já devem guardar entre si os deveres de lealdade e probidade desde a fase de tratativas e no contexto do *cohousing*, considerando a reunião com propósitos comuns antes mesmo do projeto imobiliário existir – elemento que reúne ainda mais força ao empreendimento. A interpretação de que a fase pré-contratual já vincula os contratantes quanto aos deveres laterais encontra-se bem estabelecida entre os doutrinadores e a jurisprudência e, nesta hipótese tem particular relevância justamente pelas expectativas criadas e o propósito que aproxima os sujeitos interessados na negociação[106], que é de identidade, mediação, espírito coletivo e cooperação mútua para o nascimento de uma nova forma de se organizarem em moradias.

---

105. BRASIL. Código Civil (2002). "Art. 422. Os contratantes são obrigados a guardar, assim na conclusão do contrato, como em sua execução, os princípios de probidade e boa-fé. Importante ressaltar que o Conselho de Justiça Federal do Superior Tribunal de Justiça, pelas Jornadas de Direito Civil fixou dois Enunciados que reforçam a interpretação de que os deveres de boa-fé objetiva aplicam-se à fase pré-contratual". Pelo teor do Enunciado n. 25, "O artigo 422 do Código Civil não inviabiliza a aplicação pelo julgador do princípio da boa-fé nas fases pré-contratual e pós-contratual"; confirmando a linha interpretativa, o Enunciado n. 170, conclui: "A boa-fé objetiva deve ser observada pelas partes na fase de negociações preliminares e após a execução do contrato, quando tal exigência decorrer da natureza do contrato".

106. Também há interpretação doutrinária bastante pacificada quanto à viabilidade da responsabilização pela quebra dos deveres anexos na fase de tratativas, também chamada *culpa in contrahendo*. Neste sentido, DONNINI, 2011, p. 90-109.

Embora não haja nenhuma obrigatoriedade quanto a isso, a fase preambular na instituição de um *cohousing*, no mais das vezes, desenvolve-se a partir de associações, "fenômeno de cooperação entre dois ou mais sujeitos para consecução de uma específica e determinada finalidade".[107] É justamente o componente subjetivo de união entre pessoas pelo exercício da liberdade e vontade consciente, que os deveres de lealdade mostram-se em alto grau, cujos objetivos finalísticos justificam a criação de deveres capazes de extrapolar qualquer regramento estatutário e submeter-se às balizas dos artigos 187 e 422 do Código Civil.[108]

Nesta fase inicial, ou de tratativas, é que ocorre o chamado estudo de viabilidade, capaz de determinar o grau de dificuldade de implantação das moradias, o tamanho da área comum e a quantidade de unidades habitacionais a fim de estabelecer as cotas individuais e respectivos custos. Superada esta etapa, o grupo poderá criar mecanismos contratuais de proteção à sua identidade e compromisso com a causa comunitária, por exemplo, limitando as formas de usar e fruir da coisa pelos moradores e determinando o perfil dos moradores e dos membros da comunidade.

Após a fase inicial, aquisição do terreno e aprovação dos projetos de construção, as partes podem dar início à construção, normalmente com a contratação de uma incorporadora. Portanto, como verificou-se, os moradores apresentam-se e reconhecem-se antes mesmo do terreno estar definido, assim, todas as etapas são vivenciadas pelo grupo de futuros moradores.

Neste ponto, é preciso afastar o liame meramente obrigacional. Muito embora o contrato seja o veículo inicial apto a dar vida à intenção dos futuros moradores, portanto, caminho obrigatório para a criação desta forma de arranjo de moradia, o vínculo não é de credor e devedor. Pelo *cohousing*, o objeto imediato é coisa, não é crédito.

Pela via dos direitos pessoais e pelo exercício amplo da autonomia privada, as partes terão a oportunidade de delimitar as regras de convivência, contudo, estes apontamentos se desenvolvem apenas para dar vazão ao verdadeiro enfoque: criar um direito real de propriedade.

Os direitos reais e pessoais não se confundem em relação a uma série de elementos: sujeito de direito, ação, objeto, limite, extinção e sequela[109]. Para afastar do *cohousing* a natureza jurídica obrigacional, portanto, é preciso avaliá-lo sob estes diversos aspectos.

No arranjo habitacional de *cohousing*, o grupo de futuros moradores não constitui por objetivo finalístico uma relação de crédito e débito entre si. Unidos por um mesmo propósito, adquirem um terreno e sobre ele criam um complexo habitacional

---

107. MARTINS-COSTA, 2018, p. 312.
108. Idem, ibidem.
109. Ver seção 2.3.

fracionado em áreas comuns e privativas. O sujeito ativo é a comunidade (titular do terreno) provocando efeitos *erga omnes*.

A partir desta concepção de sujeito passivo universal atribuível aos direitos dos titulares de *cohousing*, cada um poderá promover ações pertinentes para proteger a titularidade contra quem injustamente a desestabilize, ou seja, produz direito de sequela.

Ademais, a aquisição de um *cohousing* tem característica de perpetuidade, outorgando ao seu titular outra característica também real, que é a possibilidade de gozo permanente e sem intermediação[110]. Uma vez formulado o contrato definindo o objeto e regulando a relação, o vínculo adere à coisa e ganha realidade, a despeito de seu mecanismo inicial obrigacional.

Pois então, a realidade instaurada indica a forma de exploração proprietária; mesmo os limites impostos de forma rígida na maneira em que os titulares devem se comportar e a gestão da comunidade, não alteram sua natureza. É possível pela via contratual e até pela instituição de outros direitos reais, reduzir as faculdades do proprietário sem descaracterizá-la, porque uma vez removidas as limitações, a propriedade pode ser retomada em sua integridade[111].

Aliás, consideração semelhante era feita em relação aos limites impostos entre multiproprietários. Questionava-se se a disciplina de uso entre os titulares afastaria sua característica real, contudo, a tese já era rechaçada por Gustavo Tepedino[112] antes mesmo da regulamentação da hipótese especial de condomínio ser incluída no Código Civil brasileiro[113]. Destarte, os ajustes negociais desenvolvidos de forma minuciosa para tornar possível a vizinhança colaborativa em figura como o *cohousing* não são aptos a afastar seus caracteres reais, assim como não eram as regulações contratuais no campo da multipropriedade.

---

110. "O direito real concede ao titular um gozo permanente e o pessoal extingue-se no momento em que a obrigação é cumprida, sendo, portanto, transitório. É um direito sobre coisa que não quer intermediação, para que o seu titular exerça seu direito sobre ela" (DINIZ, 2017, p. 30).

111. "[...] pode no caso concreto tirar-se uma ou mais faculdades ao proprietário, numa medida mais ou menos larga ou intensa, de modo que seus poderes se reduzam tanto que quase fiquem em nada e no entanto a propriedade permanece potencialmente íntegra, pela virtude intrínseca que aquela tem de se expandir, e voltar à sua compreensão normal e máxima, desde que terminaram os vínculos e as limitações que externamente a comprimiam. Tiram ao proprietário uma série de faculdades os limites legais da propriedade e as servidões impostas por lei; tiram-lhe outras os vínculos livremente desejados, em virtude dos quais, ou se transferem para outrem poderes parciais do proprietário (por exemplo, usufruto, uso), ou surgem noutra pessoa poderes que limitam os do proprietário [...]" (RUGGIERO, 1972, p. 299).

112. TEPEDINO, 1993, p. 59.

113. "O vínculo jurídico que se instala adere imediatamente ao bem imóvel sobre o qual incide, servindo o contrato, embora imprescindível, unicamente para definir o objeto do direito e disciplinar a relação entre os multiproprietários, e entre estes e a empresa promotora, à qual é delegada a função de gerir o imóvel. Entretanto, a recíproca limitação (espaço-temporal) de poderes não é fator de intermediação, senão de mera coordenação e demarcação de esferas jurídicas não retirando, pois, a natureza real do direito multiproprietário, como prevalência *erga omnes*" (TEPEDINO, 1993, p. 59).

6.4.3.3 Cohousing como condomínio urbano simples

Na prática, o *cohousing* assume basicamente dois modelos: os associativos, com a distribuição de cotas; ou a aquisição em forma de copropriedade por diversos titulares. Desenvolvendo-se sob o manto da associação, os associados haverão de seguir um regime estatutário estabelecido; a titularidade proprietária do imóvel é da associação, que distribui sua exploração em forma de cotas aos membros do grupo associativo.

De outro lado, optando os moradores pela titularidade individualizada da coisa e reconhecendo a natureza real das aquisições para instituir arranjos de moradia sob estudo, é intuitiva sua alocação no âmbito da propriedade, notadamente em razão de seus elementos de perpetuidade (afastando usufruto, uso, servidão), e, portanto, uma forma de condomínio.

Os modelos existentes no Brasil implicam em construções nos planos vertical ou horizontal, no qual ficam estabelecidos pela fonte obrigacional: a) terreno único sem parcelamento do solo; b) construção de apartamentos ou casas individualizadas dentro de um projeto padrão aprovado pelo grupo; c) proibição de alteração do projeto arquitetônico, mesmo nas unidades privativas; d) construção de áreas comuns, saída para a via pública por uma passagem comum.

As unidades habitacionais individualizadas e as formas de uso da coisa por seus cotitulares, com forte comunhão de propósito, gestão e desenvolvimento da relação de cotitularidade levam as partes a assumirem um alto teor de confiança, ao mesmo tempo que buscam resguardar os interesses individuais de cada um dos moradores.

É importante averiguar em que medida registros de moradia como *cohousing* não implicaria em ofensa à enumeração *numerus clausus* dos direitos reais e qual regime melhor lhe contempla.

Reconhecer a noção de condomínio edilício por trás do negócio firmado pelas partes interessadas nas comunidades intencionais tem um tanto de intuitivo, se analisado em suas linhas gerais e instituído por plano horizontal: incorporação de unidades habitacionais privativas e áreas comuns; indivíduos titulares de frações ideais das áreas comuns, que seguem como acessórios à unidade privativa; convenções aptas a regular a finalidade a que se destina a construção, o direito de vizinhança e a administração da coisa; decisões tomadas em conjunto[114].

Contudo, nem sempre o modelo *cohousing* se desenvolve em edifícios por andares, há também projetos de casas. Nestas circunstâncias, alguns elementos gerais

---

114. BRASIL. Código Civil (2002). "Art. 1.332. Institui-se o condomínio edilício por ato entre vivos ou testamento, registrado no Cartório de Registro de Imóveis, devendo constar daquele ato, além do disposto em lei especial: I – a discriminação e individualização das unidades de propriedade exclusiva, estremadas uma das outras e das partes comuns; II – a determinação da fração ideal atribuída a cada unidade, relativamente ao terreno e partes comuns; III – o fim a que as unidades se destinam".

devem ser reiterados para identificar melhor a natureza do instituto. A primeira delas é que o projeto integral do imóvel é aprovado pelos coproprietários do terreno antecipadamente, que instituem uma incorporação imobiliária minando a possibilidade de o titular do domínio da unidade autônoma realizar escolhas subjetivas quanto às características da coisa, alterando estrutura, promovendo reformas ou benfeitorias que não atendam ao projeto aprovado. Não há, portanto, liberdade para construir ou modificar as características da unidade privativa. Sob estas circunstâncias, parece inadequado sugerir a aplicação das regras contidas no artigo 1.358-A[115] do Código Civil, instituindo o condomínio de lotes e inserido pela Lei n. 13.456/2017, com as disposições complementares do condomínio edilício.

Outrossim, o titular do quinhão autônomo tem certa esfera de liberdade para construir em seu lote "sem qualquer vinculação ou modelo estabelecido pelo instituidor".[116] A inadequação do condomínio de lotes também se extrai do fato de que no *cohousing* não há parcelamento do solo, todas as construções se dão num mesmo terreno. Portanto, o condomínio de lotes não atende às demandas de colares em residências térreas, o que acaba direcionando para outra figura inovadora trazida pela Lei n. 13.465/2017, que é a instituição de condomínios urbanos simples.

Diversamente do condomínio de lotes e por uma provável atecnia, os condomínios urbanos simples não foram inseridos no Código Civil; mantém disciplina exclusiva pelos artigos 61 a 63 da Lei n. 13.465/2017. É o próprio *caput* do artigo 61[117] que traduz o seu conteúdo, isto é, a existência de casas ou cômodos inseridos no mesmo terreno que, respeitados os padrões urbanísticos, deverão ser discriminados na matrícula, assim como a parte do terreno ocupada pelas edificações, as partes de utilização exclusiva e as áreas que constituem passagem para as vias públicas ou para as unidades entre si.

---

115. BRASIL. Código Civil (2002). "Art. 1.358-A. Pode haver, em terrenos, partes designadas de lotes que são propriedade exclusiva e partes que são propriedade comum dos condôminos (Incluído pela Lei n. 13.465, de 2017). § 1º. A fração ideal de cada condômino poderá ser proporcional à área do solo de cada unidade autônoma, ao respectivo potencial construtivo ou a outros critérios indicados no ato de instituição. (Incluído pela Lei n. 13.465, de 2017). § 2º. Aplica-se, no que couber, ao condomínio de lotes o disposto sobre condomínio edilício neste Capítulo, respeitada a legislação urbanística (Incluído pela Lei n. 13.465, de 2017). § 3º. Para fins de incorporação imobiliária, a implantação de toda a infraestrutura ficará a cargo do empreendedor (Incluído pela Lei n. 13.465, de 2017)".
116. TEPEDINO; MONTEIRO FILHO; RENTERIA, 2020, p. 274.
117. BRASIL. Lei n. 13.465/2017. "Art. 61. Quando um mesmo imóvel contiver construções de casas ou cômodos, poderá ser instituído, inclusive para fins de Reurb, condomínio urbano simples, respeitados os parâmetros urbanísticos locais, e serão discriminadas, na matrícula, a parte do terreno ocupada pelas edificações, as partes de utilização exclusiva e as áreas que constituem passagem para as vias públicas ou para as unidades entre si. Parágrafo único. O condomínio urbano simples será regido por esta Lei, aplicando-se, no que couber, o disposto na legislação civil, tal como os arts. 1.331 a 1.358 da Lei n. 10.406, de 10 de janeiro de 2002 (Código Civil)".

Embora tenha sido objeto de críticas[118], a instituição de condomínios urbanos simples pode resolver uma série de dificuldades fundiárias do ambiente das cidades e dar cabo ao imbróglio quanto à natureza de arranjos de moradia similares ao *cohousing*. Flávio Tartuce[119] traz exemplo comum em que há num mesmo terreno unidades habitacionais independentes: casos em que filhos edificam suas residências aos fundos do terreno dos pais. Nestas hipóteses, estaria facilitada a individualização das matrículas, independentemente de fracionamento em lotes distintos, aplicando-se subsidiariamente, as regras do condomínio edilício para regular a convivência no que diz respeito às áreas comuns.

Portanto, uma das inovações na constituição dos condomínios urbanos simples é a abertura de matrículas individualizadas para cada um dos coproprietários[120] e a inovação correspondente à possibilidade de averbação das edificações mediante mera notificação, em casos de núcleos ocupados por população de baixa renda (Reurb)[121] – neste ponto, não se aplica às hipóteses de *cohousing* –, dispensada a apresentação de habite-se, certidões negativas e burocracias outras relacionadas à instituição de condomínios sob outros formatos.

Assemelha-se aos condomínios edilícios, mas, por ter inspiração social, facilita procedimentos registrais, uma vez que dispensa a apresentação de convenção de condomínio, admitindo que as partes estabeleçam regramentos de convivência a partir de contratos particulares entabulados entre si. Nestes casos, frise-se que, sem a publicidade de instrumentos negociais particulares, futuros adquirentes a eles não se submetem[122].

---

118. Logo após a promulgação da Lei, André Abelha teceu severas críticas ao instituto, mostrando sua desnecessidade da inclusão legislativa ante a figura do condomínio edilício, em seu sentir, suficiente para regular a questão. ABELHA, André. Nova lei 13.465/17 (Parte V): O condomínio urbano simples(mente absurdo). *Migalhas*. Disponível em: https://migalhas.uol.com.br/depeso/263359/nova-lei-13465-17-parte-v-o-condominio-urbano-simples-mente-absurdo. Acesso em: 20 out. 2020.

119. TARTUCE, Flávio. Novidades da Lei n. 13.465/2017: o condomínio de lotes, o condomínio urbano simples e o loteamento de acesso controlado. *Jusbrasil*. Disponível em: https://flaviotartuce.jusbrasil.com.br/artigos/478658357/novidades-da-lei-n-13465-2017-o-condominio-de-lotes-o-condominio-urbano-simples-e-o-loteamento-de-acesso-controlado. Acesso em: 20 out. 2020. No texto, Flávio Tartuce tece elogios à inovação legislativa: "A figura do condomínio urbano simples merece aplausos, porque é sensível a uma realidade bastante comum de terrenos em que, por exemplo, os pais constroem duas casas "nos fundos" para recepcionar os seus filhos. Nesses casos, os pais poderiam transformar a propriedade unitária em um condomínio urbano simples, abrindo matrícula para cada uma das unidades correspondentes às construções".

120. BRASIL. Lei n. 13.465/2017. "Art. 62. [...] § 1º Após o registro da instituição do condomínio urbano simples, deverá ser aberta uma matrícula para cada unidade autônoma, à qual caberá, como parte inseparável, uma fração ideal do solo e das outras partes comuns, se houver, representada na forma de percentual".

121. BRASIL. Lei n. 13.465/2017. "Art. 63. No caso da Reurb-S, a averbação das edificações poderá ser efetivada a partir de mera notícia, a requerimento do interessado, da qual constem a área construída e o número da unidade imobiliária, dispensada a apresentação de habite-se e de certidões negativas de tributos e contribuições previdenciárias".

122. Segundo Flávio Tartuce, "[...] esses acordos escritos serão oponíveis a terceiros apenas se eles tomarem ciência deles antes da aquisição de uma unidade autônoma. Entendemos que, apesar de não ter sido feita nenhuma previsão expressa no artigo 178 da Lei de Registros Públicos (Lei n. 6.015, de 1973), esses acordos

A possibilidade de entabular convenções ou contratos particulares de convivência entre os coproprietários atende de forma bastante satisfatória o modelo de *cohousing*, permitindo pela via da autonomia privada que as partes fixem a disciplina que melhor reflita seus anseios na vizinhança colaborativa, ao mesmo tempo que atende construções nos planos horizontais ou verticais, vez que a lei não parece fazer qualquer restrição a respeito.

Portanto, parece ser perfeitamente aplicável ao caso da *cohousing* por atender às seguintes premissas: a) edificação em um único terreno com a viabilidade para emissão de matrículas individualizadas para casas ali edificadas ou cômodos (podendo-se atribuir a estes a ideia de construções num mesmo prédio, como apartamentos); b) desnecessidade da apresentação da convenção de condomínio perante o Registro de Imóveis, mas viabilizada a criação de um regime de convivência por instrumento particular; c) não está restrita às populações de baixa renda (à exceção do que contempla o artigo 63 da Lei). Com a instituição de um condomínio urbano simples nos instituidores de contratos de *cohousing*, os moradores podem deixar o modelo associativo para trás, obtendo segurança quanto às suas faculdades proprietárias.

O modelo sugerido de condomínio especial, ou melhor, condomínio urbano simples, tendo por complemento as regras do condomínio edilício, acaba dando adequada flexibilidade negocial ao estatuto coletivo no estabelecimento de limites aos poderes de disposição, fruição e uso do titular. Ocorre, todavia, uma fundada dúvida quanto aos limites dos instrumentos particulares de convivência ou das próprias convenções a serem entabuladas nesses arranjos habitacionais. Tal imbróglio, aliás, também era identificado no caso da multipropriedade imobiliária.

Ou seja, uma vez instituído um condomínio, poderia um dos moradores dar sua cota em usufruto, quem sabe constituir garantia real sobre sua fração? Ou ainda, teria liberdade para ceder sua unidade em locação, ou alterar a destinação do imóvel? Haveria obrigatoriedade de manutenção da coisa nos exatos padrões do projeto arquitetônico? Seria viável estabelecer um direito real de laje sobre a sua unidade ou ainda, quem sabe, direitos reais de superfície ou servidão? A resposta é positiva. Note, por exemplo, que o artigo 62, § 2º, da Lei n. 13.465/2017[123] prevê justamente a absoluta liberdade do titular da unidade autônoma em aliená-la ou gravá-la de ônus reais, o mesmo pela regra geral dos condomínios edilícios.

---

escritos devem ser equiparados às convenções de condomínio com fundamento no parágrafo único do artigo 61 da Lei n. 13.465/2017, de sorte que, com base nesse fundamento, seria admitido o seu registro de modo facultativo no Livro 3 do Cartório de Imóveis para, se for interesse dos condôminos, produzir efeitos perante terceiros (artigo 178, III, da Lei de Registros Públicos)". TARTUCE, Flávio. Novidades da Lei n. 13.465/2017: o condomínio de lotes, o condomínio urbano simples e o loteamento de acesso controlado. *Jusbrasil*. Disponível em: https://flaviotartuce.jusbrasil.com.br/artigos/478658357/novidades-da-lei-n--13465-2017-o-condominio-de-lotes-o-condominio-urbano-simples-e-o-loteamento-de-acesso-controlado. Acesso em: 20 out. 2020.

123. BRASIL. Lei n. 13.465/2017. "Art. 62, § 2º. As unidades autônomas constituídas em matrícula própria poderão ser alienadas e gravadas livremente por seus titulares".

Ocorre que, nos arranjos similares aos de vizinhança colaborativa, as partes reúnem-se com um propósito comum, podendo estabelecer (caso das *cohousing senior*) limites de idade para moradores, filosofias de vida ou questões relacionadas a convicções religiosas Partindo da própria essência de modelo como o da multipropriedade, eram justamente as limitações ao exercício pleno da liberdade que causavam desconforto quanto à natureza da transação, todavia, a rigidez nas condições contratuais e uma gestão administrativa capaz de conciliar os múltiplos interesses subjetivos envolvidos parece ser a única via possível havendo relação condominial[124].

A preocupação também ganhou contornos na experiência norte-americana, vez que os estatutos ou contratos que regulam a convivência em comunidades intencionais acabam por minar quase todos os direitos típicos da propriedade privada, impondo restrições ao comportamento dos residentes, modo de uso da unidade habitacional, restrições quanto aos móveis que guarnecem a residência, cores com as quais os cômodos podem ser pintados, limite de tempo para permanência de convidados e até mesmo proibição da entrada de crianças no empreendimento,[125] ainda que seja para visitar seus avós, como seria comum em comunidades intencionais voltadas ao público idoso.

Para Jeremy Rifkin,[126] desiste-se da autonomia proprietária para assumir os arranjos decorrentes da autonomia negocial em prol de um bem comum, portanto, há uma migração para uma noção de autonomia coletiva e a mudança de um paradigmático direito de propriedade, para um direito colaborativo e compartilhado.

Do ponto de vista dos direitos da personalidade e das garantias constitucionais às liberdades, a questão também pode impactar, uma vez que determinadas restrições violariam mais do que o direito à propriedade privada, mas também a possibilidade de manifestação e de deslocamento com a mais absoluta liberdade.[127] Essa conduta resvala em reflexão já apresentada acerca da eventual inconstitucionalidade de arranjos que se sobreponham ao direito de propriedade, conforme ressalta José Manoel de Arruda Alvim[128].

De fato, a linha é tênue, pois levanta um debate de administração de liberdades despertando a necessidade de valoração das restrições como um gesto claro de confluência de bem comum para o grupo envolvido, talvez o sentir de autonomia coletiva.

---

124. A este respeito, Gustavo Tepedino (1993, p. 57), ao tratar da multipropriedade imobiliária ainda em 1993, ressaltava este caráter vanguardista do modelo frente às relações proprietárias até então reconhecidas no Brasil e no mundo: "Em síntese, a necessidade de uma perfeita gestão administrativa para coordenar a utilização por parte dos numerosos titulares, aliada à necessidade de imposição de rigorosas penas contratuais para o bom desempenho da alternância prevista enseja, de um lado, a delegação de desmesurado poder ao administrador e, de outro, a submissão do multiproprietário a uma disciplina condominial rígida impensável nos moldes tradicionais de aproveitamento do domínio por seu titular".
125. RIFKIN, 2001, p. 98.
126. Idem, p. 99.
127. Idem, ibidem.
128. Ver capítulo 3.

As convenções, estatutos e instrumentos particulares a serem celebrados pelos moradores deverão seguir as regras do *pacta sunt servanda*, ou seja, fazem lei entre as partes, desde que não ofendam os limites da função social dos contratos e da boa-fé objetiva, uma vez que a leitura das relações privadas, segundo a interpretação civil constitucional proposta ao longo deste trabalho, não pode se dar à revelia dos valores protegidos e promovidos pela Carta Magna.

Seria possível em arranjos habitacionais as partes instituírem restrições pessoais, ou seja, proibirem o acesso por determinadas pessoas (estudantes, por exemplo)? Há quem entenda que tendo sido estabelecida em comum acordo pelos condôminos, tratando-se de propriedade privada, a restrição a determinados grupos, por alterarem em parte a finalidade do condomínio (v.g. repúblicas estudantis), seriam lícitas.[129] De outro lado, Flávio Tartuce[130] adverte que restrições pessoais são ilícitas e discriminatórias, ofendendo os preceitos constitucionais previstos no *caput* do artigo 5º da Constituição da República, posição com a qual se concorda.

As limitações decorrentes da instituição de condomínio, seja edilício, seja urbano simples, mesmo em casos de *cohousing* em que há promoção de um estilo de vida, podem limitar-se, no mais das vezes, a estabelecer regras de convivência como horários para receber visitas (vez que as áreas são comuns) e direito de preferência na aquisição entre os condôminos para garantir a manutenção do propósito comum. Para além disso, deverão ser reconhecidas como nulas, ou seja, convenções que, em nome da liberdade contratual e absolutismo da propriedade privada, se tornem instrumentos de abuso de direito ao impor regras que excluam determinados grupos em razão da sua raça, cor, gênero e religião.

6.4.3.4 Cohousing *como arranjos proprietários consagradores da ideia de acesso-titularidade*

Não resta dúvida de que somente pela percepção de que a taxatividade e a tipicidade dos direitos reais são institutos que não se confundem é que será possível compreender o avanço da autonomia privada na criação de novas formas de fruição dos bens corpóreos. Esta tese filia-se ao entendimento de que os direitos reais são taxativos apenas e tão somente sob a perspectiva da reserva legal, ou seja, não cabe a criação de direitos reais pela via da autonomia privada.

Este posicionamento não significa, de outro lado, que a tipicidade desses direitos reais siga a mesma disciplina, vez que rege seu conteúdo e não sua existência para o ordenamento. Justamente por esta razão, a tipicidade não poderia restringir a causa de transmissão de direitos reais, que se faz mediante contrato. A figura do

---

129. KOJRANSKI, 2011, p. 160.
130. TARTUCE, 2016, p. 342.

cohousing nada mais é do que uma figura contratual atípica que comporta em seu conteúdo fortes traços do condomínio edilício e do condomínio urbano simples.

Pensado desta forma, o *cohousing* consagra um novo modelo de direito de propriedade, ainda sem alocação expressa, mas que pode ser incluído nos moldes do que predispõe o artigo 61 da Lei n. 13.465 e dá corpo ao conceito acesso-titularidade[131], vez que promove a função social da propriedade em sua perspectiva de rendimento ampliado e fomento à criação de regimes proprietários diferenciados, capazes de atender aos anseios sociais em velocidade mais adequada aos tempos atuais e necessidades do mundo dito pós-moderno.

Sob esta lógica, é fundamental aos sujeitos contratantes a segurança jurídica constante no registro à margem da matrícula imobiliária da espécie contratual entabulada, ainda que atípica, a despeito dos títulos enumerados no artigo 167 da Lei n. 6.015/1973, sob a perspectiva de que taxativos são somente direitos reais e não seus modelos de circulação. Entendimento diverso negaria vigência ao artigo 425 do Código Civil que prevê a celebração de contratos atípicos.

Em análise jurisprudencial[132], todavia, a Lei de Registros Públicos não deixa margem para além do registro de títulos previstos em seu artigo 167, a despeito de posições divergentes[133], já alinhavadas no início desta tese. Há um alinhamento majoritário da doutrina à taxatividade dos títulos registráveis, conforme expõe Afrânio de Carvalho:[134]

> O registro não é o desaguadouro comum de todos e quaisquer títulos, senão apenas daqueles que confiram uma posição jurídico-real e sejam previstos em lei como registráveis. A enumeração dos direitos registráveis da nova Lei do Registro é taxativa, e não exemplificativa (art. 167). Dessa maneira, não são recebíveis os títulos que se achem fora dessa enumeração, porquanto o registro

---

131. Ver seção 6.2.
132. REGISTRO DE IMÓVEIS – Dúvida – Promessa de permuta – Impossibilidade de registro, à míngua de previsão no rol do artigo 167, I, da Lei 6.015/73, que é taxativo – Direito de superfície veiculado em contrato particular – Impossibilidade de registro, pela necessidade da forma pública, nos moldes dos artigos 1.369 do Código Civil e 21 da Lei 10.257/01 – Dúvida procedente – Recurso improvido. BRASIL. Tribunal de Justiça de São Paulo; Apelação Cível 1099413-38.2015.8.26.0100; Rel. Pereira Calças; Órgão Julgador: Conselho Superior de Magistratura; Foro Central Cível – 1ª Vara de Registros Públicos; j. 06.10.2016; Registro: 11.10.2016. Em sentido diametralmente oposto, o mesmo Tribunal de Justiça do Estado de São Paulo: Agravo de Instrumento. Tutela Antecipada. Matrículas de imóvel. Certificação de informação acerca da existência de Inquérito Civil. Admissibilidade. Certificação que não enseja qualquer prejuízo à agravante. Ausência dos requisitos previstos no artigo 273 do CPC. Artigo 167 da Lei de Registro Público que não é taxativo, mas exemplificativo, podendo existir outras causas de registro na matrícula, dentre elas ambientais. Decisão mantida. Recurso não provido. BRASIL. Tribunal de Justiça de São Paulo; Agravo de Instrumento 0060934-70.2013.8.26.0000; Rel. Vera Angrisani; Órgão Julgador: 2ª Câmara Reservada ao Meio Ambiente; Foro de Piratininga – Vara única; j. 29.08.2013; Registro: 05.09.2013.
133. "Como já se destacou, a taxatividade e a tipicidade regem a competência legislativa e o conteúdo dos direitos reais, e não os fatos causativos do qual se originam tais direitos. Em outras palavras, os referidos princípios vedam a constituição de um direito real atípico, cuja estrutura não corresponda àquela predisposta pelo legislador em algum dos tipos reais, porém não restringem os negócios nos quais um direito real (típico) pode ser estipulado e transmitido" (RENTERIA, 2016, p. 77).
134. CARVALHO, 1977, p. 263-265.

nada lhes acrescenta de útil. Nesse particular, a regra dominante é a de que não é inscritível nenhum direito que mediante a inscrição não se torne mais eficaz do que sem ela [...] as numerosas promessas contratuais que visam a obter, em seu segmento, a aquisição de um direito real, ficam fora do registro, pela simples razão de que este nada acrescenta à sua eficácia. Se o descumprimento delas enseja a cobrança de perdas e danos, não ensejará senão isso, se forem registradas [...] Por conseguinte, as promessas de compra e venda (retratável), de hipoteca, de permuta, de doação, de dação em pagamento, de baixa de hipoteca, ou de parte de hipoteca (liberação parcial do imóvel), devem ficar estranhas ao registro, de vez que nenhum efeito produz o seu ingresso, tantas vezes obtido sob o pretexto de se tratar de direitos imobiliários. Não basta que sejam direitos imobiliários, importando que sejam também reais, para constituírem matéria de registro, ponto esquecido por decisões judiciais que dão beneplácito à prática contrária aos princípios

Não bastasse, ainda não há um padrão claro da práxis em torno dos contratos de *cohousing*, tampouco como estes instrumentos vêm sendo levados à publicidade e registro, portanto, neste cenário de incertezas, é possível que a figura percorra o caminho tortuoso da multipropriedade imobiliária, pairando sob a égide de direito obrigacional[135], obrigando os interessados a se reunirem por meio de sociedades e de associações, sem potencial de oponibilidade *erga omnes*.

6.4.4 Ecovilas: propriedade como acesso à sustentabilidade

Para além do *cohousing*, existe um movimento similar de ecovilas, que merece particular atenção, pois elas demonstram uma intenção de preservação ambiental bastante evidente e regras relacionadas à sustentabilidade, localizadas em ambiente rural e constituídas por pessoas que não mais pretendem viver em grandes centros urbanos[136]. A despeito da pesquisa ter enfoque principal nas questões voltadas aos centros urbanos, far-se-á uma breve passagem pelo modelo de ecovilas e seus desafios no Brasil.

---

135. Em sentido favorável à possibilidade de registro de títulos, convém reproduzir uma passagem de Ricardo Dip (2011, fl. 1005): "Nem sempre se adverte com clareza que o direito real é uma atualização que depende de potência, *scl.*, de um título, e que esse título é de direito obrigacional. Ora, se o registro imobiliário atualiza o título para, frequentemente, constituir um direito real; se esse título no sistema obrigacional vigente, é resultado possível de uma autonomia de vontades contratantes; se esse título, não menos, é alheio de exigências tipológicas e restritivas; tem-se de admitir que, longe de afirmar-se a taxatividade dos atos suscetíveis de registro imobiliário, deve antes e ao revés dizer-se que todos os atos aos quais, sem vícios, se possa atribuir potencialidade para constituir (ou modificar) direitos reais imobiliários são suscetíveis de registração predial".

136. No Brasil, o último censo apresentado pelo IBGE demonstrou um crescente êxodo rural, todavia, com a paralisação mundial e o isolamento social provocados pela pandemia do coronavírus, foi identificado um aumento da procura por áreas remotas. Isso ocorreu em função de o trabalho remoto propiciar a distância dos grandes centros o que gera melhor qualidade de vida. Segundo consta em reportagem da revista InfoMoney, o momento no Brasil não pode ser classificado como um êxodo urbano, mas tem condão de demonstrar uma tendência que já vinha crescendo, uma mudança de comportamento anterior à crise em 2020. Infomoney. *Como a pandemia de coronavírus pode impulsionar o êxodo urbano no futuro. A tendência é vista ao redor do mundo, mas o fenômeno pode ter outros desdobramentos no Brasil*. Por: Por Pablo Santana. Publicado em 11 jun. 2020. Disponível em: https://www.infomoney.com.br/economia/como-a--pandemia-de-coronavirus-pode-impulsionar-o-exodo-urbano-no-futuro/. Acesso em: 30 out. 2020.

As ecovilas também se enquadram na figura de comunidade intencional, porém, com algumas características voltadas para a integração total das atividades humanas ao mundo da natureza na promoção de um meio ambiente autossustentável.[137] São comunidades pequenas, onde todos se conhecem, trabalham na produção de seus alimentos e realizam uma gestão comunitária. Aliás, por estas comunidades, os produtos cultivados em escala de pequenos produtores são vendidos em feiras gerando renda aos integrantes e à manutenção do grupo.

As ecovilas se desenvolvem basicamente pela construção de residências ecologicamente sustentáveis, produção de alimentos orgânicos para consumo dos moradores, reciclagem do material descartado e, na medida do possível, sustentando-se da própria força colaborativa. No Brasil, segundo dados fornecidos pela Global Ecovillage Network, consta que existam ao menos 41 comunidades vivendo em zonas rurais sob os preceitos de sustentabilidade e preservação do planeta e seus recursos naturais.

A busca relativa às formas de constituição das ecovilas permitiu identificar pouca uniformidade jurídica, desde condomínios voluntários com o compartilhamento total das áreas de convivência, até constituição de condomínios de lotes com convenções altamente rígidas, com áreas comuns que, embora urbanas, remetem ao espírito da zona rural.

Tratando-se de loteamento para urbanização de áreas rurais, é importante salientar que, para regularizar a situação registral e separar a área em lotes, é preciso baixar a inscrição no Incra e iniciar o processo de urbanização da área[138] – respeitadas as diretrizes determinadas pelo município – o que ocorre à luz da Lei n. 6.766/1979. Nesse ponto os grupos encontram alguns entraves quando pretendem se instalar em áreas demasiadamente afastadas de infraestrutura não alcançadas pelos planos de expansão urbanas municipais[139].

A constituição de condomínios em terrenos rurais pressupõe peculiaridades que a tornam especialmente complexa, mesmo nas hipóteses de criação de sítios de recreio, vez que os projetos necessariamente se submetem às aprovações e normas

---

137. CHRISTIAN, 2014, p. XVI.
138. "Conveniente esclarecer que a área utilizada deve ser para fins urbanos [...] Mas não se impede o loteamento de áreas rurais para fins urbanos, como sítios de recreio, desde que a lei municipal a defina como de expansão urbana, e haja a aprovação pelo Incra. A rigor, as zonas urbanas ou de expansão urbana deverão estar definidas em lei municipal" (RIZZARDO, 2014, p. 38).
139. "Muito embora não haja o condão de aprofundamento na questão, os imóveis rurais também se submetem a normas de proteção ambiental e limitações de ordem administrativa que reduzem o exercício pleno do titular do domínio em prol da função social da propriedade. Isto significa que mesmo em hipóteses de criação de vilas sustentáveis, a possibilidade de empreendimentos em imóveis rurais, dever-se-ão levar em conta critérios estabelecidos pela legislação federal, estadual e municipal, dependendo de prévios licenciamentos dos órgãos competentes. Nem se olvide que o recorte de propriedades rurais, ainda que não haja alteração da destinação possui limitações e área mínima tendentes a evitar a criação de minifúndios" (SILVA, 2012, p. 340-346).

do INCRA, Estatuto da Terra e Lei n. 4.591/1964 no que couber.[140] Não há qualquer previsão específica quanto à instituição de condomínios especiais rurais nos moldes das Ecovilas. Esta forma de experimentar a propriedade mais pelo acesso a um estilo de vida ou pela compra de um modo de relacionar-se, do que pela apropriação de coisas, não possui qualquer espécie de regulação no sistema pátrio, muito embora venha ganhando espaço continuamente e impactando as noções de propriedade e posse funcionalizadas.

---

140. NASCIMENTO FRANCO, 1972, p. 218.

7
NOVO DISCURSO PROPRIETÁRIO

7.1 O ACESSO COMO NOVO VETOR PROPRIETÁRIO

Na década de 1950, Orlando Gomes publicou "A crise do direito", cujo capítulo "A evolução do direito privado e o atraso da técnica jurídica" foi republicado pela Revista Direito GV, em 2005. Em sua crítica à insuficiência dogmática no direito civil, Orlando Gomes revela insatisfação quanto ao avanço da produção científica frente aos desafios sociais da época em alguns setores do direito privado, entre eles a propriedade:[1]

> Despe-se a propriedade tradicional das cousas de suas vestes talares, que se reconhecem fora de moda, e quando novos poderes sôbre novos bens reclamam regulamentação jurídica, retira-se do museu a velha túnica dos romanos para recobrir os fatos novos. Como não é fértil a imaginação dos juristas, procuram explicar as situações novas com o auxílio do velho conceito.

Esta advertência ganha ainda maior relevância na medida em que, mais de 70 anos após sua exteriorização, revela-se atual. O conceito de propriedade elaborado pelo liberalismo francês, como símbolo da liberdade e de poder político da classe burguesa recebeu poucas alterações, embora o mundo e as relações econômico-sociais tenham se transformado de forma expressiva[2].

---

1. GOMES, 2005, p. 129.
2. "[...] property, although it must always be an individual right, need not be confined, as liberal theory has confined it, to a right to exclude others from the use or benefit of some thing, but may equally be an individual right not to be excluded by others from the use or benefit of something. When property is so understood, the problem of liberal-democratic theory is no longer a problem of putting limits on the property right, but of supplementing the individual right to exclude others by the individual right not to be excluded by others. The latter right may be held to be the one that is most required by the liberal-democratic ethic, and most implied in a liberal concept of the human essence. The right not to be excluded by others may provisionally be stated as the individual right to equal access to the means of labour and/or the means of life". (MacPherson, 1978, p. 201). Tradução livre: "[...] propriedade, embora normalmente seja um direito individual, não precisa estar confinada, como a teoria liberal o fez, a um direito que exclui os outros de usarem ou se aproveitarem dos benefícios de alguma coisa, mas pode ser um direito individual de não ser excluído pelo uso ou benefício vinculado à alguma coisa. Quando a propriedade é assim compreendida, o problema da teoria do liberalismo democrático deixa de ser um problema relacionado a limites e se transforma num direito individual de ser incluído ou não ser excluído pelos outros. Este direito pode se sustentar num dos principais fundamentos da democracia liberal que é a ética, implícito no conceito liberal de essência humana. O direito de não ser excluído pelos outros pode proporcionar, enquanto direito individual, a igualdade no acesso ao trabalho ou meios de sobrevivência".

A noção funcionalizada de Léon Duguit foi a maior provocação transformadora ao estático conceito proprietário no último século e acolhida pelas constituições sociais ao redor do mundo. Diante disso, assim como a propriedade romana houve por se reinventar e a propriedade medieval perdeu espaço com o passar dos séculos, o conceito de propriedade liberal encontra-se em mutação, não está encerrado e vem sendo provocado como nunca a adaptar-se e entregar soluções para acolher os desafios da atualidade.

A luz que incide sobre o direito de propriedade após a Constituição Federal de 1988 não é mais autocentrada e individualista. Assim, os instrumentos concretizadores desta mudança estão enumerados na própria Constituição Federal, no Estatuto da Cidade, no Estatuto da Terra, no Código Civil, no Código Florestal e demais legislações que visam dar maior aplicabilidade ao preceito de que a propriedade como um fim em si mesma deixou de ser o ponto central do ordenamento, que agora personalizou-se e busca a tutela do indivíduo como finalidade precípua.

Verificou-se nos capítulos anteriores que as novas variantes, frequentemente oriundas de contratos atípicos, inevitavelmente atingem a teoria do direito de propriedade e exigem enquadramento neste contexto. Portanto, parte-se da noção de função social da propriedade construída por Léon Duguit que, nos dizeres de José Manoel de Arruda Alvim, assume conteúdo amplo e enquadra-se na categoria de termo jurídico indeterminado[3], porque elástica[4], no sentido de impulsionar e orientar "os valores eleitos como mais relevantes pela comunidade em seu pacto político".[5] A função social, como provocadora de uma série de movimentações no conceito proprietário, não esgotou o seu alcance ou as arestas a aparar. Estas, por sua vez, residem na aquisição da titularidade por via do acesso, uma vez que é no princípio de acesso aos bens que são criados mecanismos para o ingresso no mundo das titularidades.[6] A propriedade não se basta, tampouco tem todas as respostas no complexo de relações atuais.

A tese aqui desenvolvida propõe-se a identificar em que contexto o acesso afeta o direito das coisas e se isso deve ser considerado como um elemento suficiente a reinterpretar a propriedade. A resposta é positiva, mas para isso é preciso dedicar

---

3. Ver referência a José Manoel de Arruda Alvim no capítulo 3. No mesmo sentido, Pietro Perlingieri (1972, p. 77) e Erouths Cortiano Jr. (2002, p. 150): "A função social significa ruptura do discurso proprietário na medida em que, enfrentando a abstração de seu modelo, remete o operador do direito para análise da situação concreta em que se insere cada situação proprietária. A indeterminação do conceito permite, ainda, oportuna adequação às modificações sociais por que passa determinada comunidade".

4. "l'esistenza di tale concetto elastico al livello costituzionale può importare delle differenze dalla operatività consueta di questi concetti nell'ambito privatistico, non esaurendosi nel profilo interpretativo, mas comprendendo anche l'eventuale svolgimento di attività legislativa" (RODOTÀ, 2013, p. 213). Tradução livre: "a existência de tal elasticidade no conceito constitucional pode importar em diferenças na operação destes conceitos no âmbito privado, não se exaurindo no perfil interpretativo, mas eventualmente implicando na atividade legislativa".

5. CORTIANO JUNIOR, 2002, p. 149.

6. FACHIN, 2001, p. 50.

maior atenção às novas formas de apropriação provocadas pelo acesso e suas vertentes, os bens comuns e o compartilhamento, notadamente no ambiente urbano.

A ideia de acesso e compartilhamento visa, sobremaneira, dar maior utilidade aos bens e propor novas formas de aproveitamento a um amplo número de titulares, como forma de administrar a explosão demográfica, a escassez de imóveis ou os altos custos para a manutenção, bem como a finitude das reservas naturais. Estas formas de aproveitamento desafiam os direitos reais em algumas frentes, porque eventualmente criam relações de apropriação não reconhecidas pelo rol taxativo do artigo 1.225 do Código Civil, que foi a opção legislativa brasileira (veja o percurso da multipropriedade no Brasil).

Diante desta nova realidade, o acesso deve ser a medida inicial para um novo estudo dogmático das relações de propriedade, como um elemento conector entre o conceito e o mundo contemporâneo. Em outras palavras, o acesso deve ser mais uma das missões desempenhadas pelo proprietário, a ser compreendido na esfera de seu poder de disposição.

Sob este enfoque, como se verá, será possível proporcionar a adequada função social da propriedade, sem com isso ferir o núcleo duro do direito fundamental à propriedade privada, uma vez que bem estabelecidos seus limites de alcance, promovendo a união entre a viabilidade do compartilhamento e o adequado uso das coisas em um universo de esgotamento e crise, além de fixar limites palpáveis ao proprietário que pretenda inserir-se nas cadeias negociais do compartilhamento.

Os novos modelos de contratação alteram substancialmente a noção de casa e moradia relacionada à identificação de um espaço físico, cedendo algum espaço transitório e de curto prazo ou comunitário, em que os interesses individuais são renunciados em nome do grupo de forma tão intensa que coletivo e autônomo se confundem.

A multipropriedade imobiliária anunciou este interesse pelo acesso a um modo de vida antes reservado às pessoas de camadas sociais mais abastadas e, portanto, atraiu o interesse daqueles que queriam ter uma segunda residência sem se preocupar com a manutenção e os custos relativos que a propriedade comum (ainda que em condomínio voluntário) lhes outorgava. Ocorre que a busca por soluções e a ampliação do mercado já vem alterando até mesmo o próprio conceito original de *time-sharing*, para criar sistemas de aquisição de "pontos" de multipropriedade pelos quais a compra e a titularidade não recai sobre um único imóvel, mas sobre um conglomerado, alimentando incansavelmente o desejo dos adquirentes de conhecerem, ou acessarem, mais e mais locais.[7]

O fomento negocial cria aquilo que Enzo Roppo (2009) já havia advertido: a crescente substituição do paradigma proprietário pelo paradigma contratual. A pro-

---

7. RIFIKIN, 2001, p. 105.

priedade por si torna-se menos atraente do que as negociações que podem levar até ela ou até a posse, criando uma erupção do conceito liberal para dar espaço a novas interpretações. A aproximação entre os direitos reais e obrigacionais é sempre objeto de profundas análises. Basta verificar as obrigações *propter rem* com sua característica *sui generis* e o espaço albergado pelas chamadas obrigações reais.

Não se olvide que a circulação da propriedade e a cessão da posse se dá pela via obrigacional. No mais das vezes, o que gera prejuízo ao observar que, muito embora sejam admitidos contratos atípicos, o registro de transmissão, cessão ou modificação sobre direitos de propriedade nem sempre encontra respaldo na lei de Registros Públicos e seu rol do artigo 167, causando o inconveniente da insegurança jurídica daqueles que buscam dar maior proveito econômico aos bens sob prismas criativos e inovadores, porém com eficácia *erga omnes*[8].

A propósito, a crescente aproximação entre os direitos pessoais dos direitos reais chegou a provocar pesquisadores no direito estrangeiro quanto à inexistência da pertinência da distinção para a realidade proprietária atual. Na discussão sobre o direito de acesso produzindo efeitos no direito de propriedade, Zohar Efroni,[9] em trabalho publicado pela Universidade de Oxford, partindo de premissa lançada por Wesley Newcomb Hohfeld, tende a concluir pela fusão entre os conceitos de direitos reais e direitos pessoais. Para Hohfeld, tanto direitos pessoais quanto direitos reais produzem relações entre indivíduos e não entre indivíduos e coisas. A noção remete à ideia de Thomas C. Grey[10] acerca de uma suposta desintegração do conceito de propriedade:

> What, then, of the idea that property rights must be rights in things? Perhaps we no longer need a notion of ownership, but surely property rights are a distinct category from other legal rights, in that they pertain to things. But this suggestion cannot withstand analysis either; most property in a modern capitalist economy is intangible[11].

Muito embora não se concorde com a fusão dos conceitos de direitos pessoais e direitos reais, a visão de Thomas C. Grey tem pertinência para a tese não por desconstruir propriamente o conceito de propriedade, mas por provocar a reflexão dentro de uma realidade incompatível com conteúdos próprios do liberalismo francês; por provocar uma reformulação do tema. As relações não são mais as mesmas, as formas de pertencimento também se alteraram, o poder econômico não mais se

---

8. A questão já foi objeto de análise neste trabalho, cuja posição é de que, reconhecidos os direitos reais como típicos, o mesmo não se revela na análise dos negócios jurídicos que promovem a sua circulação, isto é, direitos reais típicos deveriam encontrar respaldo registral em contratos atípicos para além das hipóteses elencadas no artigo 167 da Lei de Registros Públicos.

9. EFRONI, 2010, p. 78.

10. GREY, 2014, p. 34.

11. Tradução livre: "O que, então, da ideia de direitos de propriedade devem ser considerados direitos sobre coisas? Talvez não precisemos mais de uma noção de domínio, porém o direito de propriedade é, sem dúvida, categoria distinta das demais, uma vez que se relaciona a bens corpóreos. Ocorre que a análise dessa premissa também não resiste; a maioria das propriedades capitalistas modernas são hoje intangíveis".

revela apenas sobre os bens palpáveis, vide o já mencionado poder econômico das maiores empresas do mundo (Amazon, Google, Facebook e Tesla), que a despeito de seu valor, não investem em propriedade que não seja de dados e tecnologia.

Cientistas afirmam que as formas de pertencimento ligadas à noção de acesso demonstram que o domínio ficará reservado a grupos de alto potencial de exploração econômica, particularmente instituições financeiras e grandes corporações,[12] enquanto parte expressiva da população do universo capitalista optará por relações contratuais que lhes outorgue um modelo mais personalizado de titularização[13].

O acesso como uma das faculdades proprietárias fundada no poder de disposição, portanto, revela-se justamente a partir da noção de compartilhamento: entrega o poder físico sobre a coisa para sua máxima utilização em prol de um bem-estar coletivo e, a depender dos vínculos criados, também estimula o direito subjetivo em formatos inovadores – como foi o caso da multipropriedade imobiliária – combinado com um conteúdo socializante, por desestimular a subutilização dos bens e a razão do encaminhamento da humanidade para a escassez dos recursos naturais.

Por esta razão, o acesso surge como um efeito da crescente expressão da autonomia privada interferindo na hegemonia do direito das coisas e suas inflexões, por viabilizar relações na transmissão e movimentação de direitos, sem olvidar da função social da propriedade e incluindo nesta receita a noção de boa-fé objetiva antes especialmente vinculada aos direitos pessoais.

Para melhor compreender a questão, portanto, é preciso traçar uma linha divisória. Há circunstâncias em que o acesso representa caminho para o direito à propriedade, mas não necessariamente revelar-se-á expressão das faculdades proprietárias previstas no artigo 1.228 do Código Civil. Nestes primeiros casos, como expressão do direito à propriedade (art. 5°, *caput*, da Constituição Federal), o acesso diz respeito ao direito fundamental a ter bens e será representado pela chamada propriedade-acesso, nesta tese vinculada à teoria dos bens comuns.

De outro lado, quando o acesso estiver conectado à uma faculdade proprietária no âmbito da exploração das faculdades de usar, gozar, dispor e reivindicar e,

---

12. GREY, 2014, p. 37.

13. "Proprietors subdivide and recombine the bundles of rights that make up their original ownership, creating by private agreement the complex of elaborate and abstract economic institutions and claims characteristic of industrial capitalism, particularly the financial institutions and the industrial corporations. With very few exceptions, all of the private law institutions of mature capitalism can be imagined as arising from the voluntary decompositions and recombination of elements of simple ownership, under a regime in which owners are allowed to divide and transfer their interests as they wish" (GREY, 2014, p. 37-38). Tradução livre: "Proprietários subdividem e recombinam diversos direitos para criar propriedades conforme negócios que envolvem um elaborado complexo de instituições econômicas e exigências do capitalismo industrial, particularmente quando se trata de instituições financeiras e corporações industriais. Com poucas exceções, as instituições de direito privado no capitalismo moderno podem ser imaginadas como uma evolução das formas proprietárias simples para um regime em que os titulares são autorizados a dividir e transferir seus interesses como quiserem".

portanto, o direito de propriedade, ter-se-á o ponto fundamental desta pesquisa, o chamado acesso-titularidade, uma nova forma de pensar o exercício de poder privado sobre as coisas corpóreas.

⤳ direito à propriedade (art. 5º, *caput*, CF/88) → bens comuns → propriedade-acesso

⤳ direito de propriedade (art. 5º, XXII, CF/88 e 1.228, CC/02) → economia de compartilhamento → acesso-titularidade.

7.1.1 Os bens comuns como expressão da propriedade-acesso

Se a noção proprietária está se transformando com a cultura do acesso e da economia compartilhada, ou seja, se agora ela pretende-se inclusiva para além da noção da função social, faz sentido compreender em que limites isso impacta. Por esta razão, a tese se propõe a incluir a noção dos bens comuns (*commons*) no gênero acesso, mas desde que inserido na noção de propriedade-acesso e não faculdade proprietária típica ao direito das coisas.

A lógica do conceito não se confunde com bem público, tampouco com propriedade privada, porque propõe uma nova gestão de alguns bens em particular, uma gestão para além do exclusivo e individualista conceito proprietário e que seja capaz de encarnar as mudanças profundas ocorridas no mundo prospectadas nas dimensões sociais, econômicas, culturais e políticas.[14]

Os bens comuns, portanto, são chave de acesso a um novo conceito proprietário, um mundo de pertencimento coletivo, sem, contudo, confundir-se com a dicotomia público-privado, conforme trazido pela teoria de Ugo Mattei:[15]

> Un bene comune, a differenza tanto della proprietà privata quanto di quella pubblica (appartenente allo Stato: proprietà demaniale), non può concepirsi come un mero oggetto, una porzione tangibile del mondo esterno. Non può essere colto con la logica meccanicistica e riduzionistica tipica dell'Illuminismo, che separa nettamente il soggetto dall'oggetto. In una parola, non può essere ricondotto all'idea moderna di mercê.

> Il bene comune, infatti, esiste soltanto in una relazione qualitativa. Noi non abbiamo un bene comune (un ecosistema, dell'acqua), ma in un certo senso siamo (partecipi del) bene comune (siamo acqua, siamo parte di un ecosistema urbano o rurale)[16].

---

14. RODOTÁ, 2013, p. 461.
15. MATTEI, 2011, p. 52.
16. Tradução livre: "um bem comum, diferentemente da propriedade privada e da pública (pertencente ao estado), não pode conceber-se como um mero objeto, uma porção tangível do mundo externo. Não pode ser compreendido com a lógica mecanicista e reducionista típica do iluminismo, que separa claramente o sujeito do objeto. Em uma palavra, não pode ser reduzido à ideia de bens. O bem comum, de fato, existe somente numa relação qualitativa. Nós não somos donos de um bem comum (um ecosistema, a água), mas num certo sentido somos (participantes do) bem comum (somos água, somos parte de um ecosistema urbano ou rural)".

Como este conceito não poderia se aplicar a toda e qualquer propriedade, Stefano Rodotà parte da noção dos bens primários, isto é, aqueles destinados a garantir a fruição dos bens sob o ponto de vista da fundamentalidade e promoção dos interesses coletivos, razão pela qual o destaque recai sobre bens como água[17], ar e meio ambiente sustentável. Todavia, a interpretação do rol de bens passíveis de sujeição ao conceito de bens comuns se expande para incorporar também aqueles relacionados ao conhecimento, à cultura (museus, música, literatura), à qualidade de vida (preservação de praças e de espaços de convivência) e até à cura para determinadas doenças (medicamentos, tratamentos e vacinas)[18].

O interessante na perspectiva trazida pelos bens comuns para a noção de acesso, no que diz respeito à propriedade, envolve justamente a crítica à noção de acúmulo de riquezas e de pertencimento, típica do individualismo privatístico, focando numa democracia participativa, que se faz através da entrega ao maior número possível de cidadãos, o contato com um pertencimento mais significativo e dotado de lógica transgeracional. Revela-se uma categoria de titularidade distinta porque teria em seu conteúdo ecológico-qualitativa e não econômico-quantitativa como se denota da dicotomia público-privado.[19]

Ocorre, todavia, que embora os bens comuns provoquem a criação da ideia de múltiplas titularidades, por enquadrar em seu conceito a ideia de que há bens que merecem ser cuidados por todos e pertencente a todos no sentido de autonomia coletiva em prol do bem comum e isso signifique de algum modo acesso à uma forma de apropriação, não se trata de direito de propriedade, aquele disciplinado pelo direito das coisas. Trata-se, no âmago dos bens comuns, de direito à propriedade em seu sentido profundo e extraível do artigo 5º da Constituição Federal de 1988.

Neste contexto, a propriedade denota-se como caminho para concretizar direitos fundamentais, é um instrumento da tutela da pessoa humana, por isso, propriedade-acesso, porque ao consagrar como bens comuns algumas modalidades

---

17. Muito embora o tema do acesso pela perspectiva dos bens comuns esteja ganhando espaço na doutrina estrangeira, no Brasil sua pesquisa ainda é tímida. O italiano Stefano Rodotà tratou em sua obra do acesso à água como um dos grandes temas dos bens comuns. No Brasil, recentemente foi aprovado pela Câmara dos Deputados e pelo Senado Federal, sancionado pelo presidente da República, o Marco do Saneamento (Lei n. 14.026/2020), abrindo concessões à iniciativa privada na gestão e distribuição de água e saneamento básico com objetivo de universalizar os serviços até 31.12.2033, assegurando o atendimento de 99% da população com água potável e de 90% da população com coleta e tratamento de esgoto. Sobre o tema: BELCHIOR, Wilson Sales. Os impactos do Novo Marco Legal do Saneamento Básico. *Consultor Jurídico*. Publicado em: 19 ago. 2020. Disponível em: https://www.conjur.com.br/2020-ago-19/wilson-belchior-impactos-marco-saneamento Acesso em: 18 out. 2020; LINHARES, Sarah. Água é vida e privatização jamais será a solução. Publicado em: 24 set. 2020. *Consultor Jurídico*. Disponível em: https://www.conjur.com.br/2020-set-24/sarah-linharessaga-agua-vida-privatizacao-jamais-solucao. Acesso em: 18 out. 2020.

18. A este respeito, Ugo Mattei (2011, p. 54), em análise crítica a respeito da categorização dos diversos tipos de bens comuns, como os naturais (meio ambiente, água, ar puro), os sociais (bens culturais, memória histórica), bens comuns materiais (praças e jardins públicos) e bens comuns imateriais (espaço comum na *web*).

19. MATTEI, 2011, p. 62.

de bens (materiais ou imateriais), estar-se-ia garantindo objetivos fundamentais da República.

Sob este prisma, a propriedade-acesso não é prerrogativa ou privilégio, mas caminho para o encontro das liberdades, valorização do potencial de trabalho e das riquezas que o sujeito de direitos seja capaz de obter para o alcance de bens suficientes a lhe oferecer as necessidades básicas. Assim é que os bens comuns visam preservar aquilo que é tido como essencial à vida humana, ao bem comum e que, por esta razão, justifica algum sacrifício privado.

Há, portanto, a ideia de que o acesso aqui é consequência de uma mitigação da propriedade pública ou privada. Em outros termos, reduzindo-se o poder individual sobre determinados bens, potencializam-se os seus titulares. Todavia, há certamente fundada preocupação visto que o que é de todos pode ser de ninguém, por isso, há que se investir num esforço regulatório para a escolha dos bens passíveis desta forma de categorização, como se viu nos *creative commons*.

Portanto, não se trata de uma discussão relacionada ao estudo do direito de propriedade e das faculdades proprietárias (domínio). Este é um debate que diz respeito aos direitos fundamentais, que naturalmente toca o direito à propriedade em seu conteúdo mais amplo e a necessária leitura à luz da interpretação solidarista que a Constituição da República propõe, porque provoca a compreensão do acesso como resultado da consagração dos direitos do cidadão.

7.1.2 O acesso-titularidade e a economia compartilhada

A despeito da qualidade dos bens comuns como propriedade-acesso, a economia de compartilhamento fomenta perspectiva diversa, porque incidente sobre o chamado direito de propriedade e propulsora de consequências nas formas contemporâneas de experimentação do domínio, portanto, do direito real de propriedade.

Inicialmente, retome-se a lição de que reconhecida a taxatividade como sistemática adotada para os direitos reais no Código Civil brasileiro e vislumbrada apenas na tipicidade um potencial espaço para a autonomia privada, cumpre finalmente estabelecer em que aspectos esta tipicidade pode ser expandida sem ferir o sistema *numerus clausus* ao mesmo tempo que proporciona a crescente busca pelo acesso aos bens, atendendo demandas da atualidade.

Conforme observado, a tipicidade dos direitos reais diz respeito à percepção de seu conteúdo, sem tocar na possibilidade de criação que, de *lege lata*, é taxativa[20]. Foi fundando-se nesta possibilidade que Gustavo Tepedino vislumbrou a característica

---

20. "O princípio *numerus clausus* se refere à exclusividade de competência do legislador para a criação de direitos reais, os quais, por sua vez, possuem conteúdo típico, daí resultando um segundo princípio, corolário do primeiro, o da tipicidade dos direitos reais, segundo o qual o estabelecimento de direitos reais não pode contrariar a estruturação dos poderes atribuídos ao respectivo titular. Ambos os princípios, tratados indiferentemente pela civilística brasileira, embora se apresentem aparentemente coincidentes,

real da multipropriedade imobiliária (1993), o que chegou a ser reconhecido pelo Superior Tribunal de Justiça, antes de integrar expressamente o direito das coisas no Código Civil brasileiro.

Todavia, o conceito de acesso pela via da economia compartilhada ocorre sob formas distintas, mas deve ser vislumbrado como uma faculdade proprietária quando inserido no estudo do domínio. A economia colaborativa abre margem para o estudo do acesso como uma faculdade inerente ao poder de disposição do proprietário.

Há contratos que importam em alienação de imóveis sob características que se assemelham a condomínios voluntários, edilícios ou especiais e que promovem uma cooperação para além da usualmente esperada (multipropriedade, *cohousing* e ecovilas), uma vez que exaltam também um estilo de vida e, assim, permitem interferências expressivas na propriedade privada, a fim de garantir que a convivência múltipla seja possível.

Sujeitos que se embrenham em compartilhamento como as *cohousings*, por exemplo, esperam extrair daquele impulso não apenas as consequências de fundo subjetivo aptas a lhes outorgar satisfação quanto aos interesses, crenças e modo de experienciar o mundo, mas também, o reconhecimento jurídico da relação que criaram com o imóvel, fornecendo a todos um ambiente estável no longo prazo.

O acesso nestes casos é o caminho para a titularidade (acesso-titularidade), para o direito de propriedade previsto no artigo 5º, XXII, da Constituição Federal, e art. 1.228 do Código Civil, que invoca os poderes típicos do domínio, por isso, não tem o mesmo conteúdo da propriedade-acesso. Assim, ao desenvolver pela via contratual novas modalidades proprietárias e formas de exploração da coisa, o acesso se transforma em uma faculdade oriunda do próprio poder de disposição e deve ser reconhecido como tal na busca por elementos concretizadores da boa e fecunda exploração da propriedade privada.

Contudo, o acesso-titularidade como elemento contido no poder de disposição demanda o reconhecimento de alguns critérios interpretativos aptos a criar um ambiente de estabilidade – espinha dorsal dos direitos reais, de modo que os contratos a eles se submetam e não o contrário.[21] Assim, celebrado um contrato atípico que expresse um direito real taxativamente previsto, deve-se garantir o ingresso no Registro de Imóveis, ainda que não esteja listado no artigo 167, I, da Lei de Registros Públicos.[22]

A noção de acesso-titularidade nas hipóteses de economia compartilhada como as representadas pelo *cohousing* reflete a acelerada mudança da propriedade

---

diferenciam-se na medida em que o primeiro diz respeito à fonte do direito real e o segundo à modalidade de seu exercício" (TEPEDINO, 1993, p. 82).

21. ALVIM, 2000, p. 185.

22. CLÁPIS, 2019, p. 967.

na sociedade contemporânea, mas nem sempre estará enquadrada em um direito real, ainda que se admita flexibilidade no modelo de exercício (tipicidade aberta).

Nesta senda, busca-se a aquisição de uma propriedade privada e, a ideia de múltiplos titulares em prol de um benefício comum, a via do acesso, constrói a titularidade a um maior número de pessoas. Mais do que a apropriação, para estes sujeitos, vale o conceito representado pelo estilo de vida que aquela comunidade pode proporcionar. Neste caso, o conceito rígido de propriedade pode implicar em dificuldades de adequação e registro da relação estabelecida entre os membros do grupo, como por muito tempo houve no caso da multipropriedade imobiliária.

Reconhecer que a tipologia dos direitos reais, diversamente da taxatividade, é aberta, viabiliza a incorporação de elementos não previstos pelo legislador e diferente não poderia deixar de ser, seria impossível ao legislador se antecipar a todas as inovações. Neste ponto particular, sem ferir a orientação *numerus clausus*, segundo a teoria elaborada por André Pinto da Rocha Osório Gondinho,[23] seria admitida maior relação entre a autonomia privada e os direitos reais[24].

Uma vez admitida a noção de tipicidade aberta para os direitos reais, a despeito do *numerus clausus*, a autonomia privada estaria apta a incorporar conteúdos relativamente adequados para as exponenciais relações jurídicas de multititularidades e compartilhamento, fenômenos típicos da era do acesso. Eles precisam estar contemplados nas relações proprietárias, sob pena de tornar o rígido sistema real algo que sempre estará um passo atrás do organismo vivo que são as relações sociais e econômicas e seus impactos no direito.

É dever da doutrina buscar soluções capazes de contemplar e dar segurança às escolhas de uso, fruição e disposição dos bens na atual conjuntura, admitindo novas funcionalidades ao direito de propriedade[25], que não encontram no sistema atual, ou na interpretação de tipicidade fechada, respostas confiáveis, inclusive, no sentido de estimular novos negócios.[26]

---

23. GONDINHO, 2000, p. 86.
24. "O tipo aberto consiste na descrição essencial de uma situação a qual é outorgada um regime legal, mas sem impedir que outros elementos não previstos na descrição legislativa venham integrar aquele estatuto jurídico, conquanto respeitem os limites fundamentais ali" (GONDINHO, 2000, p. 86). Em sentido oposto: "disto se segue que somente os direitos constituídos e configurados à luz dos tipos rígidos e exaurientes (modelos) consagrados no texto positivo é que poderão ser tidos como reais. Por tipos rígidos significa-se que os requisitos existentes na regra jurídica haverão de, necessária e imprescindivelmente, ser observados. Ademais, o tipo legal do direito real contém elementos normativos e definitórios exaurientes, o que quer significar que o tipo legal prevê todos os elementos necessários à configuração do direito real, tudo sob pena de, não respeitado o modelo, o negócio realizado poder valer, apenas e eventualmente, como direito obrigacional" (ALVIM, 2000, p. 185).
25. Em trabalho recentemente publicado, pesquisadores da PUC-PR sugeriram que a realidade de compartilhamento vem exigindo do sistema que o direito de propriedade também englobe a noção de acesso. Esta interpretação só é possível se efetivamente admitida a hipótese de direitos reais taxativo, porém de tipicidade aberta (KOLLER; RIBEIRO, 2020, p. 170).
26. Idem, ibidem.

Todavia, em termos de compartilhamento, a noção de acesso não se esgota na aquisição da propriedade, mas também nos modos de uso e cessão que o proprietário opta por fazer. Isso se revela bastante evidente nos contratos de Airbnb, grandes expressões da economia colaborativa e que denotam relações essencialmente obrigacionais (locações por temporada e prestação de serviços). Portanto, neste particular, o acesso diz respeito à extensão dos poderes proprietários e limites dos poderes proprietários impostos pelo Poder Público ou por noções relativas ao direito de vizinhança.

Significa obtemperar sobre a função social da propriedade como limite aos direitos subjetivos, isto é, se o fato de um proprietário ser impedido de ceder temporariamente o uso e fruição de um imóvel para acesso via contratos de economia compartilhada é mais desejável do que permitir a disponibilização da coisa e os frutos econômicos em sentido macro que ela representa, por uma perspectiva de função social impulsiva[27]: fluxo de pessoas, negócios, transações e empregos.

Em outras palavras, para contemplar o acesso através de contratos de economia colaborativa como os descritos, é preciso sustentar também uma defesa da função social da propriedade no seu caráter impulsivo, o caráter que incentive e justifique uma gestão proprietária socialmente útil.[28] Neste contexto, os temas do compartilhamento e dos limites do exercício proprietário devem ser observados à luz da noção de que o indivíduo deve ser livre para determinar e autorregular seus interesses, distribuindo seus recursos e fomentando proveitos para a coletividade em maior grau[29] do que prejuízos ao microssistema a que diz respeito (condomínio, bairro, comunidade).

Isso porque as limitações do direito de vizinhança, embora possam desenvolver-se sob o caráter preventivo, não são aptas a sustentar-se em presunções que desqualifiquem ou ofendam o direito de propriedade, cujo núcleo duro merece preservação, até que se demonstre concreto risco de ofensa ou violação à convivência dos demais membros do grupo atingido pela disponibilização do imóvel.

Nesta senda é que alguns pesquisadores passaram a advogar pela criação de um direito de acesso a ser inserido na disciplina dos direitos reais para hipóteses como as promovidas via intermediação de plataformas digitais:[30]

---

27. "A função social como limite a direitos subjetivos, no campo da propriedade, estabelece os confins de licitude do exercício legítimo (= regular) do direito. Portanto, a *contrario sensu*, implica a compreensão do que seja exercício irregular (= abusivo) do direito. Já a função social no seu aspecto impulsivo apresenta uma proposta orientada ao futuro. Como aponta Barassi, significa um desenho normativo orientado para um incremento, ao mesmo tempo quantitativo e qualitativo, dos resultados da atividade econômica. Neste sentido, ela não limita à autonomia do proprietário, pelo contrário, atua de modo construtivo para tornar a sua gestão mais fecunda. Na imagética metáfora, aqui, a função social propõe-se e apresenta-se como um 'aninhamento construtivo' dentro do direito de propriedade" (PENTEADO, 2008, p. 179).

28. PENTEADO, 2008, p. 179.

29. KOLLER; BERBERI, 2017, p. 148.

30. KOLLER; RIBEIRO, 2020, p. 170.

a profunda ruptura produzida pela Economia Compartilhada para o direito de propriedade imóvel leva à reflexão de que algo mudou profundamente na própria compreensão da tipologia dos Direitos Reais, ou seja, nasce um novo direito que neste artigo denomina-se de acesso [...]

Nesta pesquisa, embora respeitada a posição acima, entende-se que não há um direito real de acesso a ser incluído no regime do direito das coisas, mas sim a compreensão de que parte do poder de disposição proprietária inclui o acesso em sua ordem acesso-titularidade, incentivando o proprietário a fomentar uma gestão útil dos bens imóveis, impulsionando, inclusive, uma nova forma de concretizar a função social da propriedade e de proteger o direito fundamental de propriedade.

7.2 O ACESSO COMO A TERCEIRA VIA PROPRIETÁRIA

O acesso promovido pela cultura do compartilhamento e da cooperação toca dois pontos nevrálgicos no estudo do direito das coisas, limite estabelecido para esta pesquisa. O primeiro diz respeito à aproximação entre as relações reais e pessoais com a crescente autonomia privada. O segundo ponto é a necessária incorporação de novas fórmulas de titularidade e, deste modo, de circulação de riquezas de maneira a não ofender o sistema *numerus clausus* fixado pelo legislador brasileiro.

Nota-se, portanto, a partir de todo o conteúdo apresentado nesta pesquisa, que vem se estabelecendo nas relações jurídicas uma noção de apropriação temporária e comunitária capaz de renunciar às características proprietárias historicamente consagradas no pós-liberalismo francês. Para além disso, há na doutrina um grupo de pesquisadores que chama atenção para uma noção coletiva da propriedade, que não se confunde com a propriedade pública, tampouco ausência de propriedade privada, mas uma terceira via que promove uma consciência coletiva de pertencimento sobre alguns bens específicos[31].

Desta forma, a propriedade começa a conviver com uma categoria que com ela não necessariamente se confunde, uma categoria que, para Stefano Rodotà[32] é autônoma e potencialmente conflituosa. Esta categoria pode estar centrada nos bens comuns. De outro lado, esta forma de contemplar o pertencimento também pode se impor pela autonomia privada e pelas noções de compartilhamento, nos dois casos, embora de formas distintas – tratam-se de impactos advindos do acesso.

---

31. A Organização das Nações Unidas, em 2010, por exemplo, incluiu como direito humano fundamental o acesso à água limpa e ao saneamento básico. No Brasil, foi recentemente regulado um novo marco na tentativa de atingir o maior número de residências possível com água encanada limpa e segura, além do tratamento de esgoto para os mais diversos rincões do país, ainda sem acesso. GOVERNO FEDERAL. *Secretaria ressalta o direito à água como um direito humano*. Publicado em 22 mar. 2019. Disponível em: https://www.gov.br/mdh/pt-br/assuntos/noticias/2019/marco/secretaria-ressalta-o-direito-a-agua-como-um-direito-humano. Acesso em: 19 out. 2020.

32. RODOTÀ, 2013, p. 462.

A questão do acesso, cujos resultados se reproduzem nas mais diversas noções da vida – hoje concebido como direito fundamental por parte da doutrina[33] – portanto, não é secundária. É resultado do desejo de pertencimento crescente dos cidadãos (números foram apresentados na tentativa de demonstrar novos paradigmas na apropriação de bens), ampliando as formas de pertença e a exploração das coisas.

Uma vez reconhecida esta nova busca pelo acesso, é fundamental que se torne viável aos sujeitos de direito a criação de instrumentos aptos a torná-lo efetivo e seguro do ponto de vista do direito privado. Mais do que alterações legislativas, o sistema demanda interpretação sistemática. Assim, conforme a Constituição, métodos como a economia de compartilhamento e a abertura para debates como os relativos aos bens comuns ajudam a criar uma noção de que a razão proprietária oitocentista não mais se basta, encontra-se, ao contrário, em permanente construção.

A dúvida reside em como promover a incorporação destas ideias sem desestabilizar a segurança dos direitos reais. Neste sentido, parece que alguns instrumentos já estão disponíveis, parte deles decorre de uma interpretação, como dito, civil constitucional, capaz de incorporar também a noção de que a propriedade de hoje precisa ter interpretação transgeracional, não basta um exercício focado na atualidade, mas há responsabilidades de preservação que demandam cuidados para o futuro no exercício proprietário.

Portanto, não se trata de simplesmente atribuir e limitar as titularidades, mas de definir os contornos normativos para o acesso aos bens. Entre as ferramentas capazes de corroborar com esta visão e o fomento do acesso é o reconhecimento de que os direitos reais, embora taxativos, têm tipicidade aberta. Esta percepção cria maior capacidade de absorção de diversas formas contratuais aptas a fomentar a exploração da propriedade sob um viés coletivo e inclusivo, capaz de agregar valores para as próximas gerações.

Esta exploração inclusiva terá maior arcabouço se incorporar ao direito de propriedade a viabilização do acesso (o acesso-titularidade), como uma fração dos atos de disposição, dando a necessária segurança ao proprietário que, conjugada à tipicidade aberta, poderá criar regimes de titularidade real que melhor se adequem aos modos de convivência promovidos pela pós-modernidade e que, ao mesmo tempo, observem a segurança jurídica típica dos direitos reais.

Conceber o direito de propriedade como um direito que promove acesso-titularidade é forma jurídica justa de atender aos anseios da atualidade e a conjugação segura de noções de direito pessoal com direito real, sem, contudo, ferir o estatuto jurídico dos direitos reais e sua taxatividade. Assim, é preciso que os modelos de fruição extraíveis do direito real máximo – condominiais, loteamentos, multipropriedade, entre outros – estejam abertos para receber as inovações decorrentes da

---

33. RODOTÀ, 2013; GUILHERMINO, 2018; MATTEI, 2011.

autonomia e do atendimento das necessidades sociais, encontrando, ainda, arcabouço junto ao Registro de Imóveis. Isto porque os títulos registráveis incluídos no artigo 167, I, também não podem ser taxativos frente a um conceito de tipicidade aberta, como o defendido nesta pesquisa.

A previsão de Thomas C. Grey (2014) envolve a preocupação com a propriedade privada. Segundo o autor, a apropriação ficará cada vez mais restrita aos grandes conglomerados, enquanto as massas estarão interessadas no aproveitamento temporário ou coletivo. Compreender que técnicas negociais como esta estão em marcha significa provocar o pensamento, de maneira a criar no exercício proprietário uma convicção de que não lhe basta a função social. Em outras palavras, aqueles deveres que vieram impostos de forma muito clara pela Constituição Federal de 1988 e na redação inquestionável do Código Civil de 2002 demandam agora a elevação para um novo degrau.

É possível argumentar que a propriedade não se coaduna com a temporariedade ou propósitos extraíveis das relações de acesso e compartilhamento, mas é justamente neste predicado que ela se conecta também à função social, uma vez que promove efetivo aproveitamento. A propósito, a multipropriedade imobiliária é um dos grandes exemplos de que o espaço temporal pode seguramente garantir a propriedade em determinadas circunstâncias[34].

O acesso pela via do compartilhamento também acaba por imputar nas relações proprietárias uma maior consciência de deveres laterais de forma ampla. Se a propriedade criou no passado um sujeito passivo universal, a funcionalização e o acesso atribuem ao proprietário um dever de colaboração, um dever de mitigar os prejuízos de todos aqueles que, de algum modo, possam ser afetados pelo exercício do direito subjetivo[35], assim como o dever de criar instrumentos que potencializem os parâmetros constitucionais.

Ou seja, a propriedade privada em reconstrução é aquela capaz de conservar em seu exercício os interesses das gerações futuras, o senso coletivo de que o pertencimento reflete o nível de cidadania, quanto maior for a noção de comunidade dos indivíduos. Não é um exercício tão intuitivo, quando se trata da propriedade privada.

A reflexão é necessária notadamente pelo crescente espaço que a autonomia privada vem cavando entre as relações reais, seja pelas obrigações reais, seja por aqueles tipos reais que têm em sua essência alta incidência do exercício da autorregulação (multipropriedade, direito de laje, servidão, usufruto e superfície, por

---

34. "Não há propriamente novidade na influência do tempo no conteúdo e no objeto de direitos. Basta ter presente a figura da sublocação; ou do termo essencial; ou, no âmbito dos direitos reais, a servidão de uso, por vezes delineada inteiramente pelo aproveitamento temporal da propriedade alheia" (TEPEDINO, 2017, p. 516).

35. "O aspecto funcional é certamente prevalecente da propriedade entendida como relação: entre proprietário e terceiros, entre proprietário e vizinhos, entre proprietário e Estado, entre proprietário e entes públicos, existe relação não de subordinação, mas de colaboração" (PERLINGIERI, 2008, p. 929).

exemplo). A escalada das relações contratuais e sua importância foi anunciada por Enzo Roppo, concretiza-se ao redor do mundo e agora, no Brasil, ganha ainda maior fôlego com a Lei da Liberdade Econômica e uma política liberal disposta a fomentar novas modalidades de negócios e atrair investimentos.

Não se trata de afastar a noção de que o direito das coisas envolve a corporeidade dos bens, ao contrário, o acesso no âmbito dos direitos reais mantém o paradigma inalterado da materialidade. O reconhecimento da cultura do acesso deve impactar as noções de posse e propriedade para que o individual e o coletivo tenham consigo valores semelhantes.[36] Em verdade, o que se verifica é uma leitura que parte do direito "de propriedade" para encontrar o direito "à propriedade" e isso se faz também em favor dos não proprietários através da cultura do acesso[37].

> Disto decorre a necessidade de novos modelos de pertinência (*appartenenza*) coerentes com as exigências dos mercados globais, suscetíveis de fáceis e velozes conversões funcionais de acordo com as mutáveis exigências da demanda.[38]

Para tanto, a releitura de alguns princípios, como foi proposto na interpretação de uma tipicidade aberta, propicia espaço para a incorporação de novas formas de acesso, garantindo assim que o maior número de cidadãos pudesse de alguma forma alcançar às múltiplas formas proprietárias[39].

Nota-se que, especialmente nos ambientes urbanos, os conceitos fechados dos direitos reais nem sempre atendem, incorporam ou dão o tratamento adequado a diversas situações promovidas pela liberdade outorgada em virtude da autonomia negocial. Isso porque nem a propriedade e nem a autonomia se bastam, mas dependem, sobretudo, de um desempenho que reflita os anseios da coletividade[40] e de onde surge a suposta crise do absolutismo dos direitos subjetivos:[41]

> No ordenamento moderno, o interesse é tutelado se, e enquanto for conforme não apenas ao interesse do titular, mas também aquele da coletividade. Na maior parte das hipóteses, o interesse faz nascer uma situação subjetiva complexa, composta tanto de poderes quanto de deveres, obrigações, ônus. É nesta perspectiva que se coloca a crise do direito subjetivo. Este nasceu para

---

36. PILATI, 2012, p. 17.
37. Pietro Perlingieri (2008, p. 944) aprofunda a questão analisando o artigo 17, § 1º, da Carta EU: "[...] a fórmula segundo a qual toda pessoa tem 'direito de fruir da propriedade dos bens que adquiriu legalmente' remete mais ao direito à propriedade do que ao direito de propriedade. O dispositivo se ocuparia da tutela que deve receber o cidadão que quer ter acesso à propriedade em conformidade com a lei e com os princípios do ordenamento; de modo que o objeto da norma parece ser 'o direito fundamental do não proprietário a fruir da propriedade daqueles bens que lhe são necessários para realizar e tornar concreta a dignidade da sua pessoa entendida como personalidade em desenvolvimento".
38. PERLINGIERI, 2008, p. 944.
39. Não sendo esta leitura suficiente, a sugestão trazida por autores como Paulo Lôbo (2020, *e-book*) e Pablo Renteria (2016, p. 71) é aprofundar a discussão acerca da possibilidade de incluir direitos reais atípicos.
40. "A propriedade deve ser compreendida como uma contingência resultante da evolução social; e o direito do proprietário como justo e concomitantemente limitado pela missão social que se lhe incumbe em virtude da situação particular em que se lhe encontra" (DUGUIT, 2009, p. 49).
41. PERLINGIERI, 2007, p. 121.

exprimir um interesse individual e egoísta, enquanto a noção de situação subjetiva complexa configura a função de solidariedade presente ao nível constitucional.

O acesso, portanto, configura-se para o direito das coisas como uma forma de expressão de titularização de um bem impactando diretamente em seu exercício.

Isso ocorre frente aos múltiplos desafios da era pós-industrial e do acesso à necessidade de o regime dos direitos reais dar espaço à interpretação menos atrelada ao tradicionalismo, não para romper com seus princípios elementares, mas para garantir a incorporação das questões postas pelo mundo atual. Não pairam dúvidas de que os direitos reais hoje guardam arcabouço para contemplar a autonomia, desde que nos limites da taxatividade, mas que não se tornem freios rígidos à criação de negócios aptos a modificar ou transferir titularidades nas suas múltiplas formas, acolhendo o acesso-titularidade como uma faculdade proprietária.

8
CONSIDERAÇÕES FINAIS

A tese propôs-se a vislumbrar uma interpretação do direito de propriedade que pudesse incorporar os novos mecanismos de fruição promovidos pelo desenvolvimento social, econômico e tecnológico. Há no mundo contemporâneo uma crescente consciência do esgotamento das fontes e dos recursos naturais, fomentando a necessidade de um melhor aproveitamento dos bens através de negócios que promovem o uso compartilhado.

Para além disso, as novas tecnologias facilitam o acesso à informação e a aquisição de propriedades em formatos impulsionados por modelos contratuais atípicos ou mistos. É uma realidade, notadamente nos ambientes urbanos, a busca por imóveis compartilhados, seja para moradia seja para trabalho, gerando consequências para o direito de propriedade, daí porque a conclusão de que os direitos reais, especialmente o direito de propriedade, merecem uma interpretação que contemple os novos desígnios sociais e econômicos típicos da chamada cultura do acesso.

Não se trata de reformular o âmago da teoria do direito das coisas, mas de compreender que estas transformações aproximam os direitos pessoais e os direitos reais, na condição de reguladores de situações jurídicas patrimoniais e instrumentos aptos à circulação de riquezas. Destarte, o que se propõe é a interpretação do direito de propriedade, tornando-o capaz de assimilar programas contratuais típicos da atualidade, incluindo em sua faculdade resultante do poder de disposição, a ideia de acesso-titularidade.

Isso significa que é dado ao proprietário criar modelos jurídicos de pertencimento capazes de conciliar seu direito subjetivo com a exploração e a fruição de bens de forma a promover o melhor aproveitamento, possibilitando seu acesso a maiores grupos de pessoas e evitando a subutilização através de modelos contratuais conectados com a promoção do compartilhamento. Todavia, esta leitura somente se faz possível se reconhecida a taxatividade como elemento apartado da tipicidade dos direitos reais, sendo esta última aberta e a primeira *numerus clausus*.

Em outras palavras, a interpretação é possível ao entender-se que os direitos reais serão criados apenas e tão somente em virtude de lei (taxatividade), contudo, a regra não se aplica aos modelos de experimentação dos direitos reais já inscritos (tipicidade), oferecendo maior flexibilidade ao direito de propriedade, sem ofender os limites legislativos (tipicidade aberta).

Para chegar a este ponto, o enfoque principal não tinha como objetivo aprofundar o direito fundamental à propriedade em seu sentido mais amplo, mas o direito subjetivo real máximo, isto é, a propriedade como trabalhada no Código Civil (direito de propriedade). Durante o percurso, foi necessário investigar o conteúdo atual do direito das coisas no sistema legislativo pátrio, aprofundando a noção de direitos reais para, enfim, diferenciá-los dos direitos pessoais.

Apresentadas as históricas e consagradas distinções entre direitos pessoais e direitos reais, seja em razão da oponibilidade entre eles, seja em razão da estrutura que os reveste, a pesquisa procurou colacionar o entendimento de alguns autores no sentido de uma atual aproximação entre as categorias[1]. Isso vem ao encontro do aumento nas discussões quanto à incidência da autonomia privada no que diz respeito à criação de direitos reais ou modelos de exercício dos direitos reais.

Justamente a partir disso, iniciou-se um estudo sobre os princípios da taxatividade e da tipicidade dos direitos reais. Concluiu-se, como sobredito, que o Brasil adota a taxatividade dos direitos reais, isto é, há reserva legal. Contudo, taxatividade não se confunde com tipicidade e esta segunda é aberta admitindo que as partes possam criar formas distintas de fruição das coisas, alterando o conteúdo de deveres e direitos, formas de exploração para além daqueles descritos na legislação, desde que não criem a partir disso um direito real atípico.

Para alcançar essa conclusão, foi fundamental buscar algumas premissas no conteúdo do direito das coisas, pelo que o trabalho invoca o estudo do percurso histórico da propriedade e da posse, dois grandes baluartes da matéria. A questão foi importante porque a posse, uma expressão de faculdade proprietária, mas excluída dos direitos reais, é atributo para a consagração do direito à propriedade previsto na norma constitucional, artigo 5º, elevando valores sociais e coletivos e porque há na doutrina quem ventile a possibilidade de o conceito de acesso entrar na disciplina do direito das coisas como ocorreu com a posse, isto é, previamente aos direitos reais[2].

O capítulo seguinte, então, foi buscar a influência da norma constitucional na propriedade e na posse e suas funções sociais como instrumentos de acesso aos bens corpóreos, um conceito que chama a ideia de propriedade-acesso, criada por Luciano Camargo Penteado. Neste contexto, a propriedade absoluta abre espaço para a consciência coletiva e um dever de mitigar prejuízos, retirando a posição impassível do proprietário, típica do discurso liberal francês, outorgando-lhe um papel central na promoção dos valores constitucionais.

---

1. Em publicação de 2020, na Revista Pensar da Universidade de Fortaleza, Gabriel Rocha Furtado questiona a dicotomia direitos pessoais e reais, propondo um único sistema de regulação de situações jurídicas patrimoniais (2020, p. 16-18)
2. Mencionada posição foi citada ao tratar da tutela das multititularidades proposta por Everilda Brandão Guilhermino.

O mesmo se diga da posse no contexto do direito fundamental à propriedade, visto seu teor muito conectado aos direitos fundamentais sociais e também protegida por fomentar o direito ao trabalho, à moradia e à adequada exploração dos bens ante a eventual inércia proprietária, consagrando função social. Para melhor compreender este caráter social da posse, também foram descritas a usucapião coletiva e a desapropriação posse-trabalho. Como mencionado, não deixam de ser formas de acesso em sentido amplo, mas comuns ao direito à propriedade, na chamada propriedade-acesso.

Assim, foi possível notar que a constitucionalização do direito privado tirou o proprietário de um ambiente de solidez absoluta e lhe impôs deveres, atribuiu consequências aos seus descaminhos e criou espaço para a titularidade consciente.

Tudo isso foi consectário da socialização e preocupação com a exploração desenfreada de riquezas naturais e seu esgotamento; criou-se terreno fértil para o fomento de novas tecnologias e debates aptos a propor soluções, quando então nasce um discurso que provoca a criação de uma terceira categoria proprietária, de profundo conteúdo social, a categoria dos *commons*, ou também chamados bens comuns. Ela promove uma exploração comunitária de alguns bens, que sairiam da esfera da titularidade para ingressar na esfera do acesso, bens que dizem respeito à sobrevivência da humanidade nas próximas gerações e que, portanto, como expressão de um direito humano, deveriam ser acessados por todos. Este conceito é proposto, especialmente na doutrina estrangeira, aqui bastante citados os italianos Stefano Rodotà e Ugo Mattei, como um avanço da função social para o surgimento de uma autonomia coletiva e comunitarismo a respeito de certas categorias jurídicas difusas como meio ambiente, cultura, saúde e educação.

Assim como a ideia dos bens comuns, ganhou corpo o estudo desta nova forma de exploração proprietária, a comunitária, hoje também encontrada na propriedade privada sob o fundamento da economia compartilhada. Pela economia de compartilhamento, a titularidade abriu espaço para o melhor aproveitamento do patrimônio, permitindo o acesso a um número expressivo de não titulares a partir dos negócios jurídicos. Esta negociação pode ficar restrita ao âmbito dos direitos pessoais – contratos como Airbnb são exemplos – e, neste caso, importam ao direito das coisas relações de vizinhança e limitação ao direito de propriedade.

Mas também ocorre que o compartilhamento toque os direitos reais a partir da criação de novos regimes jurídicos proprietários. A multipropriedade imobiliária foi um claro exemplo de experiência de fruição inovadora criada a partir da autonomia privada e inserida no rol de direitos reais. Neste particular, o acesso deve ser compreendido como uma faculdade dos poderes proprietários extraída da disposição, isto é, a possibilidade de explorar economicamente um bem de forma que seja possível criar uma identidade inclusiva entre diversos titulares. Esta análise altera um paradigma secular, porque insere na propriedade privada, para além da função social, a promoção da propriedade bem aproveitada, não apenas para gerar recursos ao proprietário, mas outorgando a um grupo a experiência que individualmente talvez fosse inviável. Para além da multipropriedade, novos arranjos de moradia, como *cohousing* e ecovilas provocam esta nuance coletivista.

Para melhor compreender a inclusão desta nova faculdade proprietária é preciso analisar o conteúdo da palavra acesso e transmutá-lo para o direito de propriedade, isto é: acesso é sinônimo de propriedade? A resposta é negativa, há relações de acesso que não englobam domínio.

Há correntes mencionadas na tese que exploram um interessantíssimo novo padrão de fruição adotado pelo regime de bens comuns e de categorias difusas como exemplos de acesso. Também, a partir desta mesma corrente, houve quem entendesse que categorias tais poderiam até ser incorporadas ao Livro do Direito das Coisas para além dos direitos reais, como o foi a posse.

O conteúdo dos bens comuns e aqueles bens de titularidade difusa são de extrema relevância, mas o acesso nestes casos não se refere ao direito das coisas. É a chamada propriedade-acesso e decorre do direito fundamental à propriedade previsto no artigo 5º da Constituição da República. Portanto, seu caráter promocional invoca o acesso à propriedade como caminho comum para o acesso à liberdade, à segurança, à saúde e à vida digna. Neste conteúdo existencial, típico da conceituação dos bens comuns, a propriedade é estudada em sentido amplíssimo, alcança bens de natureza imaterial e traduz senso de direção da nação (direito "à" propriedade) na busca por uma sociedade mais justa, igualitária e solidária. Portanto, falar em titularidades a partir da noção de bens comuns como um braço extensível ao direito das coisas é uma equivocada aproximação entre conceitos que não coincidem integralmente: direito à propriedade e direito de propriedade.

Portanto, quando se fala que o acesso dá conta de novas formas de titularidade que poderiam até mesmo ser tratadas pelo regime de direito das coisas, é preciso cautela.

No direito "de" propriedade, previsto fundamentalmente no artigo 5º, XXII, da Constituição e pela Lei Civil, artigo 1.228 e seguintes, remete-se ao direito subjetivo e ao exercício da propriedade que naturalmente não exclui o caráter promocional, mas atenta ao exercício proprietário propriamente dito. Aqui, fala-se efetivamente em titularidade e poder sobre coisas. Neste ponto, o acesso é uma das faculdades do proprietário para o melhor aproveitamento daquilo que já lhe pertence e encontra-se regulado a partir dos direitos reais.

No direito de propriedade é possível, portanto, criar uma fragmentação no poder de disposição para incluir o chamado acesso-titularidade e, por esta característica, o proprietário, no seu exercício constitucional, será incentivado a implementar regimes jurídicos aptos a fomentar um caráter inclusivo, que atendam melhor os anseios sociais atuais e sejam capazes de adequar-se às tecnologias proporcionando frutos mais robustos não apenas no seu espaço de domínio, mas no espaço de vida da coletividade que possa ser assim alcançada.

Destarte, a propriedade sob a perspectiva do chamado direito de acesso deve ser interpretada sob dois enfoques distintos. O primeiro deles é o de propriedade-acesso capaz de incorporar direitos difusos e bens comuns – nesses casos, não há incidência do direito das coisas. O segundo enfoque cria uma nova faculdade ao proprietário para além de usar, gozar, dispor e reivindicar, uma faculdade decorrente do poder de disposição, que esta pesquisa optou por chamar acesso-titularidade, termo criado por Luciano Camargo Penteado e agora expandido, pelo qual deverá ser promovido e garantido ao proprietário, no exercício de suas atribuições, a criação de regimes jurídicos proprietários, desde que condizentes com a taxatividade.

Assim, para que os direitos reais, fundamentalmente o direito real máximo de propriedade, estejam preparados para os desafios da era do acesso e compartilhamento, é preciso primeiro incorporar a noção de que a tipicidade dos direitos reais é aberta e não se confunde com a taxatividade. Esta interpretação é necessária para o desempenho de atividades que proporcionem maior alcance do patrimônio, especialmente imobiliário. Segundo, admitir a partir disso que uma das faculdades do exercício proprietário é justamente o chamado acesso-titularidade, isto é, a liberdade para modelos de exercício dos direitos reais de maneira a promover novos regimes jurídicos proprietários, para além do uso exclusivo, fomentando, por consequência, uma sociedade que potencializa o uso dos bens, viabiliza maior alcance em sua fruição, transformando o conteúdo do direito das coisas para incorporar a realidade dita pós-moderna e assegurando maior harmonia da propriedade privada com os valores constitucionais.

Se, de um lado, a função social criou novos paradigmas ao discurso proprietário, o impacto das noções de acesso informa que ainda não é o bastante e aproxima, de alguma maneira, as relações reais e pessoais, principalmente em noções de cooperação e de deveres recíprocos para além dos deveres extraíveis do domínio, um critério de colaboração coletiva a partir do bom uso proprietário.

As titularidades ganham também um caráter conectado à noção de boa-fé objetiva, deveres anexos de promoção de valores entre os sujeitos que se pretendam leais à construção de um projeto proprietário capaz de dar conta das demandas sociais do futuro; conscientes do esgotamento dos recursos naturais; conscientes de que as relações jurídicas reais também demandam confiança recíproca nos seus atos de constituição, modificação e transmissão; conscientes de uma autonomia coletiva pelo bem comum que pode se consumar para além das políticas públicas, mas na exploração de negócios jurídicos cujos impactos proporcionem maior acesso aos bens da vida.

É pela via da liberdade contratual e da autonomia privada que surgirão instrumentos para a incorporação do acesso nas relações jurídicas patrimoniais. Isso porque o princípio da taxatividade, embora de ordem pública, não sonega o espaço da tipicidade e a criação de modelos que, amparados pelas regras gerais dos direitos reais legalmente previstos, atendam aos anseios sociais e suas prementes bases filosóficas, sem com isso desconstruir as noções consagradas no direito das coisas.

REFERÊNCIAS

ABELHA, André. Nova Lei 13.465/17 (Parte V): O condomínio urbano simples(mente absurdo). *Migalhas*. Disponível em: https://migalhas.uol.com.br/depeso/263359/nova-lei-13465-17-parte-v-o-condominio-urbano-simples-mente-absurdo. Acesso em: 20 out. 2020.

AGUIRRE Y ALDAZ, Carlos Martinez de. *El derecho civil a finales del siglo XX*. Madrid: Tecnos, 1991.

AIRBNB CITIZEN. *Airbnb office of healthy tourism*. Disponível em: https://www.airbnbcitizen.com/officeofhealthytourism. Acesso em: 17 jun. 2020.

ALBERTARIO, Emilio. *Il diritto romano*. Milano: Messina, 1940.

ALPA, Guido. *Trattato di diritto privato*: I principi generali. Milano: Giuffrè, 1993.

ALVIM, José Manoel de Arruda. Confronto entre situação de direito real e direito pessoal, prevalência da primeira, prévia e legitimamente constituída – salvo lei expressa em sentido contrário. *Revista de Direito Privado*. v. 1., p. 93-136, São Paulo: Ed. RT, 2000.

ALVIM, José Manoel de Arruda. *Comentários ao Código Civil Brasileiro*. Rio de Janeiro: Forense, 2009. v. XI. t. I.

ALVIM, José Manoel de Arruda. Usucapião de bem imaterial. *Soluções práticas*. v. 3, p. 497-504, ago. 2011.

ALVIM, José Manoel de Arruda. A função social da propriedade e os diversos tipos de propriedade, e a função social da posse. In: (Org.) ALVIM, José Manoel de Arruda; CAMBLER, Everaldo Augusto. *Estatuto da cidade*. São Paulo: Ed. RT, 2014.

ARONNE, Ricardo. Propriedade intelectual e direitos reais. *Revista do Direito*. n. 28, p. 211-249, jul.-dez, 2007.

ARONNE, Ricardo. *Propriedade e domínio*: a teoria da autonomia: titularidades e direitos reais nos fractais do direito civil-constitucional. 2. ed. Atual. Simone Tassinari Cardoso. Porto Alegre: Livraria do Advogado, 2014.

ASCENSÃO, José de Oliveira. *Direito civil*: reais. 5. ed. Coimbra: Coimbra, 1993.

ASCENSÃO, José de Oliveira. *A tipicidade dos direitos reais*. Lisboa: Livraria Petrony, 1968.

AZEVEDO, Álvaro Villaça. *Curso de direito civil*: direito das coisas. São Paulo: Atlas, 2014.

AZEVEDO, Antônio Junqueira de. *Negócio jurídico*: existência, validade e eficácia. 4. ed. São Paulo: Saraiva, 2002.

AZEVEDO, Renan Falcão de. *Posse, efeitos e proteção*. 2. ed. São Paulo: Ed. RT, 1987.

BAPTISTA, Mário Neves. *Penhor de créditos*. Recife: [s.n], 1947.

BAUMAN, Zygmunt. *Tempos líquidos*. Rio de Janeiro: Zahar, 2007.

BENACCHIO, Marcelo et al. In: (Org.) NANNI, Giovanni Ettore. *Comentários ao Código Civil*: direito privado contemporâneo. São Paulo: Saraiva, 2019.

BELCHIOR, Wilson Sales. Os impactos do Novo Marco Legal do Saneamento Básico. *Consultor Jurídico*. Publicado em: 19 ago. 2020. Disponível em: https://www.conjur.com.br/2020-ago-19/wilson-belchior-impactos-marco-saneamento. Acesso em: 18 out. 2020.

BENEDETTI, Julio César. *La posesión*. Buenos Aires: Editorial Astrea, 1976.

BESSONE, Darcy. *Direitos reais*. São Paulo: Saraiva, 1988.

BEVILÁQUA, Clóvis. *Direito das coisas*. Rio de Janeiro: Freitas Bastos, 1941. v. 1.

BIAZI, Danielle Portugal de. O dilema dos contratos via Airbnb: análise a partir do artigo 112 do Código Civil no mundo das locações on demand. *Migalhas*. Publicado em: 25 mai. 2021. Disponível em: https://www.migalhas.com.br/depeso/346004/o-dilema-dos-contratos-via-airbnb. Acesso em: 28 jul. 2021.

BIONDI, Biondo. *Instituizioni di diritto romano*. Milano: Giuffrè, 1957.

BRITO, Miguel Nogueira de. *A justificação da propriedade privada numa democracia constitucional*. Coimbra: Almedina, 2007.

BOBBIO, Norberto. *Teoria do ordenamento jurídico*. Trad. Maria Celeste Cordeiro dos Santos. 6. ed. Brasília: Universidade Brasília, 1995.

BORGES, Marcos Afonso Borges. Escorço histórico das terras particulares. *Revista de Direito Privado*, v. 19, p. 176-197, jul.-set. São Paulo: Ed. RT, 2004.

BRASIL. *Superior Tribunal de Justiça*. Relator vota pela impossibilidade de que condomínios proíbam locações de curta temporada via Airbnb. Disponível em: http://www.stj.jus.br/sites/portalp/Paginas/Comunicacao/Noticias/Relator-vota-pela-impossibilidade-de-que-condominios-proibam-locacoes-de-curta-temporada-via-Airbnb.aspx . Acesso em: 30 set. 2020.

BRASIL. Tribunal de Justiça de São Paulo. Apelação Cível 0009700-24.2003.8.26.0348; Rel. Caetano Lagrasta; Órgão Julgador: 8ª Câmara de Direito Privado; Foro de Mauá – 1ª Vara Cível; j. 27.02.2013; Data de Registro: 07.03.2013.

BRASIL. Tribunal de Justiça de São Paulo. Apelação Cível 1003778-78.2015.8.26.0278; Rel. Enio Zuliani; Órgão Julgador: 30ª Câmara Extraordinária de Direito Privado; Foro de Itaquaquecetuba – 3ª Vara Cível; j. 27.03.2018; Registro: 02.04.2018.

BRASIL. Tribunal de Justiça de São Paulo. Apelação Cível 0011865-45.2012.8.26.0278; Rel. Piva Rodrigues; Órgão Julgador: 9ª Câmara de Direito Privado; Foro de Itaquaquecetuba – 2ª Vara Cível; j. 08.04.2020; Registro 08.04.2020.

BRASIL. Tribunal de Justiça de São Paulo. Apelação Cível 1012800-49.2019.8.26.0011; Rel. Carlos Nunes; Órgão Julgador: 31ª Câmara de Direito Privado; Foro Regional XI – Pinheiros – 1ª Vara Cível; j. 04.09.2020; Registro: 04.09.2020.

BRASIL. Tribunal de Justiça de São Paulo. Apelação/Remessa Necessária 1001196-84.2020.8.26.0099; Rel. Aliende Ribeiro; Órgão Julgador: 1ª Câmara de Direito Público; Foro de Bragança Paulista – 4ª Vara Cível; j. 21.07.2020; Registro: 21.07.2020.

BRASIL. Tribunal de Justiça de São Paulo. Apelação Cível 1099413-38.2015.8.26.0100; Rel. Pereira Calças; Órgão Julgador: Conselho Superior de Magistratura; Foro Central Cível – 1ª Vara de Registros Públicos; j. 06.10.2016; Registro: 11.10.2016.

BRASIL. Tribunal de Justiça de São Paulo. Agravo de Instrumento 0060934-70.2013.8.26.0000; Rel. Vera Angrisani; Órgão Julgador: 2ª Câmara Reservada ao Meio Ambiente; Foro de Piratininga – Vara Única; j. 29.08.2013; Registro: 05.09.2013.

BRASIL. Superior Tribunal de Justiça. REsp. 1546165/SP, Rel. Min. Ricardo Villas Bôas Cueva, Rel. p/ Acórdão Min. João Otávio de Noronha, Terceira Turma, j. 26.04.2016, DJe 06.09.2016.

CAHALI, Francisco José; RODOVALHO, Thiago *et al*. Os princípios e os institutos de direito civil. Rio de Janeiro: Lumen Juris, 2015.

CARDUME CURTAS. *Dez anos sem José Saramago*. Direção e roteiro: Leandro Lopes. Duração: 57 minutos. Ano: 2020. Disponível em: https://www.youtube.com/watch?v=4_DhEjIs3=-w&t-1118s. Apoio Fundação José Saramago (www.josesaramago.org).

CARVALHO, Afrânio de. *Registro de imóveis*. Rio de Janeiro: Forense, 1976.

CARVALHO, Orlando de. *Direito das coisas*: do direito das coisas em geral. Coimbra: Coimbra, 2012.

CHALBUB, Melhim Namem. Posse: nova garantia imobiliária. *Revista de Direito Imobiliário*. v. 46, p. 54-65. São Paulo: Ed. RT, jan.-jun. 1999.

CHALBUB, Melhim Namem. Multipropriedade: uma abordagem à luz do Recurso Especial 1.546.165-SP. *Revista de Direito Imobiliário*. v. 82, ano 40. p. 71-86. São Paulo: Ed. RT, jan.-jun. 2017.

CHRISTIAN, Diana Leafe. *Creating a life together*: practical tool to grow ecovillages and intentional communities. Gabriola Island: New Society Publishers, 2003.

CLÁPIS, Alexandre Laizo et al. *Lei de Registros Públicos comentada*. ALVIM, Arruda; CAMBLER, Everaldo; CLÁPIS, Alexandre Laizo (Coord.). 2. ed. São Paulo: Ed. RT, 2019.

CORDEIRO, António Menezes. *A posse*: perspectivas dogmáticas atuais. 3. ed. Coimbra: Almedina, 2014.

CORDEIRO, António Menezes. *Da boa-fé no direito civil*. Coimbra: Almedina, 2015.

CORDEIRO, António Menezes. *Tratado de direito civil*: parte geral – coisas (incluindo domínio público, energia, teoria da empresa e tutela dos animais). 4. ed. Coimbra: Almedina, 2019. v. 3.

CORTIANO JUNIOR, Eroulths. *O discurso jurídico da propriedade e suas rupturas*: uma análise do ensino do direito de propriedade. Rio de Janeiro: Renovar, 2002.

CORTIANO JUNIOR, Eroulths. As quatro fundações do direito civil: ensaio preliminar. *Revista da Faculdade de Direito UFPR*. v. 45, p. 99-102, Curitiba, Paraná, 2006.

COUTO, Mônica Bonetti et al. In: ALVIM, Arruda; CAMBLER, Everaldo; CLÁPIS, Alexandre Laizo (Coord.). *Lei de Registros Públicos comentada*. 2. ed. São Paulo: Ed. RT, 2019.

DANTAS, Marcus; RENTERIA, Pablo et al. Notas sobre os bens comuns. In: TEPEDINO, Gustavo; TEIXEIRA, Ana Carolina Brochado; ALMEIDA, Vitor (Coord.). *O direito civil entre o sujeito e a pessoa*: estudos em homenagem ao professor Stefano Rodotà. Belo Horizonte: Fórum, 2016.

DAVIS, John A. *Naples and Napoleon*: Southern Italy and the European Revolutions 1780-1860. New York: Oxford University Press, 2006.

DIEZ-PICAZO Luiz; GULLON, Antonio. *Sistema de derecho civil*: derecho de cosas y derecho inmobiliario registral. v. III. 7. ed. Madrid: Tecnos, 2001.

DINIZ, Maria Helena. *Tratado teórico e prático dos contratos*. 4. ed. São Paulo: Saraiva, 2002. v. 3.

DINIZ, Maria Helena. *Curso de direito civil brasileiro*: teoria geral do direito civil. 31. ed. São Paulo: Saraiva, 2014. v. 1.

DINIZ, Maria Helena. *Curso de direito civil brasileiro*: direito das coisas. 30. ed. São Paulo: Saraiva, 2015. v. 4.

DINIZ, Maria Helena. *Curso de direito civil brasileiro*: direito das coisas. v. 4. 31. ed. São Paulo: Saraiva, 2017.

DIP, Ricardo. São taxativos os atos registráveis? In: DIP, Ricardo; JACOMINO, Sérgio. *Doutrinas essenciais*: direito registral. 2. ed. São Paulo: Ed. RT, 2013. v. 6.

DONNINI, Rogério Ferraz. *Responsabilidade civil pós-contratual*: no direito civil, no direito do consumidor, no direito do trabalho, no direito ambiental e no direito administrativo. 3. ed. São Paulo: Saraiva, 2011.

DONNINI, Rogério Ferraz. *Responsabilidade civil na pós-modernidade:* felicidade, proteção, enriquecimento com causa e tempo perdido. Porto Alegre: Sergio Antonio Fabris, 2015.

DUGUIT, Léon. *Fundamentos do direito*. Trad. Marcio Pugliesi. São Paulo: Martin Claret, 2009.

DW MADE FOR MINDS. *Quando a verdade perde valor, a confiança nas instituições diminui.* Disponível em: https://www.dw.com/pt-br/quando-a-verdade-perde-valor-a-confian%C3%A7a-nas-institui%C3%A7%C3%B5es-diminui/a-51555275. Acesso em: 26 ago. 2020.

EFRONI, Zohar. *Access-right*: the future of digital copyright law. New York: Oxford, 2010.

FACHIN, Luiz Edson. *Estatuto jurídico do patrimônio mínimo*. Rio de Janeiro: Renovar, 2001.

FALA UNIVERSIDADES. *Por que os universitários não querem mais ter carro?* Disponível em: https://falauniversidades.com.br/por-que-universitarios-nao-querem-carro/ Acesso em: 17 jun. 2020.

FARIA, Edimur Ferreira; DAMASCENO, Luiz Mascarenhas. A indústria 4.0 e o futuro da prática jurídica no século XXI. São Paulo, *Revista dos Tribunais*, v. 1003, p. 239-261, maio 2019.

FARIAS, Cristiano Chaves de; ROSENVALD, Nelson. *Curso de direito civil*: reais. 11. ed. São Paulo: Atlas, 2015.

FERRAZ JUNIOR, Tercio Sampaio. O oficial e o inoficial: ensaio sobre a diversidade de universos jurídicos temporal e especialmente concomitantes. In: FALCÃO, Joaquim (Org.). 2. ed. *Invasões urbanas*: conflitos de direito de propriedade. Rio de Janeiro: FGV/Direito, 2008.

FERREIRA, Rogério Manuel R. C. Fernandes. *Time-sharing*: aspectos fiscais. Escher: Lisboa, 1991.

FERRI, Luigi. *La autonomía privada*. Trad. Luis Sancho Mendizabal. Madrid: Editorial Revista de Derecho Privado, 1969.

FOLHA DE S. PAULO. *Maiores anunciantes no Airbnb são empresas com até 157 imóveis*. Levantamento da Folha analisou 26 mil anúncios no Rio de Janeiro e em São Paulo. Por: Leonardo Diegues, Marina Gama Cubas e Fábio Takahashi. Disponível em: https://www1.folha.uol.com.br/mercado/2019/05/maiores-anunciantes-no-airbnb-sao-empresas-com-ate-157-imoveis.shtml. Acesso em: 05 out. 2020.

FOLHA DE S. PAULO. *XP vai ganhar nova sede e oferece trabalho remoto permanente a seus funcionários*. Disponível em: https://www1.folha.uol.com.br/mercado/2020/06/xp-vai-ganhar-nova-sede-e-oferece-trabalho-remoto-permanente-a-seus-funcionarios.shtml. Acesso em: 25 jul. 2020.

FOLHA DE S. PAULO. *Cresce confiança dos brasileiros nas Forças Armadas, diz Datafolha*. Disponível em: https://www1.folha.uol.com.br/poder/2019/04/cresce-confianca-dos-brasileiros-nas-forcas-armadas-diz-datafolha.shtml. Acesso em: 26 ago. 2020.

FREIRE, Rodrigo da Cunha Lima. Princípios regentes do direito das coisas. *Revista dos Tribunais*, n. 735, p. 55-73, São Paulo, 1997.

FREITAS, Augusto Teixeira de. *Código Civil* – esboço. Brasília: Ministério da Justiça, 1983. v. 1.

FULGÊNCIO, Tito. *Direitos de vizinhança*: limites de prédios (demarcação): doutrina, jurisprudência, processo e prática. 2. ed. Rio de Janeiro: Forense, 1959.

GAMA, Guilherme Calmon Nogueira da; AFFONSO, Filipe José Medon. Direito real de laje e topografia no sistema. *Civilística*, ano 8, n. 1, 2019. Disponível em: http://civilistica.com/direito-real-de-laje-evolucao/. Acesso em: 18 ago. 2020.

GAMBA, João Roberto Gorini. *Direito de propriedade*: fundamentos históricos e filosóficos. 2. ed. Rio de Janeiro: Lumen Juris, 2019.

GIANNINI, Deborah. Nada de asilo. Novos modelos de moradia estimulam a vida em comunidade na terceira idade e dão um chega pra lá na solidão. Viva Bem. *Portal UOL*. Disponível em: https://www.uol.com.br/vivabem/especiais/idoso-velhice-cohousing/index.htm#tres-modelos-de-cohousing-pelo-mundo. Acesso em: 29 set. 2020.

GIL, Antonio Hernández. *La función social de la posesión*. Madri: Alianza, 1969.

GILISSEN, John. *Introdução histórica ao direito*. Trad. Antônio Manuel Hespanha; Manuel Macaísta Malheiros. 2. ed. Lisboa: Fundação Calouste Gulbenkian, 1995.

GIORGIANNI, Michele. *Contributto alla teoria dei diritti di godimento su cosa altrui*. Milano: Giuffrè, 1940.

GRAU, Eros. *Por que tenho medo dos juízes*: a interpretação/aplicação do direito e os princípios. 8. ed. São Paulo: Malheiros, 2017.

GREY, Thomas C. *Formalism and pragmatism in american law*. Brill: Boston, 2014.

GROSSI, Paolo. *História da propriedade e outros ensaios*. Trad. Luiz Ernani Fritoli e Ricardo Marcelo Fonseca. Rio de Janeiro: Renovar, 2006.

GOMES, Orlando. *Direitos reais*. 13. ed. Rio de Janeiro: Forense, 1998.

GOMES, Orlando. *Direitos reais*. 19. ed. Rio de Janeiro: Forense, 2004.

GOMES, Orlando. A evolução do direito privado e o atraso da técnica jurídica. *Revista Direito GV*. Rio de Janeiro, v. 1, n. 1, p. 121-134, 2005.

GOMES, Orlando. *Direitos reais*. 21. ed. Luiz Edson Fachin. Rio de Janeiro: Forense, 2012.

GONDINHO, André Pinho da Rocha Osório. *Direitos reais e autonomia da vontade*: o princípio da tipicidade dos direitos reais. Rio de Janeiro: Renovar, 2001.

GOVERNO FEDERAL. *Secretaria ressalta o direito à água como um direito humano*. Publicado em 22 mar. 2019. Disponível em: https://www.gov.br/mdh/pt-br/assuntos/noticias/2019/marco/secretaria-ressalta-o-direito-a-agua-como-um-direito-humano. Acesso em: 19 out. 2020.

GUILHERMINO, Everilda Brandão. *A tutela das multititularidades*: repensando os limites do direito de propriedade. Rio de Janeiro: Lumen Juris, 2018.

HELFRICH, Silke. *Bens comuns*: o novo conto do século XXI. O presente texto corresponde a um discurso proferido em língua inglesa pela autora em 29 de setembro de 2009, por ocasião da abertura do World Commons Forum, em Salzburg, na Áustria. Disponível em: https://

commonsblog.files.wordpress.com/2009/12/bens-comuns-novo-conto.pdf. Acesso em: 13 ago. 2020.

HESPANHA, António Manuel. *História das instituições*: épocas medieval e moderna. Coimbra: Almedina, 1982.

HIRONAKA, Giselda. *Direito civil*: estudos. Belo Horizonte: Del Rey, 2000.

IHERING, Rudolf Von. **Teoria simplificada da posse**. Belo Horizonte: Líder, 2004.

INFOMONEY. *Este gráfico mostra as 100 marcas mais valiosas do mundo em 2020*. No topo do ranking estão marcas bastante conhecidas, como a Amazon (US$ 221 bilhões), o Google (US$ 160 bilhões) e a Apple (US$ 141 bilhões). Por: Anderson Figo. Publicado em 23 fev. 2020. Disponível em: https://www.infomoney.com.br/consumo/este-grafico-mostra-as-100-marcas-mais-valiosas-do-mundo-em-2020/ Acesso em: 14 jun. 2020.

INFOMONEY. *Como a pandemia de coronavírus pode impulsionar o êxodo urbano no futuro*. A tendência é vista ao redor do mundo, mas o fenômeno pode ter outros desdobramentos no Brasil. Por: Por Pablo Santana. Publicado em 11 jun. 2020. Disponível em: https://www.infomoney.com.br/economia/como-a-pandemia-de-coronavirus-pode-impulsionar-o-exodo-urbano-no-futuro/. Acesso em: 30 out. 2020.

ITAGIBA, Sérgio Ulpiano K. I. A (difícil) obtenção de quórum nas assembleias gerais condominiais e a validade da conversão da sessão assemblear em permanente. *Revista IBRADIM de Direito Imobiliário*. v. 2, ano 1, p. 249-281. São Paulo: IBRADIM, jul. 2019.

JARDIM, Mónica. Direito real de habitação periódica. *Revista de Direito Imobiliário*. v. 83, ano 40, p. 357-397, jul.-dez. 2017. São Paulo: Ed. RT, 2017.

KELSEN, Hans. *Teoria pura do direito*. Trad. João Baptista Machado. 6. ed. São Paulo: Martins Fontes, 1998.

KOLLER, Carlos Eduardo; BERBERI, Marco Antonio Lima *et al*. Políticas públicas e a propriedade. Impactos da regulação da economia sobre os casos de ociosidade do direito. In: FISCHER, Octávio Campos (Org.). *Direito e políticas públicas no Brasil*. Curitiba: Instituto Memória, 2017.

KOLLER, Carlos Eduardo; RIBEIRO, Maria Carla Pereira et al. O Airbnb como sinal de um novo direito. *Direito privado e contemporaneidade*: desafios e perspectivas do direito privado no séc. XXI. v. 3. Indaiatuba: Foco, 2020.

LABCIDADE. AirBnB: do compartilhamento do quarto vazio à exploração por empresas. Por Bianca Tavolari. Publicado em 30 jul. 2019. Disponível em: http://www.labcidade.fau.usp.br/airbnb-do-compartilhamento-do-quarto-vazio-a-exploracao-por-empresas/. Acesso em: 05 out. 2020.

LAFARGUE, Paolo. *L'origine e l'evoluzione della proprietà*. Palermo: Remo Sandron, 1896.

LIMA, Frederico Henrique Viegas. Direito de laje: uma visão da catedral. *Revista de Direito Imobiliário*. v. 82, ano 40, p. 251-280, São Paulo, jan.-jun., 2017.

LIMA, Frederico Henrique Viegas. Direito de laje: características e estrutura. *Revista de Direito Imobiliário*. v. 83, ano 40, p. 477-495, São Paulo, jul.-dez., 2017.

LINHARES, Sarah. Água é vida e privatização jamais será a solução. Publicado em 24 set. 2020. *Consultor Jurídico*. Disponível em: https://www.conjur.com.br/2020-set-24/sarah-linhares-saga-agua-vida-privatizacao-jamais-solucao. Acesso em: 18 out. 2020.

LÔBO, Paulo. Dirigismo contratual. In: FACHIN, Luiz Edson; TEPEDINO, Gustavo (Org.). *Doutrinas Essenciais*: obrigações e contratos. São Paulo: Ed. RT, 2011. v. III.

LÔBO, Paulo. Direitos e conflitos de vizinhança. *Revista Brasileira de Direito Civil*. v. 1, p. 61-87, jul.-set., Rio de Janeiro, 2014.

LÔBO, Paulo. *Direito Civil*: coisas. 4. ed. São Paulo: Saraiva Educação, 2019. (*e-book*). v. 4.

LÔBO, Paulo. *Direito civil*: coisas. 5. ed. São Paulo: Saraiva Educação, 2020. (*e-book*). v. 4.

LOPES, Miguel Maria de Serpa. **Curso de direito civil**: direito das coisas. v. VI. 5. ed. Rio de Janeiro: Freitas Bastos, 2001.

LORENZETTI, Ricardo. El derecho privado como proteccion del individuo particular. In: ALEGRIS, Hector et al. *Derecho privado em la reforma constitucional*. Santa Fé: Rubinzal-Colini, 1994.

LORENZETTI, Ricardo. *Fundamentos do direito privado*. Trad. Vera Maria Jacob de Fradera. São Paulo: Ed. RT, 1998.

LORENZETTI, Ricardo. *Teoria del derecho ambiental*. Mexico: Porrùa, 1988.

LOTUFO, Renan. A codificação: o Código Civil de 2002. In: NANNI, Giovanni Ettore; LOTUFO, Renan (Org.). *Teoria geral do direito civil*. São Paulo: Atlas, 2008.

LOUREIRO, Francisco. Juízo possessório e juízo dominial. *Revista de Direito Imobiliário*. v. 50, jan.-jun. 2001, p. 207- 228, São Paulo: Ed. RT, 2001.

LOUREIRO, Francisco. *A propriedade como relação jurídica complexa*. Rio de Janeiro: Renovar, 2003.

LUCARELLI, Alberto. *La democrazia dei beni comuni*: nuove frontiere del diritto pubblico. 6. ed. Roma: Laterza, 2018.

MACPHERSON, Crawford Brough. *Property*: mainstream and critical position. Oxford: Basil Blackwell, 1978.

MAIA, Paulo Carneiro. Sesmarias. *Doutrinas essenciais de direito registral*. São Paulo: Ed. RT, 2011. v. 2.

MARTINS-COSTA, Judith. *A boa-fé no direito privado*: critérios para a sua aplicação. 2. ed. São Paulo: Saraiva, 2018.

MARQUESI, Roberto Wagner. Desvendando o direito de laje. *Civilística*. ano 7, n. 1, 2018. Disponível em: http://civilistica.com/wpcontent/uploads1/2018/05/Marqueoi-civilistica.com--a.7.n.1.2018-2.pdf. Acesso em: 18 ago. 2020.

MATTEI, Ugo. *Beni comuni*: un manifesto. Roma: Laterza, 2011.

MELO, Albertino Daniel de. Teoria geral dos bens: um ensaio jurídico. In: MENDES, Gilmar; STOCCO, Rui (Org.). *Doutrinas essenciais*: direito civil, parte geral: atos, fatos, negócios jurídicos e bens. São Paulo: Ed. RT, 2011. v. 4.

MILAGRES, Marcelo de Oliveira. Direito de laje? *Revista de Direito Privado*. São Paulo, v. 76, p. 75-88, abr. 2017.

MONTEIRO FILHO, Carlos Edison do Rêgo; RENTERIA, Pablo; TEPEDINO, Gustavo (Org.). *Fundamentos do direito civil*: direitos reais. Rio de Janeiro: Forense, 2020. v. 5.

MONTEIRO, Washington de Barros. *Curso de direito civil*: direito das coisas. 28. ed. São Paulo: Saraiva, 1990.

MONTEIRO, Washington de Barros. *Curso de direito civil*: direito das coisas. 37. ed. São Paulo: Saraiva, 2003.

MONTEIRO, Washington de Barros. *Curso de direito civil*: direito das coisas. 38. ed. São Paulo: Saraiva, 2007.

MORAES, Maria Celina Bodin. *Na medida da pessoa humana*: estudos de direito civil-constitucional. Rio de Janeiro: Processo, 2016.

MORAES, Walter. Concepção tomista de pessoa. Um contributo para a teoria do direito da personalidade. *Revista de Direito Privado*, n. 2, p. 187-204, São Paulo, abr.-jun. 2000.

MOREIRA ALVES, José Carlos. *Posse*: evolução histórica. Rio de Janeiro: Forense, 1985. v. I.

MORRISON, Toni. *O olho mais azul*. 2. ed. São Paulo: Companhia das Letras, 2019.

MOTA, Maurício. Função social da posse: limites e condicionamentos jurídicos. *Revista dos Tribunais*, v. 2, p. 15-17, Rio de Janeiro, nov.-dez., 2013.

NATUCCI, Alessandro. *La tipicità dei diritti reali*. 2. ed. Padova: Cedam, 1988.

NEGREIROS, Teresa. *Teoria do contrato*: novos paradigmas. Rio de Janeiro: Renovar, 2003.

NERY JUNIOR, Nelson; NERY, Rosa Maria de Andrade. *Código Civil comentado*. 7. ed. São Paulo: Ed. RT, 2009.

O ESTADO DE S. PAULO. *Empresas aceleram processo de digitalização de olho nos novos hábitos do consumidor*. Disponível em: https://www.estadao.com.br/infograficos/economia,empresas--aceleram-processo-de-digitalizacao-de-olho-nos-novos-habitos-do-consumidor,1119274. Acesso em: 13 set. 2020.

O ESTADO DE S. PAULO. *Startup Yuka lança fundo imobiliário de R$ 40 milhões*. Disponível em: https://link.estadao.com.br/noticias/inovacao,startup-yuca-lanca-fundo-imobiliario-de-r--40-milhoes,70003528479. Acesso em: 26 nov. 2020.

OLIVA, Milena Donato; RENTERIA, Pablo. Autonomia privada e direitos reais: redimensionamento dos princípios da taxatividade e da tipicidade no direito brasileiro. *Civilística.com*. Ano 5, n. 2, Rio de Janeiro, p. 1-19, jul.-dez., 2016.

ORRUTEA, Rogério Moreira. *Da propriedade e a sua função social no direito constitucional moderno*. Londrina: UEL, 1998.

PENTEADO, Luciano de Camargo. *Direito das coisas*. São Paulo: Ed. RT, 2008.

PEREIRA, Caio Mário da Silva. *Instituições de direito civil*: direitos reais. 19. ed. Rio de Janeiro: Forense, 2006. v. IV.

PERLINGIERI, Pietro. *O direito civil na legalidade constitucional*. Rio de Janeiro: Renovar, 2008.

PERLINGIERI, Pietro. *Perfis do direito civil*: introdução ao direito civil constitucional. Rio de Janeiro: Renovar, 1997.

PEZZELLA, Maria Cristina Cereser. *Propriedade privada no direito romano*. Porto Alegre: Sergio Antonio Fabris, 1998.

PILATI, José Isaac. *Propriedade e função social na pós-modernidade*. Rio de Janeiro: Lumen Juris, 2012.

PINHEIRO, Patricia Peck Garrido. Direito digital: da inteligência artificial às *legaltechs*. *Revista dos Tribunais*, São Paulo, RT *online*, v. 987, jan. 2018.

PIVA, Rui Carvalho. *Bem ambiental*. São Paulo: Max Limonad, 2000.

PONTES DE MIRANDA, Francisco Cavalcanti. *Tratado de direito privado*. São Paulo: Ed. RT, 2012. v. 18.

PRATA, Ana. *A tutela constitucional da autonomia privada*. Coimbra: Almedina, 2017.

PUGLIATTI, Salvatore. *La proprietà nel nuovo diritto*. Milano: Giuffré, 1964.

PUGLIATTI, Salvatore. Diritto pubblico e diritto privato. *Enciclopedia del Diritto*. Milano: Giuffrè, 1964. v. XII.

RÁO, Vicente. *Posse de direitos pessoaes*: segundo o Código Civil brasileiro. São Paulo [s/d].

REALE, Miguel. Anteprojeto do Código Civil. *Revista de Informação Legislativa*. v. 9. n. 35, jul.-set., 1972.

REALE, Miguel. Visão geral do Projeto do Código civil. Cidadania e Justiça – *Revista da Associação Brasileira dos Magistrados do Rio de Janeiro*. v. 5, n. 10, jan.-jun., 2001.

REBOUÇAS, Rodrigo Fernandes. *Autonomia privada e análise econômica do contrato*. São Paulo: Almedina, 2017.

RENTERIA, Pablo. *Penhor e autonomia privada*. São Paulo: Atlas, 2016.

REVISTA ÉPOCA. *Lançamento de imóveis sem garagem cresce 265% em 4 anos com mudanças na mobilidade*. Disponível em: https://epocanegocios.globo.com/Mercado/noticia/2019/03/sao-paulo-lancamento-de-imoveis-sem-garagem-cresce-265-em-4-anos-com-mudancas-na--mobilidade.html Acesso em: 26 nov. 2020.

RIBAS, Antonio Joaquim. *Da posse e das ações possessórias*. 2. ed. São Paulo: Miguel de Melillo, 1901.

RIFKIN, Jeremy. *A era do acesso*: a transição de mercados convencionais para *networks* e o nascimento de uma nova economia. São Paulo: Makron Books, 2001.

RIPERT, Georges. *Aspectos jurídicos do capitalismo moderno*. Campinas: RED livros, 2002.

RIZZARDO, Arnaldo. *Direito das coisas*. 5. ed. Rio de Janeiro: Forense, 2011.

RIZZARDO, Arnaldo. *Promessa de compra e venda e parcelamento do solo urbano*: Leis 6.766/79 e 9.785/99. 10. ed. São Paulo: Ed. RT, 2014.

RODOTÀ, Stefano. *Il terrible diritto*: studi sulla proprietà privata e i beni comuni. 3. ed. Bologna: il Mulino, 2013.

RODOTÁ, Stefano. *El derecho a tener derechos*. Trad. José Manuel Revuelta. Madrid: Trotta, 2014.

RODOTÀ, Stefano *et al.* Verso i beni comuni. *Le sentinelle dell'acropoli dell'anima*. 2. ed. Napoli: La scuola di Pitagora editrice, 2018.

RODRIGUES, Manuel; SOARES, Fernando Luso. *A posse*: estudo de direito civil português. Coimbra: Almedina, 1996.

RODRIGUES JUNIOR, Otavio Luiz. Um ano longo demais e seus impactos no direito civil contemporâneo. *Consultor Jurídico*. Publicado em dez. 2016. Disponível em: https://www.conjur.com.br/2016-dez-26/retrospectiva-2016-ano-longo-impactos-direito-civil-contemporaneo. Acesso em: 20 out. 2020.

ROPPO, Vincenzo. *O contrato*. Coimbra: Almedina, 2009.

ROPPO, Vincenzo. *Il contrato del duemila*. 3. ed. Torino: G. Giappichelli, 2011.

ROPPO, Vincenzo. *Diritto privato*. 5. ed. Torino: G. Giappichelli, 2016.

ROSENVALD, Nelson. O direito real de laje como nova manifestação de propriedade. Publicado em 14 set. 2017. *Blog pessoal*. Disponível em: https://www.nelsonrosenvald.info/single-post/2017/09/14/O-direito-real-de-laje-como-nova-manifesta%C3%A7%C3%A3o-de-proprie-dade. Acesso em: 20 out. 2020.

RUGGIERO, Roberto de. *Instituições de direito civil*. Trad. Ary dos Santos. 3. ed. rev. Antonio Chaves e Fabio Maria de Mattia. São Paulo: Saraiva, 1972. v. 2.

SALEILLES, Raymundo. *La posesión*: elementos que la constituyen y su sistema en el Código Civil del Imperio Alemán. Trad. J. Maria Navarro de Palencia. Madrid: Libreria General de Victoriano Suárez, 1909.

SAN TIAGO DANTAS, Francisco Clementino de. *O conflito de vizinhança e sua composição*. 2. ed. Rio de Janeiro: Forense, 1972.

SAN TIAGO DANTAS, Francisco Clementino de. *Programa de direito civil*: direito das coisas. Rio de Janeiro: Rio, 1979.

SAVIGNY, Friedrich Karl Von. *Traité de la possessión en droit romain*. Trad. Henri Staedtler. 2. ed. Bruxelas: Bruylant-Christophe Compagnie, 1870.

SCHREIBER, Anderson; TEPEDINO, Gustavo. O papel do Poder Judiciário na efetivação da função social da propriedade. In: STROZAKE, Juvelino José (Org.).

Questões agrárias: julgados comentados e pareceres. São Paulo: Método, 2002.

SCHULZ, Fritz. *Derecho romano clássico*. Trad. José Santa Cruz Teigeiro. Barcelona: BOSCH Casa Editorial, 1960.

SECOVI SP. *Multipropriedades crescem 15% em um ano e devem atingir VGV de R$ 22,3 bilhões*. Disponível em: https://www.secovi.com.br/noticias/multipropriedades-crescem-15-em-um--ano-e-devem-atingir-vgv-de-r-22-3-bilhoes/14234. Acesso em: 10 out. 2020.

SECOVI TALKS. *Co-housing* e novos formatos de moradia. Palestra de Lilian Avivia Lubochinski. Disponível em: https://www.youtube.com/watch?v=NjuGjH0OJWo&t=268s. Acesso em: 29 set. 2020.

SILVA, Bruno Mattos e. *Compra de imóveis*: aspectos jurídicos, cautelas devidas e análise de riscos. 8. ed. São Paulo: Atlas, 2012.

SILVA, Clóvis V. do Couto e. *A obrigação como processo*. Rio de Janeiro: FGV, 2006.

SINGER, Joseph William. *Entitlement*: the paradoxes of property. New Haven and London: Yale University Press, 2000.

STAFFEN, Márcio Ricardo. Multipropriedade: entre o direito (real) posto e o pressuposto. *Revista de Direito Imobiliário*, v. 71, ano 34, p. 77-91. São Paulo: Ed. RT, jul.-dez. 2011.

STEPHANY, Alex. *The business of sharing*: making it in the new sharing economy. Londres: Palgrave Macmillan, 2015.

STONE, Brad. *As upstarts*: como a Uber, o Airbnb e as *killer companies* do novo Vale do Silício estão mudando o mundo. Rio de Janeiro: Intrínseca, 2017.

SUNDARARAJAN, Arun. *Economia compartilhada*: o fim do emprego e a ascensão do capitalismo de multidão. Trad. André Botelho. São Paulo: Senac, 2018.

SZTAJN, Rachel. Função social da propriedade. *Revista de Direito Imobiliário*. v. 85, ano 41, p. 405-414. São Paulo: Ed. RT, jul.-dez. 2018.

TARELLO, Giovanni. *La interpretación de la ley*. Trad. Diego Dei Vecchi. Lima: Palestra, 2013.

TARTUCE, Flávio. A desapropriação judicial privada por posse-trabalho e o caso da favela Pullman. Semelhanças e diferenças. Concretizando a função social da propriedade e da posse. *Revista de Direito Privado*. v. 54, p. 129-160, abr.-jun., 2013.

TARTUCE, Flávio. *Direito civil*: teoria geral dos contratos e contratos em espécie. v. 3. Rio de Janeiro: Forense, 2016.

TARTUCE, Flávio. Novidades da Lei n. 13.465/2017: o condomínio de lotes, o condomínio urbano simples e o loteamento de acesso controlado. *Jusbrasil*. Disponível em: https://flaviotartuce. jusbrasil.com.br/artigos/478658357/novidades-da-lei-n-13465-2017-o-condominio-de-lotes-o-condominio-urbano-simples-e-o-loteamento-de-acesso-controlado. Acesso em: 20 out. 2020.

TED TALKS. *Paramos de confiar em instituições e passamos a confiar em estranhos*. Trad. Ana Letícia Rocha. Disponível em: https://www.ted.com/talks/rachel_botsman_we_ve_stopped_trusting_institutions_and_started_trusting_strangers?language=pt-br. Acesso em: 26 dez. 2020.

TEPEDINO, Gustavo. *Multipropriedade imobiliária*. São Paulo: Saraiva, 1993.

TEPEDINO, Gustavo. *Temas de direito civil*. Rio de Janeiro: Renovar, 2006. t. II.

TEPEDINO, Gustavo. A nova lei da multipropriedade imobiliária. *Revista de Direito Civil Contemporâneo*. v. 19. n. 1, p. 11-14, Belo Horizonte, 2019.

TEPEDINO, Gustavo; OLIVA, Milena Donato. Compartilhamento de garantias imobiliárias por meio da titularidade fiduciária. *Revista de Direito Civil Contemporâneo*. v. 21, p. 207-231, São Paulo, out.-dez., 2019.

TERRA, Marcelo. Permuta de terreno por área construída: artigo 39 da Lei n. 4.591/1964. In: DIP, Ricardo; JACOMINO, Sérgio (Org.). *Doutrinas essenciais*: direito registral. 2. ed. São Paulo: Ed. RT, 2013. v. III.

TIMM, Luciano Benetti. Função social do direito contratual no Código Civil brasileiro: justiça distributiva *vs.* eficiência econômica. *Revista dos Tribunais*, v. 876, p. 11-28, São Paulo, 2008.

TIROLE, Jean. *A economia do bem comum*. Rio de Janeiro: Zahar, 2020.

TOMASEVICIUS FILHO, Eduardo. Multipropriedade imobiliária no Brasil: antes nunca do que tarde? *Consultor Jurídico*. Publicado em 28 jan. 2019. Disponível em: https://www.conjur.com.br/2019-jan-28/direito-civil-atual-multipropriedade-imobiliaria-brasil-antes-nunca-tarde. Acesso em: 18 ago. 2020.

VENOSA, Sílvio de Salvo. *Lei do Inquilinato comentada*: doutrina e prática. 10. ed. São Paulo: Saraiva, 2010.

VICENTI, Umberto. I modelli dell'appertenenza. In: SCHIAVONE, Aldo (Org.). *Diritto privato romano*: um profilo storico. Torino: Piccola Biblioteca Eunaudi, 2010.

VIEIRA, Miguel Said. Bens comuns: uma análise linguística e terminológica. *ActaMedia XI*: Simpósio Internacional de Artemídia e Cultura Digital. São Paulo, 2014. Disponível em: https://papers. ssrn.com/sol3/papers.cfm?abstract_id=2670751. Acesso em: 13 ago. 2020.

VIEIRA, José Alberto. *A posse*: estudo sobre o seu objeto e extensão; perspectiva histórica e de direito português. Coimbra: Almedina, 2018.

WALDRON, Jeremy. *The right to private property*. Oxford: Claredon Press, 1989.

WAMBIER, Teresa Arruda Alvim. Uma reflexão sobre as cláusulas gerais no CC de 2002. In: FA-CHIN, Luiz Edson; TEPEDINO, Gustavo (Org.). *Doutrinas essenciais*: obrigações e contratos. São Paulo: Ed. RT, 2011. v. III.

WHITE, Nancy J.; LOPER, Charly. *Cohousing*: an idea for the modern age. Publicado em 18 fev. 2015. Disponível em: https://papers.ssrn.com/sol3/papers.cfm?abstract_id=2559820. Acesso em: 29 set. 2020.

REFERÊNCIAS NORMATIVAS (ASSOCIAÇÃO BRASILEIRA DE NORMAS TÉCNICAS – ABNT)

ABNT NBR 6023: 2018 – Informação e documentação – Referências – elaboração.

ABNT NBR 6022:2018 – Informação e documentação – Artigo em publicação periódica técnica e/ou científica – Apresentação.

ABNT NBR 6027: 2012 – Informação e documentação – Informação e documentação – Sumário – Apresentação.

ABNT NBR 14724: 2011 – Informação e documentação – Trabalhos acadêmicos – Apresentação.

ABNT NBR 15287: 2011 – Informação e documentação – Projetos de pesquisa – Apresentação.

ABNT NBR 6034: 2005 – Informação e documentação – Índice – Apresentação.

ABNT NBR 12225: 2004 – Informação e documentação – Lombada – Apresentação.

ABNT NBR 6024: 2003 – Informação e documentação – Numeração progressiva das seções de um documento escrito – Apresentação.

ABNT NBR 6028: 2003 – Informação e documentação – Resumo – Apresentação.

ABNT NBR 10520: 2002 – Informação e documentação – Citações em documentos – Apresentação.